四川大学“双一流”建设项目“中国司法改革实证研究学派”支持
四川省社会科学重点研究基地纠纷解决与司法改革研究中心支持
四川省哲学社会科学重点实验室实证法学与智慧法治重点实验室支持

# 中国法律实证研究

第8卷
2023年

四川大学法律实证研究所　主办



法律出版社
LAW PRESS·CHINA
北京

**图书在版编目(CIP)数据**

中国法律实证研究. 第8卷. 2023年 / 左卫民主编
. -- 北京 : 法律出版社, 2024
ISBN 978-7-5197-9162-9

Ⅰ. ①中… Ⅱ. ①左… Ⅲ. ①法律-研究-中国
Ⅳ. ①D920.4

中国国家版本馆CIP数据核字(2024)第098334号

**中国法律实证研究(第8卷·2023年)**
**ZHONGGUO FALÜ SHIZHENG YANJIU**
**(DI-8 JUAN·2023 NIAN)**

左卫民 主编

责任编辑 黄倩倩
装帧设计 李 瞻

**出版发行** 法律出版社
**编辑统筹** 学术·对外出版分社
**责任校对** 张翼羽
**责任印制** 胡晓雅 宋万春
**经 销** 新华书店

**开本** 710毫米×1000毫米 1/16
**印张** 15 **字数** 242千
**版本** 2024年7月第1版
**印次** 2024年7月第1次印刷
**印刷** 唐山玺诚印务有限公司

地址:北京市丰台区莲花池西里7号(100073)
网址:www.lawpress.com.cn
投稿邮箱:info@lawpress.com.cn
举报盗版邮箱:jbwq@lawpress.com.cn
销售电话:010-83938349
客服电话:010-83938350
咨询电话:010-63939796


**书号**:ISBN 978-7-5197-9162-9
**定价**:65.00元

凡购买本社图书,如有印装错误,我社负责退换。电话:010-83938349

# 主 编 简 介

## 左卫民

四川大学法学院院长，博士生导师，四川大学杰出教授，教育部“长江学者奖励计划”特聘教授，中组部、人社部“国家高层次人才特殊支持计划领军人才”，第四届全国十大杰出青年法学家，四川省社会科学重点研究基地纠纷解决与司法改革研究中心主任，实证法学与智慧法治四川省社科重点实验室主任，四川大学法律实证研究所所长，兼任中国刑事诉讼法学研究会副会长、最高人民检察院专家咨询委员、四川省法学会副会长、四川省委省政府、省委政法委法律顾问等职。

# 中国法律实证研究(第8卷·2023年)

**前沿动态**

# 特　稿

# 拼图抑或印证：中国刑事法官事实认定的实践检视

左卫民*

**内容摘要**：实证研究发现，“不证”或者“少证”似乎是中国刑事法官认定事实的主流态势，特别是在无证据争议的案件；只有在极少数存在证据争议的案件中，法官才会进行“细证”。总体上看，中国刑事法官运用证据认定事实的模式并非单一模式，而是多种模式并存。具体而言，在没有证据争议的案件中，普遍采用的是“拼图模式”；在有证据争议的案件中，一部分采用“拼图模式”对在案事实进行论证，而另一部分采用“印证 + 拼图”的综合性证据使用模式，即通过印证来解决争议证据信息指向的一致性问题，通过“拼图模式”来确保在案证据能够涵盖案件的全部要件事实。从长远看，需要持续打造更具中国特色的科学化刑事案件事实认定（证明）模式，并进行相关的理论构建。

**关键词**：事实认定　法官心证　印证　拼图模式　实证研究

## 一、从判决书看法官心证：一种新路径

从20世纪50年代和80年代在对运用间接证据定案的

---

* 左卫民，四川大学法学院教授。

研究中提出的证据锁链论,[①]到21世纪初期发端并于近年再次热议的印证模式理论,[②]法官如何运用证据认定案件事实即法官证明[③]的应然与实然问题,构成了大多数讨论的核心。尽管这些研究价值不小,但整体而言存在经验性根据上的不足。经验性材料难以获得,是导致上述局面的重要原因之一。近年来,随着对裁判文书说理(证据展示与分析)的重视与强调,从刑事裁判文书中初窥法官运用证据认定案件事实的大致过程与逻辑成为可能。2018年最高人民法院《关于加强和规范裁判文书释法说理的指导意见》(以下简称《裁判文书释法说理指导意见》)要求,裁判文书应阐明证据采纳和采信的理由。[④] 这一要求意味着从刑事判决书中可以大致把握法官运用证据认定案件事实的过程与逻辑。从规范层面看,一份完整的刑事判决书,尤其是通过普通程序作出的判决书,至少应包括据以定案的所有证据、控辩双方对证据的意见以及法庭对证据的采纳情况等内容。刑事判决书所呈现的不仅是"法官如何运用证据",实质上还是"法官如何证明"。因此,通过对这些可大量、随机获取的经验性材料中相关信息的挖掘、统计与分析,可以初步把握法官运用证据认定案件事实的实际样态。

需要指出的是,尽管阐明证据采纳与采信的理由是《裁判文书释法说理指导意见》的一项强制性要求,但裁判文书作为法官主观认知的外在表达形式,在某些案件中难免存在词不达意甚至言不由衷的情况。因此,基于实证研究的科学性、严谨性考量,为弥补刑事判决书可能存在的不足,笔者还对部分从事刑事审判工作的法官作了半结构化访谈,并将访谈情况与基于判决书提取的相关信息进行对勘和印证。受访法官(也是本研究所使用的刑事判决

---

① 参见陈光中、时伟超:《关于刑事诉讼中证据分类与间接证据的几个问题》,载《法学研究》1956年第2期;郝双禄等:《关于正确运用间接证据的问题》,载《法学研究》1980年第6期。

② 参见龙宗智:《印证与自由心证——我国刑事诉讼证明模式》,载《法学研究》2004年第2期。

③ 根据证据法学界的通说,证明责任主要由控方承担,但国内一些学者如龙宗智也把法官运用证据认定事实的过程界定为一种证明活动。参见龙宗智:《印证与自由心证——我国刑事诉讼证明模式》,载《法学研究》2004年第2期。本文主要使用"法官认定事实"的表述,但也不完全排斥"法官证明"的提法。

④ 《裁判文书释法说理指导意见》对裁判文书中证据部分的说理提出了具体要求:裁判文书对证据进行列举、说理,以再现依证据认定案件事实的过程。该指导意见的实施促使裁判文书加强证据展示与分析,改变了长期以来裁判文书内容言简意赅的整体面貌,使我们得以在一定程度上窥见法官心证所依赖的证据及认定过程。当然,证据裁判原则的进一步明确与推行,也构成了刑事判决书运用证据说理的深远背景。

书的撰写人）对笔者关于刑事判决书是否呈现了法官心证整体面貌的判断以及法官心证类型的概括，大都持认同态度。据此可以认为，尽管并非所有刑事判决书都能充分呈现所有的法官心证，但整体上看，刑事判决书的内容与法官的实际心证，特别是基于哪些证据对哪些案件事实形成了何种认定结论，具有基本的一致性。

鉴于此，本文利用中国裁判文书网公布的刑事判决书，提取、总结、分析其中与法官使用证据相关的信息，对中国刑事法官运用证据认定案件事实的机制进行相对整体、客观的把握，以期对法官运用证据认定案件事实的真实图景和模式进行提炼与论析。考虑到来源于裁判文书网的刑事判决书既具备数据丰富性，又具有数据欠缺性、差异化等问题，为使研究样本更具有代表性，必须对研究对象（包括样本来源地区、案件类型等）有所选择和限定，以确保研究对象的相对完整性和代表性。基于访谈的需要，研究样本的来源地应便于开展访谈。在综合考虑法官人均案件负担和法院所在区域经济发展水平等因素的同时，为了能够相对真实地反映代表中国刑事审判主流状况的大城市的一审法院法官运用证据认定案件事实的情况，笔者选取了 A 省 C 市中级人民法院（以下简称 C 市中院）、C 市 W 区人民法院（以下简称 W 法院）、C 市 G 区人民法院（以下简称 G 法院）和 C 市 E 区人民法院（以下简称 E 法院）的一审判决书作为样本来源。① 在案件类型方面，选取了故意伤害、毒品犯罪（包括非法持有毒品罪，走私、贩卖、运输、制造毒品罪，容留他人吸毒罪等）、诈骗犯罪（包括诈骗罪和信用卡诈骗罪）、盗窃和危险驾驶等五类案件。理由是上述案件类型通常是中基层法院审理数量最多的五类刑事案件，②且包含了重罪和轻罪案件。③ 在样本判决书作出时间的考量上，由于判决书上网具有一定滞后性，目前 2020 年度的一审刑事判决书上网较为全面且具有即时性，可以较为客观、全面地反映样本法院在这几类刑事一审案件中的证

① 2020 年，A 省为中国西部人口与经济发展大省，C 市是 A 省省会，人口与经济发展均排名全国前十。在 C 市 13 个中心城区中，G 区 GDP 总量以 2401.9 亿元排名第一，W 区以 1232.3 亿元排名第五，E 区以 623.8 亿元排名第十一，本文选取的法院分别位于高中低不同经济发展水平的城市区域。除了社会经济方面的代表性，笔者选择上述地区为样本来源还考虑到疫情防控背景下在本地进行访谈相对可行。

② 为使样本选取具有代表性，本文案件类型选取的是中国裁判文书网 2020 年全国基层法院刑事一审案件数过万且排名靠前的五类犯罪案件。

③ 本文中重罪轻罪案件的划分标准为案件是否由中级人民法院一审。

据使用情况,所以选取了落款时间为 2020 年的刑事一审判决书作为分析对象。经数据收集与清理,2020 年,C 市中院、W 法院、G 法院和 E 法院上述五类刑事案件一审判决书有效样本为 1172 份,其中 C 市中院 79 份、W 法院 454 份、G 法院 427 份、E 法院 212 份(见表 1)。

**表 1 判决书样本数量情况**

单位:份

| 名称 | 提取数量 | 危险驾驶 | 盗窃 | 毒品 | 故意伤害 | 诈骗 |
|---|---|---|---|---|---|---|
| C 市中院 | 79 | 0 | 0 | 55 | 21 | 3 |
| W 法院 | 454 | 225 | 128 | 40 | 39 | 22 |
| G 法院 | 427 | 167 | 185 | 25 | 20 | 30 |
| E 法院 | 212 | 24 | 63 | 19 | 7 | 99 |
| 总数 | 1172 | 416 | 376 | 139 | 87 | 154 |

## 二、判决书如何列举证据

在判决书中列举在案证据以展示法官认定事实的根据,①并对控辩双方的证据争议作出适当回应或者解释,是当下中国刑事法官认定案件事实的重要方式。

### (一)证据的列举

#### 1. 是否列举证据

从样本判决书看,只有部分判决书列举了在案证据信息,大部分判决书中并未包含证据信息。在 1172 份样本判决书中,770 份未列举在案证据,占比高达 65.70%。进一步分析发现,这 770 份判决书主要是简易程序、速裁程序案件的判决书,其中简易程序案件 59 份、速裁程序案件 711 份。在具体列举了在案证据的 402 份判决书中,普通程序案件有 177 份(所有普通程序案件的判决书都列举了证据),占比为 44.03%;简易程序案件有 196 份,占比为 48.76%;

① 需要说明的是,下文的分析将显示,判决书的证据列举是有意的,这特别体现在证明性列举中。即使是非证明性列举,也是在接受控方事实主张的背景下对事实认定证据基础的列举式正当性说明。

速裁程序案件有29份,占比为7.21%。

判决书列举证据主要有较多列举、较少列举、简单列举、几乎不列举等类型。后两种情形主要是因为根据《裁判文书释法说理指导意见》第9条的规定,适用速裁程序、简易程序审理的案件可以简化释法说理,其他案件则按照该意见的要求作适当甚至详细的论证。不难看出,“不证”或者“少证”似乎是中国刑事法官认定案件事实的主流态势。

值得进一步思考的是:不列举、简单列举证据与认罪认罚从宽制度和速裁程序的大量适用有无关系;不列举、简单列举证据是否具有降低控方举证责任(包括减少证据提出)的效果。笔者认为,在认罪认罚从宽制度下,无论是法律上还是法理上都没有降低控方的举证责任,但允许对证明作适度简化;相应地,法官认定事实更多呈现为对控方事实主张的接受,体现在判决书中即为不具体呈现法官使用证据的情况,而只是简略陈述其接受的控方事实主张与证据。

2. 如何列举证据:非证明性和证明性

根据与证明目的之间的关系,证据列举分为两类:非证明性和证明性。非证明性列举是指,判决书在列举证据时没有对证据与待证事实之间的关系进行说明,只是简单列举证据名称,先列举案件案发及侦破情况、被告人和被害人的基本情况以及对被告人采取强制措施的情况等证据,再列举其他证据。严格意义上讲,此种方式并非完全没有证明性,只是没有依据证据内容与具体待证事实之间的关系来列举,证明的展开度较为欠缺。证明性列举是指,判决书在列举证据时,按照裁判的事实认定呈现了证明过程。从数量和占比情况看,属于非证明性列举的判决书有341份,占比为29.10%(在列举了在案证据的判决书中占84.83%);属于证明性列举的仅有61份,占比为5.20%(在列举了在案证据的判决书中占15.17%)。

非证明性列举主要表现为简单列举证据名称,包括具体种类和具体名称。例如,“上述事实,被告人陈某某无异议并认罪,且有受案登记表、立案决定书、在逃人员登记表、到案经过、拘留证、逮捕证、户籍信息、前科材料、检查笔录、扣押笔录、扣押决定书、扣押清单,称重、取样、封装笔录及照片,鉴定意见书、情况说明、电子证物检查笔录、证人证言、被告人供述和辩解等证据证实,足以认定”。[①] 这是一种几乎没有具体证明性内容、对证据种类的抽象列举。当然,也

① A省C市中级人民法院刑事判决书,(2020)川01刑初136号。

有相对具体的证据名称列举。常见做法是一一列出每个证据的名称,典型如:“上述事实,有以下经庭审举证、质证的证据证实:(一)书证:1.受案登记表、立案决定书、到案经过等。2.被告人身份信息及C市Q区人民法院判决……(二)鉴定结论:1.A华司鉴(2018)毒鉴字第656号、A华司鉴(2019)毒鉴字第447号。2.A省华大司法鉴定所出具的A华司鉴(2019)毒鉴字第245号毒物分析检验报告……(三)电子证据:1.电子证物检查笔录证实,对陈某某的手机进行检查情况。……(四)证人证言及辨认笔录:1.证人王某的证言。2.证人陈某1的证言。”①显然,这种方式也未能直接体现证明目的或者证明过程,无法据此构建法官认定的事实,同样严重欠缺证明性。

证明性列举的目的性较强,包含具体的证明过程。判决书列举证据时首先进行归类、列举,然后对每组(个)证据内容及其与待证事实之间的关系进行相对具体的说明。例如:“上述事实,有以下经庭审举证、质证的证据证实:1.受案登记表、立案决定书、案件来源及抓获经过。证实,2019年10月29日下午2点左右,C市海关缉私局民警在C市J区对装有疑似大麻的邮件进行控制下交付,金某某取走该邮件后被挡获。2.被告人身份信息材料。证实金某某身份情况,系成年人。3.现场检测报告书。经过现场检测金某某尿液检测大麻呈阳性,证实金某某吸食大麻。4.搜查笔录、扣押笔录、扣押决定书及扣押清单等。证实民警对金某某位于C市J区的住处进行了搜查。”②这种列举方式相对充分地展示了法官使用什么样内容的证据证明案件事实的过程,可以据此形成相对具体的事实结论。

不同类型案件的证据列举方式亦有不同。如表2所示,在非证明性列举方面,不同类型案件数量及比例排序为:盗窃>毒品>故意伤害>诈骗>危险驾驶;在证明性列举方面,不同类型案件数量及比例排序为:毒品>盗窃>诈骗>故意伤害>危险驾驶。重罪案件(如毒品犯罪案件)的证明性列举比例远远高于轻罪案件(如盗窃案件)。

---

① A省C市中级人民法院刑事判决书,(2019)川01刑初202号。

② A省C市中级人民法院刑事判决书,(2020)川01刑初40号。附带指出,部分判决书会直接阐述控方指控事实,然后列举证据,最后简单说明“经庭审查明与控方指控一致”而不再作细致阐述,典型如A省C市中级人民法院刑事判决书,(2020)川01刑初118号;A省C市W区人民法院刑事判决书,(2020)川0107刑初688号。

**表 2　不同案件类型中证据列举方式的分布情况**

| 类型 | | 危险驾驶 | 盗窃 | 毒品 | 故意伤害 | 诈骗 |
|---|---|---|---|---|---|---|
| 非证明性列举 | 数量/份 | 39 | 126 | 84 | 52 | 40 |
| | 比例/% | 11. 44 | 36. 95 | 24. 63 | 15. 25 | 11. 73 |
| 证明性列举 | 数量/份 | 1 | 14 | 27 | 9 | 10 |
| | 比例/% | 1. 64 | 22. 95 | 44. 26 | 14. 75 | 16. 39 |

证据列举方式与案件审理程序亦存在某种关联性。在非证明性列举方面，最多的是简易程序案件，其次是普通程序案件，速裁程序案件仅占少数。属于证明性列举的案件，通常证据数量较多、案情较为复杂，其中超过九成是普通程序案件，不到一成是简易程序案件，而没有速裁程序案件(见表 3)。

**表 3　不同审理程序中证据列举方式的分布情况**

| 类型 | | 普通程序 | 简易程序 | 速裁程序 |
|---|---|---|---|---|
| 非证明性列举 | 数量/份 | 122 | 190 | 29 |
| | 比例/% | 35. 78 | 55. 72 | 8. 50 |
| 证明性列举 | 数量/份 | 55 | 6 | 0 |
| | 比例/% | 90. 16 | 9. 84 | 0 |

就证据列举方式与被告人认罪认罚的关系而言，如表 4 所示，在被告人认罪的案件中，非证明性列举占比高达 91. 80%；在被告人不认罪的案件中，这一比例仅为 62. 89%。可见，在被告人不认罪的案件中，法官相对更多地采用了较为精细的证明性列举方式。

**表 4　认罪和非认罪案件中证据列举方式的分布情况**

| 被告人是否认罪 | | 非证明性列举 | 证明性列举 |
|---|---|---|---|
| 是 | 数量/份 | 280 | 25 |
| | 比例/% | 91. 80 | 8. 20 |
| 否 | 数量/份 | 61 | 36 |
| | 比例/% | 62. 89 | 37. 11 |

总体上看，证明性列举主要集中在不认罪、依普通程序审理的重罪案件，

而认罪认罚、适用简易程序的轻罪案件更多采用非证明性列举。导致上述现象的原因既有相应规范对是否展示证据的要求不同,也有控辩审三方对控方主张与证据的接受程度存在差异。需要指出的是,非证明性列举的证据以离散形式呈现在判决书中,由于缺乏证据与具体待证事实之间关系的必要说明,故难以形成有效的证明链接。证明性列举围绕待证事实展开,较好地搭建了证据与案件事实之间的桥梁。这种列举方式先描述认定的案件事实,再呈现支撑案件事实的证据及其内容。这在一定程度上呈现了法官依据证据认定案件事实的证明过程,更有利于循着证据脉络把握案件事实。但遗憾的是,在样本判决书中,仅有61份采用了此种列举方式。

### (二)如何呈现证据争议

如何呈现证据争议攸关随后的证据分析与事实认定。在极少数判决书中,法官会对控辩双方有关案件事实和证据的争议进行概括和回应。这实质上是呈现法官心证过程与结论的重要方式。证据争议,是指控辩双方围绕证据是否满足客观性(真实性)、相关性和合法性要求,或者综合全案证据是否达到了"证据确实、充分"证明标准等问题而发生的争议。从样本判决书反映的实践情况看,绝大多数案件都不存在证据争议。即使在证明性列举的案件中,存在证据争议的也是少数。在1172份样本判决书中,只有53份存在证据争议。①

证据争议一般由辩护人在质证环节或者法庭辩论中提出,判决书对此都会进行适当呈现。在这53份存在证据争议的判决书中,有51份是辩护人对控方证据提出异议,占比96.23%。需要指出的是,在有律师参与的434起案件中,辩护律师对控方证据提出异议的比例仅为11.75%。② 辩方异议可分为个别证据异议和证据整体异议,前者是针对某一证据本身的客观性、相关性和合法性提出异议,后者是对证据整体是否达到"证据确实、充分"证明标准提出异议。统计显示,在53份存在证据争议的判决书中,有19份仅存在个别证据异议,占比为36%;有23份仅存在证据整体异议,占比为43%;有11份同时存在两种异议,占比为21%。

---

① 证据争议案件的统计标准为:统计控辩双方针对证据客观性、相关性和合法性提出异议,或是对全案证据是否满足"证据确实、充分"的证明标准提出异议的案件数量,而不包括对事实提出异议、对法律认定提出异议等其他异议情形。

② 辩护律师异议提出率不高有可能是因为有律师参与的434起案件中大部分是简易程序和速裁程序案件。一方面,这部分案件本身不存在较大证据争议;另一方面,此类案件的判决书往往较为精简,可能存在省略细微证据争议的情况。

1. 个别证据异议情况

个别证据异议分为证据客观性争议、相关性争议和合法性争议。在 30 份涉及个别证据异议的判决书中，[①]涉及证据客观性争议的有 11 份、涉及相关性争议的有 9 份、涉及合法性争议的有 16 份。[②]

证据的客观性争议主要表现为辩方对指控证据的客观性提出异议。如在钟某某、张某某、杨某某等走私、贩卖、运输、制造毒品案中，辩护人认为“贩卖毒品的事实只在证言中提及，证人的身份不是很清楚且无其他证据证明”，对证人证言的客观性提出了异议。[③] 如表 5 所示，存在客观性争议的主要是言词证据。

**表 5　存在客观性争议的证据种类份数**

单位：份

| 项目 | 犯罪嫌疑人、被告人供述和辩解 | 证人证言 | 鉴定意见 | 笔录类 | 物证 | 书证 | 电子数据 |
| --- | --- | --- | --- | --- | --- | --- | --- |
| 数量 | 4 | 4 | 1 | 1 | 3 | 4 | 1 |

相关性争议主要表现为辩方对指控证据与待证事实之间的相关性提出异议。如马某某、李某某等走私、贩卖、运输、制造毒品案中，辩护人认为“李某某对走私的毒品及数量不知情，称重、搜查等笔录亦仅有被告人马某某的签名，李某某不应对 3950 余克氯胺酮承担走私的责任”，对证据的相关性提出了异议。[④] 如表 6 所示，存在相关性争议的主要是物证。

**表 6　存在相关性争议的证据种类份数**

单位：份

| 项目 | 证人证言 | 笔录类 | 物证 | 书证 | 电子数据 |
| --- | --- | --- | --- | --- | --- |
| 数量 | 1 | 1 | 5 | 1 | 1 |

合法性争议主要表现为辩方针对指控证据的来源、收集与调查程序等提出合法性异议。如在谢某 1、谢某 2、赵某某故意伤害案中，辩护人认为：“本案

---

① 包括 19 份仅存在个别证据异议的判决书和 11 份同时存在个别证据异议与证据整体异议的判决书。

② 其中有 2 份判决书同时存在合法性争议和相关性争议，有 2 份判决书同时存在相关性争议和客观性争议，有 2 份判决书同时存在客观性争议和合法性争议。

③ 参见 A 省 C 市中级人民法院刑事判决书，(2019) 川 01 刑初 268 号。

④ 参见 A 省 C 市中级人民法院刑事判决书，(2020) 川 01 刑初 160 号。

受案登记表未加盖公章,受害人记载为‘谢某某’,且案发后未及时立案,属于严重程序违法";"现场勘查记录、鉴定书等证据亦缺乏相应的签章,属于应当排除的非法证据"。[①] 如表7所示,合法性争议最多的证据种类是犯罪嫌疑人、被告人供述和辩解、鉴定意见以及书证。

**表7 存在合法性争议的证据种类份数**

单位:份

| 项目 | 犯罪嫌疑人、被告人供述和辩解 | 证人证言 | 鉴定意见 | 笔录类 | 物证 | 书证 | 电子数据 |
|---|---|---|---|---|---|---|---|
| 数量 | 6 | 2 | 6 | 4 | 4 | 6 | 1 |

2. 证据整体异议情况

证据整体异议是对指控证据是否满足"证据确实、充分"证明标准的综合性异议,本质上是辩方对指控事实的异议。如蒋某走私、贩卖、运输、制造毒品案中,辩护人认为"无其他证据印证的情况下,同案犯互证的一致性不等于口供的真实性,本案认定蒋某犯制造毒品罪的证据不足"。[②] 在样本判决书中,涉及证据整体异议的共有34份,[③]案件类型分布如表8所示。与个别证据异议一样,证据整体异议也主要集中在走私、贩卖、运输、制造毒品案件。在辩方提出证据整体异议的案件中,22起案件的被告人没有认罪,占比为64.71%;12起案件的被告人认罪,占比为35.29%。值得注意的是,所有存在证据整体异议的案件,均有辩护律师参与,而且该异议均由辩护律师提出。

**表8 存在证据整体异议的案件类型份数**

单位:份

| 项目 | 盗窃 | 故意伤害 | 走私、贩卖、运输、制造毒品 |
|---|---|---|---|
| 数量 | 6 | 3 | 25 |

① A省C市中级人民法院刑事判决书,(2020)川01刑初279号。

② A省C市中级人民法院刑事判决书,(2020)川01刑初64号。

③ 包括23份仅存在证据整体异议的判决书和11份同时存在个别证据异议和证据整体异议的判决书。

## 三、法官如何采纳证据

判决书在对证据及控辩双方证据争议进行列举之后还必须作出相应回应，以明确是否采纳所列举的证据，少数判决还对采纳与否的理由进行了一定论证。这是中国刑事法官实现从证据到事实认定的一个关键环节。

### （一）如何采纳无争议证据或者不采纳证据并认定事实

采纳无争议证据并认定事实，是法官正面、直接构建事实认定的关键。在1172份样本判决书中，无证据争议的有1119份，占比为95.48%；其中普通程序案件128份、简易程序案件252份、速裁程序案件739份。在适用普通程序的无证据争议案件中，法官采纳证据并认定事实的论述大多呈现为三段式结构：第一段是承接事实认定，引出证明事实认定的证据，通常表述为“上述事实，有经庭审举证、质证的下列证据予以认定：……”第二段是具体证据的列举，如前所述，主要有非证明性和证明性两种类型。第三段是对全案证据进行综合评定，往往使用“本案事实清楚，证据确实、充分，足以认定”等类似表述。有的判决书会具体就证据的客观性、相关性和合法性进行肯定，部分判决书会提及“证据之间相互印证，形成证据锁链”。这种“总—分—总”式的论述，往往开头段落和结尾段落简略，中间段落对具体证据的列举则着墨较多。在简易程序案件中，法官采纳证据的论述更加简略，仅简单列举证据，并用“上述事实，有经庭审举证、质证，本院予以确认的×××、×××等证据予以证实，公诉机关起诉指控的犯罪事实清楚，证据确实、充分，指控罪名成立，本院予以支持”这类标准化表述格式呈现，①而不论及证明过程。在速裁程序案件中，论述进一步简化甚至完全忽略证据相关内容。739份速裁程序案件判决书中，仅有4份对法院认定的证据进行了列举，24份对指控证据进行了简略列举。从对认定证据的说明情况看，法官采纳证据与认定事实是一种基于在案证据的简易、直观判断，往往以“上述事实经庭审调查、质证，各方无异议，予以确认、采纳”之类的话语呈现。

需要指出的是，在1172份样本判决书中，有11起案件的辩方提出了辩护证据，法庭全部采纳的有4份、部分采纳的有3份。被采纳的辩方证据主要是赔偿协议、

---

① 典型如A省C市W区人民法院刑事判决书，(2020)川0107刑初83号。

被告人赔偿被害人经济损失的收据、被害人及其家属的谅解书等量刑证据。① 有 4 起案件完全没有采纳辩方证据,②这些证据通常是没有相关性的证据。对于这些辩方证据,控方未提出异议,但法庭均直接、简单地以"与案件事实无相关性"为由不予采纳。同样,法官采纳辩方证据的话语表述与采纳控方证据的话语表述类似。

值得一提的是,法官不采纳控方或辩方证据时往往会进行相应阐述,其理由有时与控辩双方提出的理由相同,有时也有其独特表述。例如,在漆某、苏某、杨某某等盗窃案中,控辩双方均未提出证据异议,但判决书认为,指控杨某某、杨某盗窃事实的证据不足,没有认定公诉机关指控的相关事实。③ 在该案中,被告人杨某某、杨某没有对证据提出异议,庭审中先是表示对指控的事实无异议并认罪,而后又辩称没有跟被告人漆某等人共谋盗窃。法官在判决书中认为,虽然被告人漆某事前问过被告人杨某某、杨某是否收购电动自行车(赃车),被告人杨某某、杨某也明知是赃物仍表示要收购,但是,无充分证据证明双方共谋盗窃,指控共谋盗窃的事实不成立,其行为不构成盗窃罪,对公诉机关的指控意见不予采纳。④

**(二)如何采纳或者不采纳争议证据**

如前所述,尽管争议证据较少,但对争议证据的回应是判决书的重要内容。通过对样本判决书的分析,笔者发现大多数法官都会对证据争议作出或具体或简单的回应,但也不乏回避证据争议的情况。

1. 分析并回应个别证据异议

通过样本判决书的分析与统计,笔者发现,在 30 份涉及个别证据异议的判

---

① 参见 A 省 C 市中级人民法院刑事判决书,(2019)川 01 刑初 281 号;A 省 C 市中级人民法院刑事判决书,(2020)川 01 刑初 243 号;A 省 C 市 W 区人民法院刑事判决书,(2020)川 0107 刑初 178 号;A 省 C 市 W 区人民法院刑事判决书,(2020)川 0107 刑初 182 号;A 省 C 市 W 区人民法院刑事判决书,(2020)川 0107 刑初 648 号;A 省 C 市 W 区人民法院刑事判决书,(2020)川 0107 刑初 213 号;A 省 C 市 W 区人民法院刑事判决书,(2020)川 0107 刑初 5 号。

② 参见 A 省 C 市中级人民法院刑事判决书,(2020)川 01 刑初 31 号;A 省 C 市中级人民法院刑事判决书,(2020)川 01 刑初 113 号;A 省 C 市中级人民法院刑事判决书,(2020)川 01 刑初 162 号;A 省 C 市 G 区人民法院刑事判决书,(2020)川 0191 刑初 482 号。

③ 参见 A 省 C 市 E 区人民法院刑事判决书,(2020)川 0115 刑初 82 号。可见,在控辩双方没有提出证据异议的情况下,法官并不会全盘接受公诉机关指控的事实,而是会依职权对在案证据是否达到"证据确实、充分"的证明标准进行实质性审查。

④ 参见 A 省 C 市 E 区人民法院刑事判决书,(2020)川 0115 刑初 82 号。

决书中,法官没有回应辩方异议的只有1份。在其余29份判决书中,法官均对辩方异议作了回应。如在刘某某走私、贩卖、运输、制造毒品案中,辩护人提出"微信转账记录不排除其他用途的可能性",对微信转账记录的相关性提出了异议。法官在判决书中对此作了回应:"证人蒲某的证言反映了蒲某曾经多次向被告人刘某某购买毒品的情况,该证言与蒲某手机中的微信转款及通信记录相吻合,上述证据也与刘某某手机中的相关内容相互印证。"①在万某某、范某某走私、贩卖、运输、制造毒品案中,辩护人认为在案鉴定意见的检材来源存疑、鉴定结果不具有真实性,应予排除。对此,法官在判决书中的回应是:"经本院审查,在案鉴定意见系侦查机关依法收集,且整个称量、取样、送检、检测过程均有同步录像予以证实,侦查机关及鉴定机构亦对本案检材来源、鉴定过程及方法等作出客观、详尽的说明。因此,在案鉴定意见的检材来源合法且真实,鉴定过程、方法符合规定,由具有专业资质的鉴定机构作出的结论真实、有效,应予以采信。"②显然,上述案件中法官对辩方的证据异议作了简略、适当的回应,回应方式或者是基于证据进行是否符合情理的简略式判断,或者是稍微具体地用其他证据进行印证式判定。但是,这类回应整体上类似于一种"规定动作",缺乏分析和展开。

从争议证据的采纳情况看,30份样本判决书中仅有1份采纳了辩方异议。通过分析法官未采纳辩方异议的29份判决书中的说理情况发现,其中26份对证据争议部分作了回应。在存在证据客观性争议和相关性争议的案件中,法官往往会对全案证据进行综合论证,强调证据来源与案件之间的联系、说明争议证据与其余证据之间的印证关系,以说明证据达到了"确实、充分"的证明标准。在存在合法性争议的案件中,由于《裁判文书释法说理指导意见》第5条规定,对于辩方提出排除非法证据申请的,裁判文书应当说明是否对证据收集的合法性进行调查、证据是否排除及其理由,所以,这类案件中法官通常会更具体地就取证、存证程序的合法性加强论证。在存在证据合法性争议的16份判决书中,法官均针对相关争议证据的合法性问题做了阐释说明。

整体上看,法官对证据争议的回应存在差异,或详细或简单,或直接或间接,或有力或乏力。法官对证据争议的回应明显多于对辩方举证的回应这一

① A省C市G区人民法院刑事判决书,(2020)川0191刑初211号。

② A省C市中级人民法院刑事判决书,(2020)川01刑初27号。

事实表明,法官通过回应证据争议来构建事实认定似乎成为一种新的论述风格,尽管其远未成熟,而且对是否采纳证据争议的具体阐释也谈不上充分。

2. 分析并回应证据整体异议

对在案证据是否达到了"证据确实、充分"的证明标准,法官在样本判决书中均进行了回应。从实际情况看,回应方式大致可以概括为论证式回应和结论式回应两种。论证式回应,是指对运用证据认定案件事实的推论过程作细致说明,如围绕证据的充分性、印证关系及如何形成证明锁链等进行更详细的论证。结论式回应,是指不论及具体证明过程,笼统地以事实认定结论代替论证过程。

存在证据整体异议的34份判决书中,法官作论证式回应的有29份。如在赵某1制造毒品案中,法官对全案证据证明的结论为:"以上证据,经庭审质证、认证,具有真实性、合法性,且与案件事实相关联,足以证明案件事实,本院予以采信。"在对辩方提出的证据整体异议进行回应时,法官作了更细致、具体的论证:"首先,同案犯赵某2、唐某某的供述相吻合,能够证实赵某1在2019年1月3日晚协助赵某2等人将制毒原料、工具等物搬进赵某3老家,接着唐某某在此负责具体加工制造,其间赵某1提供生活保障等协助行为;其次,赵某1与赵某2、赵某3的通话内容,能够印证赵某1等人在与赵某2失去联系后将毒品半成品及工具搬运至另外的房间进行藏匿;最后,赵某1作为一名心智健全的成年男子,对其听从唐某某的安排弃车逃跑的行为亦不能作出合理的解释。"①这种较为罕见的"结论+分析论证"式说理,全面反驳了辩方提出的证据整体异议。

另外5份判决书是结论式回应。如在刘某某、周某某、王某某走私、贩卖、运输、制造毒品案中,辩护人提出"认定王某某作为制造毒品的共犯证据不足"的异议。对此,法官仅以"针对被告人王某某所提其不知道被告人刘某某、周某某在制造毒品的辩解,以及王某某的辩护人所提指控王某某构成制造毒品的共犯证据不足的辩护意见,与审理查明的事实不符,本院不予采纳"进行回应。② 这类回应本质上是再次陈述法官认定的事实结论,未说理,未有效反映法官的认证理由。

---

① A省C市中级人民法院刑事判决书,(2020)川01刑初88号。

② 参见A省C市中级人民法院刑事判决书,(2020)川01刑初227号。

法官在根据间接证据定案时对证据体系的整体回应特别值得关注。《裁判文书释法说理指导意见》第6条规定:“依据间接证据认定事实时,应当围绕间接证据之间是否存在印证关系、是否能够形成完整的证明体系等进行说理。”该规定对于仅依据间接证据定案的证据审查以及该类案件的裁判文书说理,提出了具体要求。样本判决书中有4起案件是仅依据间接证据定案,其中3起为毒品犯罪案件、1起为盗窃案件。① 上述案件所依据的间接证据种类如表9所示。此类案件通常缺少被告人对全案事实的全部或者部分供述,故只能依据间接证据认定相关事实。如在谢某某盗窃案中,公诉机关指控其先后11次实施入户盗窃。被告人承认了三次盗窃,但称记不清细节,对其他指控则予以否认。该案中,证明被告人部分盗窃行为的证据仅有被害人陈述、勘验笔录以及被告人血样和指纹的鉴定意见,且被害人陈述并不指向被告人就是盗窃行为人。上述证据都属于间接证据,因此,法官据此认定案件事实应遵循2012年最高人民法院《关于适用〈中华人民共和国刑事诉讼法〉的解释》(以下简称2012年《刑事诉讼法解释》)第105条的规定,并依照《裁判文书释法说理指导意见》第6条的要求,在判决书中进行论证。但实际上,法官仅作了概括性说理,“本院认为公诉机关出示的证据来源合法、内容客观真实,与本案具有相关性,且能够相互印证,故对上述证实谢某某有罪的指控证据予以采信”,②而没有论及证据之间如何印证,证据是否确实、充分,以及仅依据上述间接证据能否得出排除合理怀疑的结论等内容。

**表9　样本判决书中依据间接证据认定案件事实的证据种类**

| 案例 | 依据间接证据认定案件事实的证据种类 |
|---|---|
| 刘某某制造毒品案 | 书证、笔录、鉴定意见、证人证言 |
| 刘某非法持有毒品案 | 书证、笔录、视听资料、电子数据、证人证言 |
| 钟某某贩卖、制造毒品案 | 书证、笔录、鉴定意见、视听资料、电子数据、证人证言 |
| 谢某某盗窃案 | 被害人陈述、笔录、鉴定意见 |

从整体上看,相较于对个别证据异议的回应,法官对证据整体异议的回应

① 参见A省C市G区人民法院刑事判决书,(2020)川0191刑初145号;A省C市中级人民法院刑事判决书,(2020)川01刑初122号;A省C市中级人民法院刑事判决书,(2020)川01刑初16号;A省C市中级人民法院刑事判决书,(2020)川01刑初118号。

② A省C市G区人民法院刑事判决书,(2020)川0191刑初145号。

相对较为充分,形成了大致标准化的回应模式,但亦存在差异化的回应模式。例如,在赵某1制造毒品案中,法官对证据整体异议的回应是论证式的,在一定程度上体现了相关司法解释规定的证据综合审查判断的方法要求。但在有些案件中,法官的回应并不充分。如在存在证据整体异议的34份判决书中,有5份就仅对辩方提出的证据整体异议作了简单粗糙的结论式回应。即使在一些以间接证据定案的案件中,对证据整体异议的回应似乎也未能充分展开。

**(三)证据采纳与证明的逻辑分析**

证据采纳的表象之下是法官的证据认定逻辑,其体现的是法官运用证据认定案件事实的特点与规律。通过对样本判决书的分析可以发现,法官对于是否采纳在案证据、能否依据在案证据认定案件事实,主要考虑的是以下两个方面:

一是单个证据是否具备"三性",若具备则会采纳该证据。首先,在不存在证据争议的样本判决书中,法官对证据"三性"的审查结论往往呈现为形式化表达,如"上述证据来源合法,内容客观真实,且与本案事实有关联,足以证实犯罪事实"。由于不存在辩方证据异议,法官不需要单独回应,因而往往不会对证据"三性"审查的实质内容进行说理。这在一定程度上反映出法官对单个证据"三性"审查的忽视。其次,在存在个别证据异议的案件中,法官需要针对辩方异议作回应性说理。最常见的说理方式是强化论证,即法官详尽论述在案证据证明待证事实的逻辑过程:(1)从证据真实性角度说明争议证据与在案其他证据相互印证,论述在案证据信息指向的一致性,从而论证争议证据本身客观真实且与案件事实具有相关性;(2)对争议证据的程序性事项进行说明,以此论证其合法性。最后,在有辩方证据的情况下,控方往往不会提出证据异议,而是法官直接对辩方证据进行审查,若具备证据"三性"则采纳该证据作为定案依据。

二是全案证据是否达到了"证据确实、充分"的证明标准。在1172份样本判决书中,713份就证据已经达到"确实、充分"的证明标准进行了阐述,占比为60.84%。判决书通常是在列举证据和针对证据争议进行说理之后,对证据达到证明标准作概括性总结,通常采用"上述证据来源合法,内容客观真实,与案件事实相关联,能够形成证据锁链,足以证明案件事实","公诉机关指控被告人犯罪事实清楚、证据充分,指控罪名成立,应予支持"等标准化语句进行说明。特别是在存在证据整体异议的案件中,辩方往往会提出"证据不足""证据没有达到证明标准"等异议,此时法官通常会对在案证据进行综合性论证,突出证据信息指向的一致性和证据的充分性,以说明已经达到“证据确实、充分”的证明标准。法官若是凭借间接证据定案,则需要通过碎片化的证据信息拼接出案件事实全貌,此时在案证据的充分性、证明方向的一致性就至关重要。但是,在这类样本判决书中,法官并没有实质性地说明证据的充分性,也未对仅依据间接证据能否得出排除合理怀疑的结论进行充分论证。

显然,法官使用、认定证据的模式存在差异。少数情况下,往往是证据存在争议时,法官采用适当说明或者证明的模式。但多数情况下,法官对证据和事实认定采用简约模式,通常缺乏实质性的证明过程,也缺乏对证据取舍与事实认定的展开。《裁判文书释法说理指导意见》第 4 条、第 6 条强调了证据说理的两个重点:一是围绕证据的相关性、合法性和真实性阐明采纳证据的理由;二是依据间接证据认定事实时应当围绕印证关系、证明体系进行说理。然而,从样本判决书所反映的当下实践看,法官对其运用证据认定案件事实的表述往往不尽如人意,大多数判决书对证据仅作列举而不予说明,或者仅有一句“本案事实清楚,证据确实、充分,足以认定”作为结论。这种宣示性的、形式化的以证明结论代替具体证明过程的做法,在相当程度上反映出在以证据为基础推论案件事实的过程中法官充分证明的缺位。这一现象可能与对控方事实主张持接受性立场的惯习性机制有关。

## 四、法官使用证据的理论审思

上文展现了中国刑事法官运用证据认定事实的常态化操作。下文将侧重于事实认定的基本模式部分,进一步解释、分析中国刑事法官运用证据认定事实的基本特质。笔者的基本判断如下。

### (一)欠缺实质证明的“拼图模式”广泛存在

证明模式问题是近年中国刑事诉讼法学界关注的热点之一,特别是围绕印证问题的讨论形成了一些较具代表性的研究成果,①也有研究者提出了新的

① 例如,参见周洪波:《中国刑事印证理论批判》,载《法学研究》2015 年第 6 期;龙宗智:《刑事印证证明新探》,载《法学研究》2017 年第 2 期;栗峥:《印证的证明原理与理论塑造》,载《中国法学》2019 年第 1 期;何家弘:《司法证明模式的学理重述——兼评“印证证明模式”》,载《清华法学》2021 年第 5 期。

证明模式。① 鉴于本文专注于实证研究,难以就刑事证明模式问题作全面的学理探讨,而只能立基于研究对话的需要作适当展开。整体而言,中国刑事法官在认定事实时,主要是接受、否定或者修正控方和辩方的事实主张,因此判决书往往以控方有关事实的诉讼主张为中心,附以简单列举的证据。虽然法官认定的事实有证据支持,但鲜有具体论及证据分析、证据推理的,即中国的刑事判决书大量存在"缺乏证明"的情况。

通过对样本判决书的分析发现,简单列举在案证据和所认定之事实的判决书写作方式,反映出来的是一种法官依据各个证据所含信息直接认定案件事实的思路。在证据充分的情况下,列举了证据是什么以及证据证明了什么案件事实时,案件事实的整体面貌即得以呈现。对于某些直接证据,如目睹全案经过的证人的证言,更是出现了证据内容即反映案件事实的情况。笔者认为,这体现了中国刑事司法实践中一种更加普遍的证据使用方式——拼图模式。即在不存在事实争议的情况下,裁判者直接通过证据内含的案件信息组合形成案件事实的整体认知;裁判者更加关注各个证据内含的案件信息,并由各个证据所含信息共同构建案件事实。② 需要指出的是,实践中拼图模式主要表现为,在大多数案件特别是认罪认罚案件中,法官只是将案卷材料中的证据碎片陈列出来,而不详细论证这些证据碎片如何排列组合,以及能否构成完整的案件事实图画。当然,这并不意味着法官的事实认定不依据具体证据,只是在(判决书的写作)实践中法官往往简化了心证形成过程。实际上,样本判决书的相关内容与访谈均表明,对于控方的指控事实,法官采取的基本态度和做法是,通过控方证据来对照、拼接指控事实,将控方证据与指控事实进行简单对勘,而很少仔细推敲。另外,即使在一些被告人不认罪的案件中,法官也只是对证据碎片作简单陈列和组合,很少精心阐述与论证,就直接认定案件事实。只有在极少数事实争议巨大、控辩双方对抗激烈的案件中,法官才会仔细分析证据,充分论证心证形成过程,即对每个证据碎片的属性、证据碎片之间的关系、控方提交的所有证据碎片是否足以构成一幅完整的案件事实图画(特别是能否构成控方所主张的案件事实图画)进行论证。

---

① 参见向燕:《论刑事综合型证明模式及其对印证模式的超越》,载《法学研究》2021年第1期。

② 大致可以观察到两种情形:一种表现为裁判文书先说明事实认定,后说明支持各具体事实的具体证据的相关内容。这种类型内容相对详细,有时甚至会有更为详细的证据分析,包括对争议证据和争议事实主张的回应。另一种是简略说明所支持的事实主张有什么证据支撑,而不具体说明证据内容。

需要进一步讨论的是：拼图模式是否具有一定合理性，其弊端在哪里，与印证模式是什么关系。对此，笔者的看法如下：

其一，拼图模式有一定的规范依据。2012 年《刑事诉讼法解释》第 105 条规定："没有直接证据，但间接证据同时符合下列条件的，可以认定被告人有罪：（一）证据已经查证属实；（二）证据之间相互印证，不存在无法排除的矛盾和无法解释的疑问；（三）全案证据已经形成完整的证明体系；（四）根据证据认定案件事实足以排除合理怀疑，结论具有唯一性；（五）运用证据进行的推理符合逻辑和经验"（2021 年《刑事诉讼法解释》第 140 条的规定与此类似）。由此，若证据无重大争议，在经查证属实的基础上，依靠全案证据形成完整的证明体系、结论具有唯一性，便是这种粗糙的证据使用模式的现实写照。可以说，拼图模式就是一种证明体系化的简约模式。

其二，拼图模式具有一定的证据法理支撑。在证据法理上，拼图模式在一定程度上契合所谓整体主义式的证据分析方法。具体而言，法官在进行证据分析时，采用的是一种合一性证明方法，而非对单个证据所含信息作孤立分析。案件事实的认定更类似于一种"故事方法"，即整体性地构建一个案件故事，考察故事对全案证据的涵盖情况，而证据之间的融贯性则由印证方法予以证明。

其三，拼图模式具有一定的诉讼法理支撑。在诉讼法理上，法官认定事实的活动主要是审查性地认定（接受或者否定）控方的事实主张与相关证据。由此，法官的基本职责就是将控方的事实主张与其提出的证据进行对勘，审查证据能否拼接出所指控的事实主张。其实，域外国家如英美法系的刑事审判也大致如此，法官聚焦于审查控方指控的事实主张与相应的法律主张能否成立，认为成立即接受，认为不成立即不接受，而不作出有关事实心证的裁判文书。①

实际上，这也是实证调研中法官向笔者谈及的普遍、实际的事实认定思路和做法。在控审关系长期紧密化的背景下，法官将控方事实主张与控方证据进行对勘，以决定是否接受控方事实主张（一般是接受控方的事实主张），成为司法实践的常态。在认罪认罚从宽制度兴起之前，实践中常规的事实认定机制就是如此。如果考察以往的裁判文书，会发现其绝大多数呈现为对控方事

---

① 美国陪审团审判的案件中的情况，参见［美］弗洛伊德·菲尼、［德］约阿希姆·赫尔曼、岳礼玲：《一个案例两种制度：美德刑事司法比较》，郭志媛译，中国法制出版社 2006 年版。美国辩诉交易案件中的情况，参见杨先德：《译者序：诉讼参与者视角下的辩诉交易》，载［美］斯蒂芬诺斯·毕贝斯：《庭审之外的辩诉交易》，杨先德、廖钰译，中国法制出版社 2018 年版。

实主张言简意赅的接受,其后的审结报告同样显示出对控方的事实主张基本持接受的立场。而在认罪认罚从宽制度兴起以后,法官接受控方事实主张的趋势更为明显。由此,法官常规的心证形成过程即是审查、接受控方事实主张及相关证据,并以简明方式记载于裁判文书。

关于拼图模式,有两点需要指出。其一,拼图模式不同于印证模式。如图1所示,在严格的印证模式中,证据所含信息的作用点是其他证据,证据与证据之间需具有内容或指向上的一致性,从而形成一个自洽的信息闭环,这个信息闭环所指向的事实即证据证明的案件事实。拼图模式并不着眼于证据之间的关系,而是着眼于各个证据内含的案件信息本身。在这种模式中,单个证据所含的案件信息是案件事实拼图中的一块(见图2)。在证据充分的情况下,通过对证据进行组装即可确定案件事实的全貌,从而实现法官对案件事实的认定,此时法官认定的案件事实即为证据信息直接整合而成的事实。

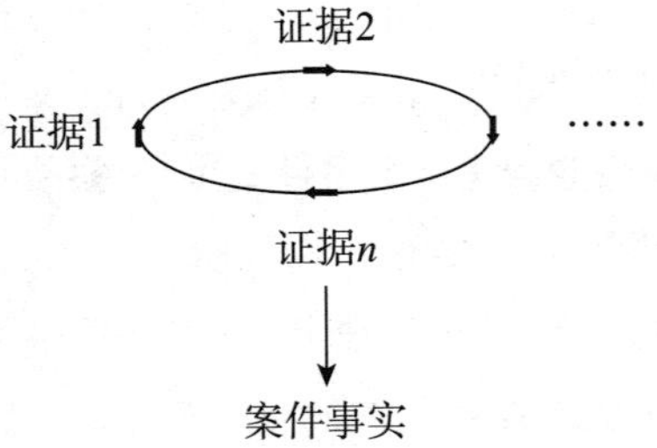


**图1　印证模式图示**

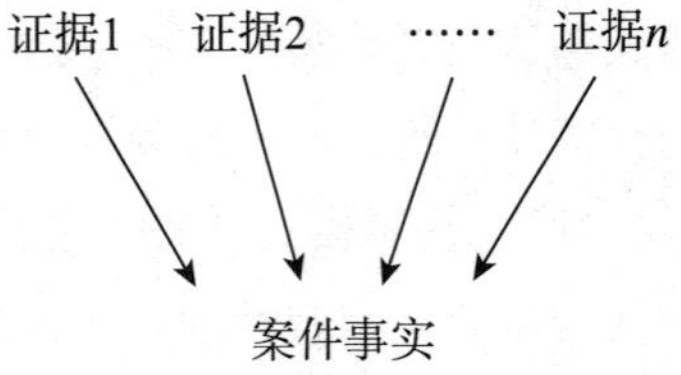


**图2　拼图模式图示**

从样本判决书中法官使用证据的方式看,在无证据争议和证据争议有限的情况下,法官经常运用拼图模式。具体而言,在无证据争议的案件中,裁判者往往缺乏动力对单个证据进行审查并详尽论证证据以及证据之间的关系;裁判者对证据的使用更多是拼图式的,即直接通过证据内含的信息形成案件事实的整体图景,其更加重视证据的全面、充分。在证据争议有限的部分案件中,乃至存在证据整体异议时,法官往往会加强对在案证据的论证,即更加详尽地论述定案证据的内容以及证据所指向的案件信息,这种强化论证实质上也是对拼图模式的运用。

其二,拼图模式当然也存在一些问题。实践中的拼图模式往往缺乏严密的证明过程,对拼图的内在主线、拼图内部各板块之间的内在关系缺乏说明,也可能忽视了证据之间的耦合、联结等复杂关系。作为一种主流的证据使用方式,拼图模式目前是薄弱的。就当下而言,拼图模式的科学性、完整性、充分性均有待规范。就整体而言，在欠缺重大证据争议的情况下，这种较普遍地运用于实践的拼图模式，尚未引发广泛争议，也未发现由此导致的明显问题。从某种程度上说，拼图模式具有一定的实践合理性。

**（二）印证模式的运用并不普遍**

经过近20年的争鸣，印证模式已经成为学术界有关刑事审判中法官如何使用、认定证据的一种重要观点。这种观点认为：（1）印证是指证据之间的关系，印证的前提是存在两个以上的证据，并且这些证据的信息源是独立的；（2）印证证明是利用不同证据内含信息的同一性来证明待证事实，包括信息内容的同一与指向的同一；（3）印证证明作为诉讼证明的基本方法，其适用对象和范围与证明的对象和范围是一致的。① 不过，学界对印证的内涵、性质、功能等尚未形成统一意见。② 在规范层面，2012年《刑事诉讼法解释》第104条第2款规定，对证据证明力的审查"应当根据具体情况，从证据与待证事实的关联程度、证据之间的联系等方面进行审查判断"（该款规定在2021年《刑事诉讼法解释》第139条第2款中被保留）；第3款规定，证据作为定案根据需要满足"证据之间具有内在联系，共同指向同一待证事实，不存在无法排除的矛盾和无法解释的疑问"的条件。这就以司法解释的形式确立了中国刑事证据的印证审查模式。然而，在刑事证明实践中，印证模式的运用实况到底如何？

首先，印证主要是一部分存在证据争议的案件中解决证据争议的重要方法，但并非唯一方法。在本文的1172份样本判决书中，只有71份提及"印证"，仅占总数的6.06%。在存在辩方证据异议的53份判决书中，提及"印证"的有31份，占比58.49%；在无证据异议的1119份判决书中，提及"印证"的有40份，占比3.57%。这似乎表明，印证证明更多运用于有证据争议的案件。

形成上述局面，推测有两种可能的原因：一是印证并非法官认定证据的必由之路。只有在出现证据争议时，法官才将印证作为是否采纳相关证据的一种判断手段。二是法官在认定证据的过程中采用了印证证明，但未在裁判文书中以"印证"来表述。针对第一种推测，笔者对部分研究样本来源法院如W

① 参见龙宗智：《刑事印证证明新探》，载《法学研究》2017年第2期。

② 参见周洪波：《中国刑事印证理论批判》，载《法学研究》2015年第6期；陈瑞华：《以限制证据证明力为核心的新法定证据主义》，载《法学研究》2012年第6期；谢澍：《反思印证："亚整体主义"证明模式之理论研判》，载《华东政法大学学报》2019年第3期；薛爱昌：《为作为证明方法的"印证"辩护》，载《法学研究》2018年第6期。

法院的刑事法官进行了访谈。其中一名受访法官表示:"印证"尚未成为一个法律概念,也不是刑事证明的必由之路;法官实际上往往根据被告人是否认罪认罚、事实争议大小、争议证据对定罪量刑的影响程度等多方面因素,选择性适用不同的证据使用模式。总体而言,在无争议案件的事实认定中,证明总体上是一种基于庭外阅卷、庭审举证、质证形成证据体系的经验判断;在存在事实及证据争议的情况下,由于可能存在矛盾证据,此时会采用印证证明作为矛盾证据的审查方式,同时印证也作为一种证明方法被加以运用。为了验证第二种推测,笔者阅读了适用普通程序、存在证据争议且裁判文书中没有出现"印证"字样的全部19份判决书,发现仅在4份判决书中,尽管没有提及证据印证,但法官实质上运用了印证证明。① 例如,在龙某走私毒品案的判决书中并未出现"印证"字样,但关于被告人龙某是否应当对从西安入境的大麻负责的问题,法官的说理是:"本院认为,根据审理查明的案件事实,从西安入境大麻的收件人为刘某,收件地址为C市W区××小区,收件电话为××××,与被告人龙某关于大麻收件信息的供述相吻合,亦与从青岛入境大麻的收件信息完全一致,此收件信息特别是收件地址、收件人手机号码与收件人姓名完全一致的情况,如非本人提供,他人难以获得,同时结合龙某关于大麻交易的规则为先付款后发货等供述,被告人龙某应当对从西安入境的大麻负责。"②上述说理中提到的"与供述相吻合""信息完全一致"等表述,实际上是对证据之间相互印证的判断。

其次,实践中印证证明有时表现为一种宣示性的形式化说明,并且在类型上以规定印证为主、酌定印证为辅。笔者细致考察了提及"印证"的71份判决书,发现在其中11份中印证仅是一种宣示性、形式化的说明。在证据列举完毕之后,以"上述证据来源合法,内容客观真实,且与本案事实相关联,证据间能够相互印证形成锁链,足以证实××事实"这样的格式化语句呈现,③而不言及

---

① 参见A省C市中级人民法院刑事判决书,(2020)川01刑初215号;A省C市W区人民法院刑事判决书,(2020)川0107刑初292号;A省C市W区人民法院刑事判决书,(2020)川0107刑初14号;A省C市W区人民法院刑事判决书,(2019)川0107刑初897号。

② A省C市中级人民法院刑事判决书,(2020)川01刑初215号。

③ 参见A省C市中级人民法院刑事判决书,(2020)川01刑初40号;A省C市中级人民法院刑事判决书,(2020)川01刑初22号;A省C市中级人民法院刑事判决书,(2019)川01刑初265号;A省C市中级人民法院刑事判决书,(2020)川01刑初32号;A省C市中级人民法院刑事判决书,(2020)川01刑初65号;A省C市中级人民法院刑事判决书,(2020)川01刑初200号;A省C市中级人民法院刑事判决书,(2020)川01刑初56号;A省C市中级人民法院刑事判决书,(2020)川01刑初154号;A省C市G区人民法院刑事判决书,(2020)川0191刑初145号;A省C市G区人民法院刑事判决书,(2020)川0191刑初290号;A省C市G区人民法院刑事判决书,(2020)川0191刑初178号。

证据之间如何印证。证据印证不说理或许恰恰体现了印证作为法官内在的、自我把关的思考过程的特性,即印证的整个过程难以为外人所把握,甚至难以得知裁判者在证据审查的过程中是否实质上运用了印证证明方法。① 这些判决书中对证据的形式化说理,一定程度上还反映出裁判者的形式化证据审查。实践中,部分法官对印证审查认识不足,强调证据的一致性,而忽视差异性、经验法则,机械地根据证据之间是否相互印证对证据进行筛选取舍并进而认定案件事实。这种形式化的印证规避了证据说理,导致当事人和一般公众难以从判决书中窥见裁判者证据印证的过程。

其余60份判决书实质上采用了印证证明,主要分为两种类型。一是规定印证,即法律、司法解释明确规定需要进行印证证明的。如2010年最高人民法院、最高人民检察院、公安部、国家安全部、司法部《关于办理死刑案件审查判断证据若干问题的规定》第15条、第22条规定,前后矛盾的证人证言、存在翻供和反复的被告人供述,需要依据是否有其他证据予以印证进行审查认定。刑事诉讼法确立的"不轻信口供原则",要求口供需要其他证据印证才能作为定案依据。2012年《刑事诉讼法解释》第105条规定了仅凭间接证据定案的印证规则;第106条规定了隐蔽证据的印证规则;第109条规定了存在生理缺陷、利害关系证人的言词证据需要有其他证据印证才能予以采纳(在2021年《刑事诉讼法解释》中分别为第140条、第141条、第143条)。样本判决书中有45份出现了规定印证的情况,且这一类印证多运用于其他证据与被告人供述相互印证的证明上。二是酌定印证,即法律、司法解释未作规定,法官根据证据情况自行判断是否需要进行印证证明的。样本判决书中有15份出现了酌定印证的情况。比如,对不属于规定印证情形的证人证言、被害人陈述、犯罪嫌疑人、被告人的供述和辩解等言词证据,法官也会阐述其与某些实物证据相互印证,从而说明其可以采纳并作为定案依据。值得思考的是,法官为何对法律、司法解释未硬性规定的情形也进行印证判断。有学者在印证规则规范化之前就已经指出,印证证明模式很大程度上是法官面对重重压力的自主选择。② 作为一种外在的、客观的评价标准,印证有利于规避裁判者的决策风险,这或许

① 参见左卫民:《"印证"证明模式反思与重塑:基于中国刑事错案的反思》,载《中国法学》2016年第1期。

② 参见黄士元:《自由心证制度下的法官责任——心证"自由"的保障及其扭曲》,载《证据学论坛》2007年第2期。

是酌定印证的成因。但是，这类印证往往是证据所指向的案件信息的无用匹配，即使不说明证据之间相互印证，也不会影响证据的证明力。法官多此一举地强调相互印证，实质上是在规避裁判风险，从形式上强化其裁判的可检验性。

**（三）“拼图+印证”：一种综合性模式的应用**

需要指出的是，在部分证据有争议特别是争议较大的案件中，包括存在前后矛盾的证人证言、存在翻供和反复的被告人供述等规定印证情形，法官会使用印证证明来说明证据指向的一致性，并据此排除或者采纳有争议的证据。然后，在此基础上，法官会审查不同证据的信息是否形成体系，其组装出的案件信息是否包含犯罪构成要件事实。这其实就属于拼图式证明。可见，这类案件通常采用的是一种综合性的证据使用与事实认定模式，同时包含了“证据之间相互印证”和“证据认定事实体系”。

整体上看，在没有证据争议的案件中，普遍的证据使用方式是拼图模式；而在有证据争议的案件中，一部分采用拼图模式对在案证据进行论证，另一部分则采用“印证+拼图”的综合性证据使用模式，即以印证证明解决争议证据信息指向的一致性问题，以拼图模式确保在案证据充分、全面地涵盖要件事实。在存在证据争议的情况下，法官有时会使用印证证明，但印证证明不是唯一的证据使用方式，甚至也不是最主要的使用方式。这本质上是因为证据的一致性只是形成有罪事实认定内心确信的一个而非唯一因素，更重要的是要件事实是否有充分、全面的证据体系予以支持。在中国的刑事司法实践中法官更加关注控辩双方的事实主张，拼图模式服务于案件事实的构建，一定程度上更加契合裁判者的需求。

需要指出的是，无论是拼图模式还是印证证明，部分刑事法官对证据的使用仍是简易、粗糙的。拼图模式和印证证明的应用中都可能存在某种机械思维，从而难以妥善处理实践中普遍存在的证据短缺、证据矛盾等情况。当存在相互矛盾的证据时，法官往往会依据证据是否有其他证据印证来判断应当采纳哪一个证据，而这种方式有时容易造成对证据的错误取舍。因为，当存在矛盾证据时，证据内含的案件信息往往含混不清，对矛盾证据进行取舍往往可以实现纳入定案依据的证据足以符合证明标准，但这种“符合”是片面化、选择性的符合。而在证据短缺的情况下，拼图式的证据使用往往欠缺证据证明及推理过程，甚至在证据缺乏时，也对相关事实不予证明。所以，印证和拼图模式的结合使用在实践中往往在所难免。

# 效率 vs 权利？民事程序繁简分流改革争论的实证审视

左卫民*

**内容摘要**：2020 年年初开始试点的民事诉讼程序繁简分流改革，已被 2022 年伊始全面推行的民事诉讼立法修正案正式确认。然而，立法过程中“效率派”与“权利派”在改革思路上的争论至今未歇。如何评价此次改革与相关的学术争议？笔者所率团队的实证研究表明，“效率派”与“权利派”主张的观点均有一定道理，但并未得到改革数据的充分支撑。一方面，以效率为导向的繁简分流改革虽在有限程度上提高了效率，但总体上难称显著，且各项改革在效率的提高程度上参差不齐，这似乎显示改革效果已近天花板。另一方面，改革并未明显妨害权利。尽管小额诉讼程序与独任制改革似乎在抽象层面削减了若干程序性权利，但权利整体上尚未受到明显减损。而包括电子诉讼改革在内的部分举措甚至有利于权利实现。概言之，此次效率化的改革不一定与权利妨害相挂钩，也并非与权利保障背道而驰。鉴于此，未来应该在充分实证研究的基础上，更为科学、客观地评估改革的成败得失与是

* 左卫民，四川大学法学院教授。本文的调研获得了 X 市两级法院相关领导与法官的大力支持，在此深表感谢。同时，参与课题的博士生官胜男、江佳佳、卓裕春、刘帅、彭昕、何娇娇等对本文的调研、写作给予大力支持，博士生官胜男、云南民族大学法学院安琪博士、同济大学法学院罗恬漩副教授提出修改意见，笔者深表感谢。

否达至预设目标,检验改革是否契合特定的价值取向,继而设计并试点接地气、可操作、能达至的改革方案,最终有效推进民事诉讼制度的完善与发展。

**关键词:**民事程序　繁简分流　司法效率　权利保障　实证研究

2021年12月,民事诉讼程序繁简分流改革立法宣告尘埃落定。但围绕如何展开改革的争论并未完全结束。整体上,试点和立法过程中存在两种改革思路:一种改革思路以效率为导向,旨在推进我国民事诉讼程序进一步简化(以下简称"效率派")。这种改革观主要为司法实务部门所持有。① 另一种改革思路以权利为取向,有意打造正当化程序——相对正规的民事诉讼程序(以下简称"权利派")。学术界尤其是民事诉讼法学界一般持后面一种改革思路,并对以效率为取向的繁简分流改革以及新立法的相关规定颇有微词。② 2021年《民事诉讼法》有关民事诉讼程序繁简分流的规定体现了两种改革思路的相互妥协:在整体上继续坚持效率导向的同时,立法者采纳了"权利派"的若干观点,摒弃了"效率派"过于"激进"的个别主张,亦即《中华人民共和国民事诉讼法(修正草案)》(以下简称《修正草案》)的部分规定。改革思路上的分歧昭示着,人们对于本次民事程序繁简分流改革是否提高诉讼效率、会否削减当事人诉讼权利等问题尚未达成一致。然而,这种分歧果如想

① 整体而言,实务部门在认可繁简分流改革的合理性基础上提出具体措施建议。具体参见王韶华、李军波:《繁简分流改革背景下的民事诉讼程序设置研究》,载《中国应用法学》2021年第4期;黄振东、邱碧媛:《"繁简分流"的深圳探索——以裁判文书和庭审方式改革为重点》,载《人民法治》2016年第10期;李旭辉、胡小静、谢刚炬:《"多元调解+立案速裁"的紧密型司法ADR模式探索——以北京市22家中基层法院的改革实践为视角》,载《人民司法(应用)》2018年第1期。

② 2021年《修正草案》一经公布就引起了学界的广泛热议。对于此次以提高诉讼效率为主要目的的修法,学界似乎都持谨慎的态度。详见中国法学会民事诉讼法学研究会主办、中国政法大学民商经济法学院承办的"民事诉讼法修改理论研讨会"与会代表发言,《民事诉讼法修改理论研讨会》,载微信公众号"民事程序法研究"2021年11月9日,https://mp.weixin.qq.com/s/dDSQ6LfhldGtDG_6FpgwpQ。此外,有学者以独任制改革为例,说明本轮民事诉讼法修改突出的是提升诉讼效率,但以节约审判资源为出发点难免会带来负面作用,参见张卫平:《审判资源程序配置的综合判断——以民事诉讼程序为中心的分析》,载《清华法学》2022年第1期;也有学者从民事诉讼第一审程序配置的角度,认为此次《民事诉讼法》修改中立法者所期待的推动在更高层次上实现公正与效率的统一的目标可能难以实现,参见占善刚:《科学配置民事诉讼第一审程序的逻辑起点》,载《法学评论》2022年第2期;还有学者基于"案多人少"的法教义学分析,认为本轮《民事诉讼法》修正将接受合议庭审判和上诉权等当事人程序权利与审判效率直接对立起来,参见任重:《"案多人少"的成因与出路——对本轮民事诉讼法修正之省思》,载《法学评论》2022年第2期。

象吗？笔者率领民事诉讼繁简分流改革实证研究课题组展开了实证考察，①在此基础上评述改革对效率和权利的影响，验证上述争议，并进一步探讨未来民事诉讼程序的改革方向。

## 一、繁简分流改革提高了效率吗？

以效率为主要取向的繁简分流改革是否以及如何提高效率，是本次改革的出发点。笔者认为，改革论及的"效率"应主要从时间成本角度进行考量，节约人力资源成本也是其目的之一。然而，以效率为导向的改革在实践中的效果如何？这无疑需要实证研究来重点考察。② 对此，实证研究发现：改革在一些方面有限提高了效率，但整体上效率提升并不显著。

### （一）一些改革领域的效率有一定的提升

1. 电子诉讼规则的健全明显提高了诉讼效率

电子诉讼有助于司法效率的提高已然成为理论与实务界的共识。③ 实证研究表明，以X市中院与22个基层人民法院（以下简称X市两级法院）为例，繁简分流改革的施行为电子诉讼实践带来了一系列明显变化。首先，在线立案数与在线立案率逐年攀升。图1显示，2020年与2021年在线立案数分别突破了10万件与20万件，在线立案率同比增长幅度均超过了10%。其次，在两年

① 笔者率领的课题组选择了X市两级法院作为研究对象，具体包括1个中级人民法院，22个基层人民法院。X市是西部某人口大省W省的省会城市，城市人口超过2100万。根据X市中院发布的工作报告，全市两级法院在2020年共审结237,958件民商事案件，2021年该数据已经攀升到316,315件，属于案多人少的区域。X市两级法院为此次民事诉讼程序繁简分流改革的试点法院，积极参加了本轮改革，选取其作为研究对象具有一定的代表性和研究价值。

② 司法实务部门对此次改革的效果评述均肯定了其在提升司法效率方面的积极作用，却鲜有论证司法效率在何种程度上得以提高，以及该提高呈现出的特征，相关报道如秦鹏博：《分渠治水：繁简分流开创全面依法治国新局面》，载《法治日报》2021年3月28日，第7版；寇昉：《北京市高级人民法院工作报告》，载《北京日报》2022年1月20日，第3版；闫继勇、祁云奎、袁粼：《济南：繁简分流改革硕果累累》，载《人民法院报》2022年1月24日，第6版。

③ 持此论点的学者如段厚省：《远程审判的双重张力》，载《东方法学》2019年第4期；曹建军：《民事诉讼电子化的目标与路线》，载《法治研究》2022年第3期；左卫民：《后疫情时代的在线诉讼：路在何方》，载《现代法学》2021年第6期。从最高人民法院发布的信息来看，亦肯定了电子诉讼在节约司法成本上的作用。参见《建设智慧法院　促进绿色发展　成效分析报告》，载最高人民法院网站2021年8月24日，https://www.court.gov.cn/zixun-xiangqing-318821.html。

的改革试点阶段,在线庭审案件数与在线庭审适用率增速显著,在线庭审案件数更是在 2021 年突破万件大关(见图 2)。最后,电子送达成效突出。图 3 显示,有效电子送达次数与电子送达成功率都呈现持续增长态势。尽管课题组没有获取 X 市两级法院司法资源减省与诉讼时长缩短的具体数据,但从最高人民法院 2021 年发布的《建设智慧法院　促进绿色发展　成效分析报告》可以推知,以上变化无疑意味着诉讼时长的进一步缩短及司法资源的进一步减省。

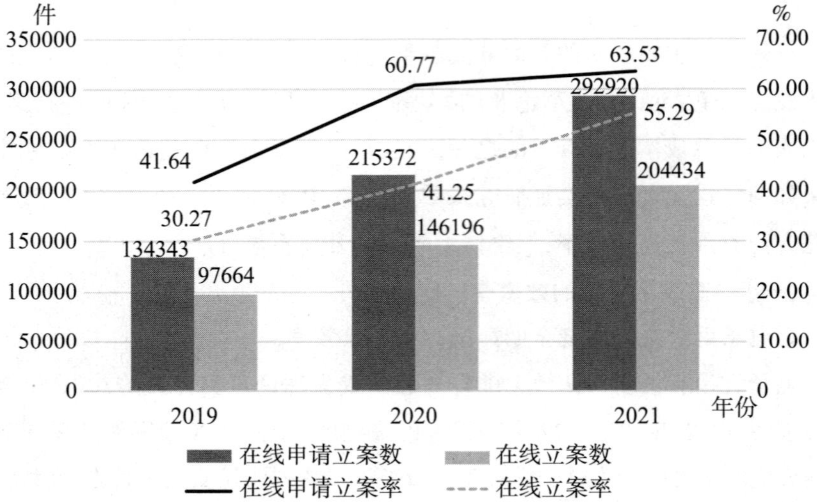


**图 1　2019～2021 年 X 市两级法院在线申请立案与在线立案数量及相应比率**

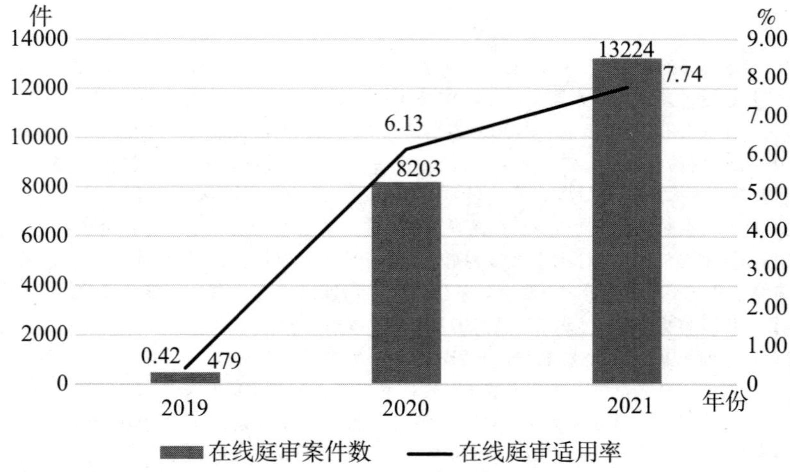


**图 2　2019～2021 年 X 市两级法院在线庭审案件数及在线庭审适用率**

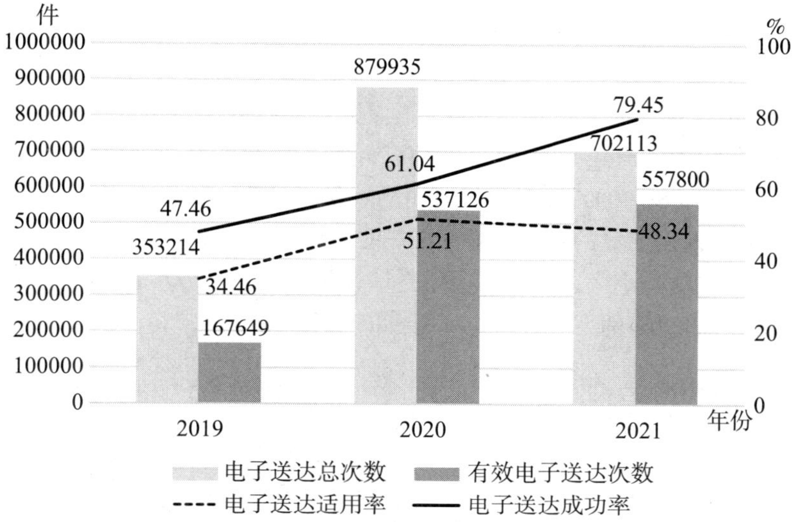


**图 3　2019～2021 年 X 市两级法院电子送达总次数、适用率、有效电子送达次数及电子送达成功率**

同样，在其他地区法院的报道中能看到同样良好的电子诉讼发展趋势。[①]此外，在新冠肺炎疫情期间，电子诉讼具有的独特安全优势能够节约防疫成本，减省更多司法资源，因而得到了部分诉讼参与主体的肯定。[②] 可见，本次繁简分流改革在健全、完善电子诉讼规则的同时，亦推动了电子诉讼在实务层面的进一步繁荣，明显提高了司法效率。

2. 小额诉讼程序的完善一定程度上提高了效率

小额诉讼程序是此轮改革的重点领域。通过实证数据可以发现，改革在一定程度上提高了司法效率。

---

① 例如，福建省、山东省、上海市、深圳市各级法院均对在线立案、在线开庭以及电子送达等情况进行了详细统计，肯定了电子诉讼在提高审判效率方面的积极作用。相关报道详见金银墙：《福建省高级人民法院工作报告——2022 年 1 月 23 日在福建省第十三届人民代表大会第六次会议上》，载《福建日报》2022 年 2 月 15 日，第 6 版；姜东良：《构建一站式多元解纷和诉讼服务体系——访山东省高级人民法院院长张甲天代表》，载《法治日报》2022 年 3 月 6 日，第 5 版；刘晓云：《上海市高级人民法院工作报告——2022 年 1 月 21 日在上海市第十五届人民代表大会第六次会议上》，载《解放日报》2022 年 1 月 27 日，第 11 版；张应杰：《深圳市中级人民法院工作报告——2022 年 4 月 12 日在深圳市第七届人民代表大会第二次会议上》，载《深圳特区报》2022 年 5 月 2 日，A02 版；袁超一等：《我省法院网上立案成功数两年翻 12 倍》，载《湖北日报》2022 年 3 月 8 日，第 7 版；李占国：《浙江省高级人民法院工作报告——2022 年 1 月 19 日在浙江省第十三届人民代表大会第六次会议上》，载《浙江日报》2022 年 1 月 26 日，第 7 版。

② 参见左卫民：《中国在线诉讼：实证研究与发展展望》，载《比较法研究》2020 年第 4 期。

其一,体现在小额诉讼程序适用率的显著提高。改革之前,小额诉讼程序适用率不高,整体处于“休眠”状态;改革过程中的 2020 年,X 市 22 个基层人民法院(以下简称 X 市基层法院)小额诉讼程序适用率为 20.71%,①同比增长 14.43 个百分点,是 2019 年程序适用率的 3 倍有余;2021 年,小额诉讼程序适用率为 26.90%,较 2020 年增长 6.19%。图 4 显示,尽管小额诉讼程序适用率呈现出明显的地区差异,但较改革前均有所增长,且在绝大多数情况下,各基层法院小额诉讼程序适用率呈逐年增长态势。小额诉讼程序的扩大适用意味着更多的案件可以“一审终审”,进而节约二审司法资源。

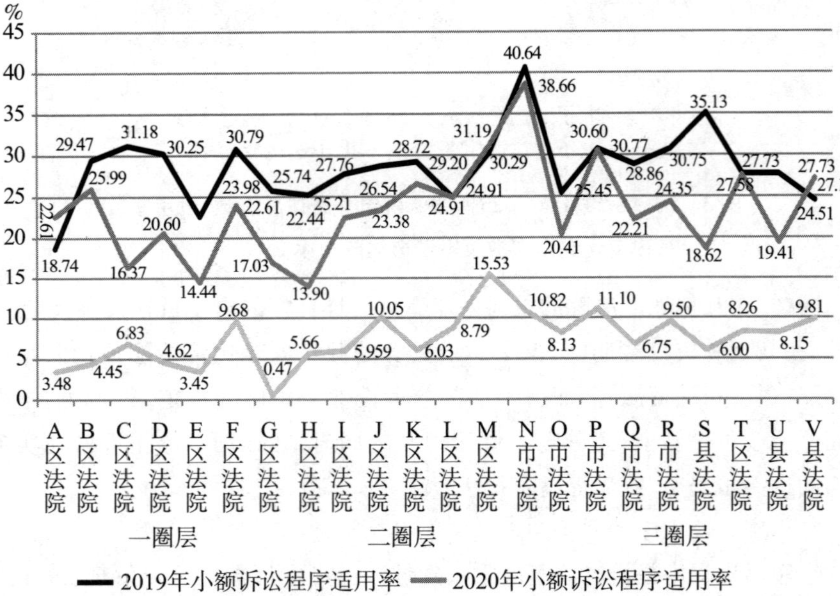


**图 4　2019 ~ 2021 年 X 市各基层法院小额诉讼程序适用率**

其二,改革也缩短了小额诉讼程序本身的审理期限。数据显示,改革前小额诉讼程序与简易程序相比效率优势并不突出,试点改革中,得益于 X 市两级法院在调查、辩论一体化、简式文书推广适用、②录音录像代替庭审笔录

---

① 关于小额诉讼程序适用率,本文采用了 X 市实务部门的计算方法,即 X 市基层法院小额诉讼程序适用率 = X 市基层法院小额诉讼程序审结案件数/X 市两级法院民商事一审案件审结数 × 100%;各基层法院小额诉讼程序适用率 = 基层法院小额诉讼程序审结案件数/该院民商事一审案件审结数 × 100%。简易程序适用率以此类推。

② 2019 ~ 2021 年,X 市基层法院小额诉讼案件简式文书适用率呈现出逐年增加的趋势,依次为 20.96%、48.01% 与 61.74%。

等方面的努力，X 市基层法院 2020 年小额诉讼案件平均审理期限缩短至 29.31 天，2021 年为 30.97 天，较改革前 2019 年的 35.11 天审理周期明显减少。其他地区改革过程中的小额诉讼案件平均审理期限亦较改革前有所缩短。[①] 整体而言，此次繁简分流改革在缩减小额诉讼程序平均审理期限方面卓有成效，节约了不少时间成本，且这种成效持续到了新《民事诉讼法》出台后的 2023 年。[②]

**（二）若干改革没有显示出明显的效率提升效果**

1. 简易程序规则的完善未明显提高效率

尽管《民事诉讼程序繁简分流改革试点实施办法》（以下简称《实施办法》）发布之前便有相关文件提及简易程序简化事宜，[③]但均不及《实施办法》这般充实细化。从实证调研结果看来，此次简易程序改革并未实现司法效率提高的预期目标。

首先，简易程序的适用范围未能得到有效拓展。尽管改革令公告送达案件适用简易程序审理的数量与比例均显著增加，却无法促使简易程序适用率达至理想目标（见图 5）。当然，简易程序适用率的下降可能受多重因素影响，如小额诉讼程序的大力推行，但我们仍然可以从改革数据中判知，“争议不大”要求的去除以及公告送达案件的推广适用尚且难以维持改革之前简易程序的适用水平、更无法进一步提升简易程序适用率。值得注意的是，2021 年修正的《民事诉讼法》以及 2022 年最高人民法院《关于适用〈中华人民共和国民事诉讼法〉的解释》均未延续《实施办法》中拓展简易程序适用范围的相关举措。在改革结束且 2021 年修正的《民事诉讼法》已然生效的情况下，部分基层法院的简易程序适用率甚至较改革过程中有所提升。如在 X 市 B 区法院，[④]该院 2022 年第一季度共审结 2679 件简易程序案件，较 2021 年第一

---

① 参见姚志坚、柯胥宁：《知识产权民事诉讼程序繁简分流改革的实践检视及完善路径——以南京法院知识产权审判实践为样本》，载《人民司法》2021 年第 19 期。

② 例如，X 市 B 区法院 2022 年第一季度审结的小额诉讼案件平均审理期限为 24.53 天，同比缩短了 5.71 天。

③ 如 2003 年最高人民法院《关于适用简易程序审理民事案件的若干规定》、2015 年最高人民法院《关于适用〈中华人民共和国民事诉讼法〉的解释》等。

④ 此处及下文选择 B 区法院作为典型进行分析的原因在于：第一，B 区人口已然超过 125 万。据统计，改革中的 2020 年与 2021 年，B 区法院分别审结了 14,168 件与 22,942 件民商事案件，属于“案多人少”的基层法院，对于研究、解决“案多人少”问题具有较强的价值。第二，课题组需要收集、分析 2022 年修正后的《民事诉讼法》实施后的案件情况，而对于 X 市其他基层法院 2022 年的数据，课题组尚未充分收集和分析。

季度增加 703 件;简易程序适用率为 73.72%,同比增长 16.63 个百分点。这一现象间接说明,改革举措无法有效提升简易程序适用率,遑论提升效率。

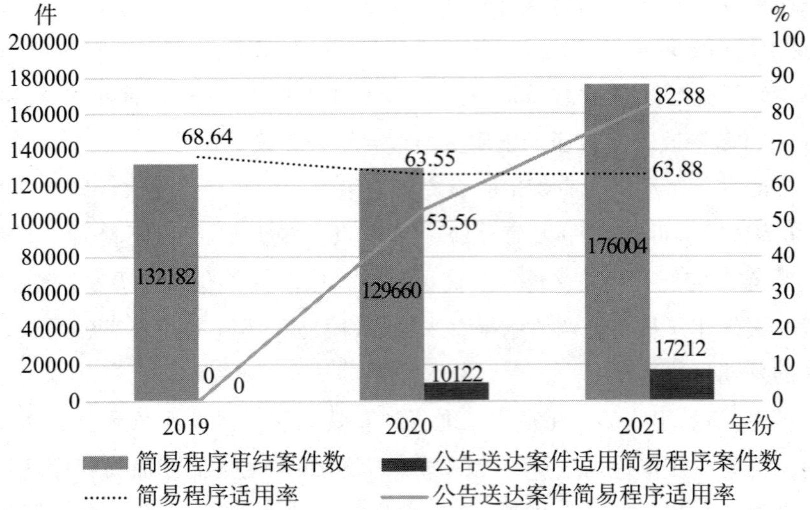


**图 5　2019 ~ 2021 年 X 市基层法院简易程序案件数、适用率、公告送达案件适用简易程序案件数、适用率**

其次,改革过程中简易程序案件审判质效变化情况表明简易程序提升司法效率的作用有限。一方面,改革过程中简易程序平均审理期限呈增加态势。在 2019 ~ 2021 年,即便简易程序案件适用简式文书的案件数量以及简式文书适用率均呈逐年增加样态,①但各项改革举措却并未实现简易程序案件平均审理期限的缩短。2019 年,X 市基层法院简易程序案件的平均审理期限为 46.89 天;改革进行中的 2020 年,该期限增加至 52.44 天;2021 年继续保持增长趋势,增加到 54.36 天。这一增长态势延续到改革结束后的 2022 年。如在 X 市 B 区法院,2022 年第一季度审结的简易程序案件平均审理期限为 44.67 天,同比增加 1.18 天。另一方面,简易程序案件上诉率、二审改判发回重审率(以下简称改发率)以及再审改发率均未展现出积极变化。尽管 2020 年的简易程序案件上诉率同比下降了 1.52%,2021 年的简易程序案件上诉率却增至 12.44%,反较改革前的 2019 年增长了 0.42%。2020 年与 2021 年的二审改发率也都高于改革前的 2019 年。仅有简易程序案件的再审

① 2019 ~ 2021 年,X 市基层法院简易程序案件每年适用简式文书的案件数量分别为 5742 件、24,160 件、71,719 件;简式文书适用率依次为 4.34%、18.63% 与 40.75%。

改发率在改革前后均保持相对稳定的状态（见图 6）。上诉案件、二审改发案件的增加意味着更多司法资源的消耗。这无疑与改革初衷背道而驰，同时也印证了现阶段的简易程序难以继续作为诉讼效率提升的“代名词”。①

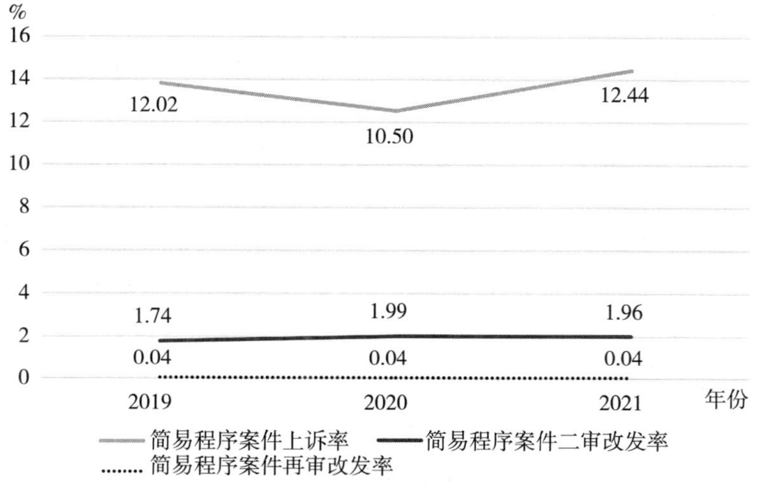


**图 6　2019～2021 年 X 市基层法院简易程序案件上诉率、二审改发率与再审改发率**

2. 独任制的扩大适用仅小幅度提高了效率

一些学者认为独任制适用范围的扩大有利于提高诉讼效率。② 2021 年修正后的《民事诉讼法》也基本接受了《实施办法》拓展独任制适用范围的规定。实证研究表明，独任制仅在小范围提高了诉讼效率。就基层法院而言，普通程序案件独任制改革并未明显节约专业法官的时间资源，也未能有效提高办案速度，但节约了一定的金钱成本与书记员的时间成本。具体而言，基层法院普通程序案件数量较少，独任制改革可发挥的空间有限。③ 经课题组

---

① 参见左卫民、靳栋：《民事简易程序改革实证研究》，载《中国法律评论》2022 年第 2 期。

② 理论界不少学者认为独任制的适用有助于化解“案多人少”矛盾，参见潘剑锋：《“基本”与“其他”：对〈民事诉讼法〉相关制度和程序修订的体系化思考》，载《法学评论》2022 年第 2 期；张雪纯：《合议制与独任制优势比较——基于决策理论的分析》，载《法制与社会发展》2009 年第 6 期；张卫平：《“案多人少”问题的非讼应对》，载《江西社会科学》2022 年第 1 期；蔡彦敏：《断裂与修正：我国民事审判组织之嬗变》，载《政法论坛》2014 年第 2 期；胡学军：《系统论视角下“案多人少”的应对之道》，载《法治研究》2022 年第 3 期。

③ 以 X 市基层法院为例，改革中的 2020 年与 2021 年，普通程序案件数量分别为 22,646 件、15,156 件，占基层法院民商事一审案件审结数的比重依次为 11.64%、5.71%，其中，适用独任制审结的案件数量分别为 4509 件与 9696 件，占普通程序案件总数的比重分别为 19.91% 与 63.97%。概言之，普通程序案件数量本身较少，其中适用独任制审结的案件数量占比却在逐年增加，且达到了较高的比例。

访谈得知,在改革前的2019年,X市基层法院普通程序案件合议效果不佳,原因在于:在“案多人少”矛盾尤为突出的基层法院,罕有3位法官同框合议审理的案件。X市B区法院的某位庭长直言,囿于人手不够,其所在庭从未出现过3位职业法官合议审理的情形,合议庭通常由1位审判法官与2位陪审员组成,“陪而不审”“合而不议”“形合实独”现象时有发生。且上述情形并非X市基层法院特有,其他地区同样存在。①

数据显示,X市基层法院独任制普通程序案件数量及适用率在两年的改革期中得到了较大幅度提升。② 2020年,独任制普通程序案件量增至4509件,适用率增长至2.59%;2021年,该数据增加至9696件,适用率升至3.77%。从“形合实独”到“形独实独”,尽管在实际层面上独任制改革似乎未能有效节约基层法院可用的审判人力资源。但通过节约选任陪审员的开销,减省书记员耗费在合议庭笔录记录、陪审员通知等工作上的成本,理论上办案速度可能有所提升,但从改革前后普通程序案件平均审理期限的变化情况看来,此项改革并未持续加快审判进程。③ 概言之,基层法院独任制改革能够节约一定司法资源,却无法明显助益于审判效率的提升。

就二审法院而言,通过独任制改革可小幅度提高二审法院诉讼效率,但以此大幅提升效率恐不现实。首先,二审案件由合议庭开庭审理并非主流,独任制改革仅可节约少部分专业法官办案时间。改革之前,为化解人案矛盾,不开庭成为二审案件主要的审理方式。例如,在X市中院,2019年不开庭审理的案件数量占二审案件总数的85.66%。接受课题组访谈的法官表示,在不开庭的情况下,主审法官往往通过个人调查或者在法官助理协助下完成案件审理,与独任审理似乎并没有太大本质差别。为探知改革效果,课

① 详细参见陈莉:《“形合实独”的实践困局与制度转型——以基层法院的民事诉讼程序为对象》,载《南京大学法律评论》2019年第1期;孔才池:《制度如何生成:独任制扩大适用的实现路径与保障维度——基于S基层法院近三年的案件研究展开》,载《法律适用》2020年第22期。

② 本文此部分仅重点分析基层法院普通程序案件适用独任制的情况,原因在于依据立法规定,小额诉讼程序与简易程序应独任审理。故基层法院一审独任制案件数量及适用率增加较为显著。这在数据中也得以印证:2019年,X市基层法院一审独任制案件数为143,487件,适用率为74.52%;改革过程中的2020年,案件数为173,913件,适用率为85.25%;2021年,案件数增加至256,942件,适用率高达93.20%(X市基层法院一审独任制适用率=X市基层法院独任制审结一审案件数/X市两级法院民商事一审案件审结数×100%)。

③ 以X市B区法院为例,2019~2021年,该院普通程序案件的平均审理期限分别为113.78天、115.28天以及113.11天。

题组以 X 市中院提供的包含开庭情况的 2020 年随案统计表为分析对象。数据显示，2864 件独任审理的二审案件中，开庭审理的案件数量为 775 件，占比为 27.06%；未开庭审理的有 2089 件，占比为 72.94%。由此可知，独任制审结的二审案件当中，存在一定比例的案件开庭审理，说明改革可以节约部分非主审法官的办案时间。

其次，二审独任制的适用可节约书记员的时间成本。2020 年，X 市中院独任制审结二审案件数从改革前的 0 件上升为 4699 件，二审独任制适用率为 23.05%；2021 年，X 市中院独任制审结二审案件数为 8993 件，二审独任制适用率达至 38.16%。独任制审结二审案件数以及二审独任制适用率的逐年增加意味着减省书记员耗费在合议庭笔录记录等工作上的时间。

换言之，独任制的适用的确解放了部分合议庭中的法官，也减轻了书记员的工作量。但这种司法资源的节约很大程度上依赖于案件的开庭审理，而 2021 年修正的《民事诉讼法》设定了二审独任制的适用须经当事人双方同意的条件，且摒弃了《实施办法》中不开庭审理条件的列举式规定，恐为提高司法效率效用的发挥增加一重阻碍。总的来说，在二审合议庭开庭审理持续存在的情况下，独任制改革才具有更深刻的价值。

3. 司法确认的诉讼效率功能有限

尽管学界对本轮司法确认程序改革仍存争议，但基本认可其在减省诉讼成本方面的功效。① 实证研究表明，司法确认程序确在提高司法效率方面起到了积极作用，但这种作用相对有限。

一方面，随着改革的推进，司法确认申请数以及法院裁定确认调解协议有效数均呈递增态势，调解协议确认有效率亦逐年增长，表明改革过程中的部分纠纷有望通过司法确认程序止于诉前。② 调解协议自动履行率较高也从

① 参见刘敏：《论优化司法确认程序》，载《当代法学》2021 年第 4 期；潘剑锋：《“基本”与“其他”：对〈民事诉讼法〉相关制度和程序修订的体系化思考》，载《法学评论》2022 年第 2 期；胡学军、孙亮：《系统论视角下调解协议司法确认的内在机理与制度优化》，载《江西社会科学》2021 年第 10 期。

② 以 X 市两级法院为例，2019～2021 年，X 市两级法院司法确认申请数分别为 3696 件、8652 件与 11,401 件；裁定确认调解协议有效数依次为 3483 件、8412 件与 11,186 件；司法确认有效率分别为 94.24%、97.23% 与 98.11%。

侧面证实了司法确认程序的诉前解纷功效。①

但另一方面,改革过程中法院裁定确认调解协议有效的案件数占诉前调解案件数的比重持续较低,甚至较改革前有所下降,表明司法确认诉前分流作用仍然有限,其优化改革举措并未明显助益于诉讼效率的提升。以X市B区法院为例,2019~2021年,该法院裁定确认调解协议有效的案件数分别为392件、404件与715件,虽呈逐年增加样态,但占诉前调解案件数的比重并非如此。改革前的2019年,法院裁定确认调解协议有效的案件数占诉前调解案件数的比重为3.87%;2020年,这一比重为4.45%,虽同比有所增加,但增量仅有0.58%;2021年,这一比重降至3.35%,较2019年减少了0.52%。

简言之,改革使得司法确认案件数量不断增加,但要想凭借司法确认程序实现较大幅度的诉前分流目标,可谓任重道远。

## 二、改革中的当事人权利:受到妨害了吗?

立法者有意通过此次改革更好地实现公正与效率的统一。然而,法学界普遍认为以小额诉讼程序和独任制改革的扩大适用为代表的改革举措过于追求效率,妨害了当事人的诉讼权利,且这一呼声在《修正草案》出台后尤为强烈。②那么,改革是否真的削减了当事人的权利?结合实证调研,笔者率领的课题组认为:一方面,改革仅在某些方面削减了当事人的程序性权利,如小额诉讼程序的扩大适用剥夺了小额诉讼案件当事人二审上诉的权利、独任制的扩大

① 在X市两级法院,2019~2021年,当事人自动履行调解协议的案件数量占比分别为84.27%、86.73%与83.17%。尽管2021年调解协议自动履行率较前两年有所下降,但在法院确认调解协议有效的案件数量逐年大幅增加的背景之下,这一比例仍处较高水平。

② 参见《第二届中国民事诉讼法学研究会浦江民诉沙龙——长三角地区民事诉讼法学者关于民事诉讼法修改的专题研讨》,载微信公众号"复旦大学司法与诉讼制度研究中心"2021年11月8日,https://mp.weixin.qq.com/s/uspymiOLqQJqLwQ0bOc_yQ;《民事诉讼法修改理论研讨会》,载微信公众号"民事程序法研究"2021年11月9日,https://mp.weixin.qq.com/s/dDSQ6LfhldGtDG_6FpgwpQ;张卫平:《"案多人少"困境的程序应对之策》,载《法治研究》2022年第3期;任重:《"案多人少"的成因与出路——对本轮民事诉讼法修正之省思》,载《法学评论》2022年第2期;胡学军:《系统论视角下"案多人少"的应对之道》,载《法治研究》2022年第3期;纪格非:《民事程序类型化的基础与逻辑》,载《社会科学辑刊》2022年第3期;郝振江:《民事审判中的非讼事件诉讼化现象及克服》,载《法学评论》2022年第2期。

适用降低了当事人寻求合议审判的可能。但另一方面,改革并未明显妨害程序权利,甚至某些方面有利于程序权利实现。如电子诉讼可促使当事人便利、高效地行使权利,其不仅没有削减反而以效率化的方式有力保障了当事人的权利。换言之,效率化改革不一定与权利妨害相挂钩,也并非与权利保障背道而驰。鉴于司法确认程序属于诉前调解的附加程序,无关诉权削减与否,更谈不上对诉权的妨害,下文遂结合电子诉讼、小额诉讼程序、独任制以及简易程序改革四个方面的实践情况论证以上观点。

**(一)电子诉讼改革未减损当事人权利,反而促进了当事人权利的发展**

以北京、广州、杭州3所互联网法院为例,据悉,截至2020年12月31日,互联网案件庭审平均时长为28分钟,较传统线下审理方式节省了约75%的时间;案件平均审理期限约为61天,较传统线下审理方式减省了约20%的时间。且一审服判息诉率为96%,审判效果并未受到影响。① 课题组访谈发现,在X市两级法院,尽管受访法官对于电子诉讼效果的评价褒贬不一,但未有受访者认为在线诉讼削减了当事人的诉讼权利。偏好传统线下诉讼模式的法官对于在线诉讼的顾虑,一是在线诉讼难以彰显法庭的秩序与仪式感;二是在线诉讼难以充分保障法庭调查的实质效果。然而,这些问题基本上可以通过确立和阐释与在线诉讼相适应的审判机理以及发展技术来化解。② 总的来说,电子诉讼制度改革不仅没有妨害权利,反而带来了良好的审判效果。

**(二)小额诉讼程序改革未折损实质公正,也未严重妨害程序权利**

学界在论及本轮改革时,质疑声主要集中于小额诉讼程序的扩大适用会损害当事人诉讼权益。③ 但实证研究表明,小额诉讼程序改革并未对案件实质公正带来明显负面影响。一方面,改革前后小额诉讼案件的再审改发率并未出现明显变化。数据显示,X市基层法院2019年审结的12,092件小额诉讼案件中,提起再审的案件数为9件,再审改发数为1件,再审改发率为0.01%;而在2020年审结的42,245件小额诉讼案件中,无一起小额诉讼案件经再审改发,虽有65件提起再审,但均不涉及对程序适用的异议;2021年审

---

① 参见《中国法院的互联网司法》,载微信公众号“最高人民法院”2021年3月11日,https://mp.weixin.qq.com/s/xGwom6_oCmfuVRY1I_0Hug。

② 参见左卫民:《中国在线诉讼:实证研究与发展展望》,载《比较法研究》2020年第4期。

③ 参见潘剑锋:《“基本”与“其他”:对〈民事诉讼法〉相关制度和程序修订的体系化思考》,载《法学评论》2022年第2期;胡学军:《系统论视角下“案多人少”的应对之道》,载《法治研究》2022年第3期;张卫平:《“案多人少”困境的程序应对之策》,载《法治研究》2022年第3期。

结的 74,157 件小额诉讼案件中,有 407 件提起再审,但仅有 9 件经再审改发。这在某种程度上说明小额诉讼案件的质效并未因其适用率的上升而降低。另一方面,纵然约定适用小额诉讼程序的案件数量较法定适用小额诉讼程序的案件数量要少得多,却也呈现出逐年增加的态势。图 7 显示,以 X 市 21 个基层法院 2019 ~ 2021 年约定适用小额诉讼程序的案件数量为例,①除 D 区、H 区、K 区与 S 县法院以外,17 个基层法院在改革过程中约定适用小额诉讼程序的案件数量均较改革前有所增加。且在这 17 个基层法院当中,近半数法院在 2020 年突破了改革前的“零约定适用”;7 个法院约定适用小额诉讼程序的案件数量呈现出逐年增长趋势,6 个法院约定适用的案件数量在 2020 与 2021 年均超过了 100 件。若非小额诉讼程序有其可取之处,约定适用的数量难以呈现出明显的增长趋势。

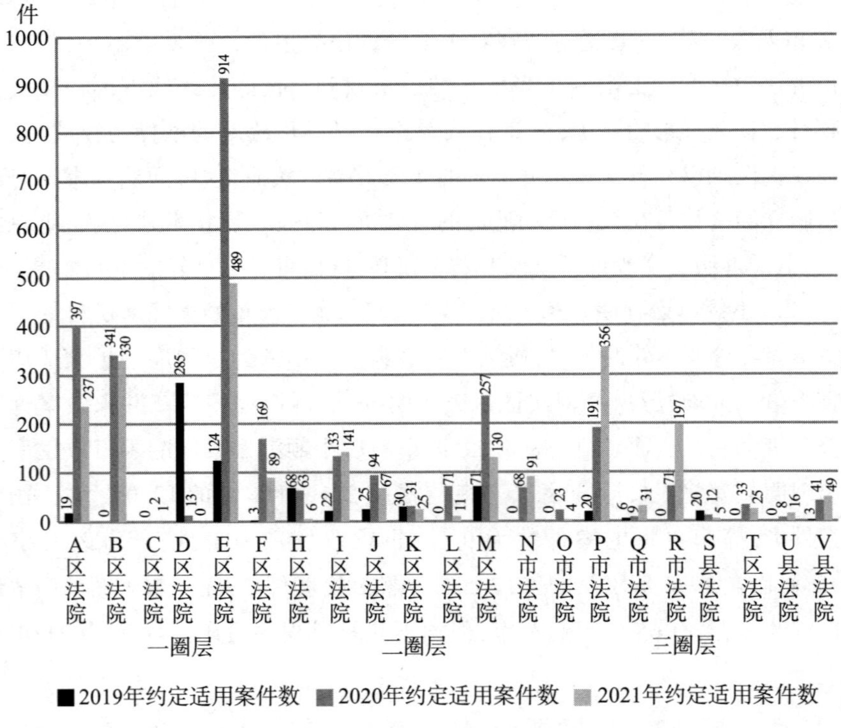


**图 7　2019 ~ 2021 年 X 市 21 个基层法院约定适用小额诉讼程序的案件数量**

① X 市共有 22 个基层法院,因无法获取 X 市 G 区法院 2021 年法定适用与约定适用小额诉讼程序的案件数量,此处仅分析 X 市 21 个基层法院。

毋庸置疑，小额诉讼程序的确牺牲了当事人的部分程序性权利，但若过分关注程序维度，可能某种程度上会影响对实体法的关照，忽略了当事人对程序性、实体性权利的自由处分权，以及这种自由处分带来的效率价值。在救济机制能够有效保障当事人基本权利的情况下，小额诉讼程序既能较快实现当事人启动诉讼程序的最终目标，也能促进司法资源的合理利用，无疑有其合理性。而实证数据显示，在改革前小额案件（但并未适用小额诉讼程序）中当事人的上诉率要低于平均水平。[①] 由此推知，实行一审终审的小额诉讼会影响到当事人的上诉率并不是一个具有普遍意义的问题。对当事人而言，小额诉讼程序的救济途径包括程序转换机制、申请再审机制等。上文数据已表明，小额诉讼的当事人申请再审数量并不多，且即或再审，改判率也很低。由此，小额诉讼会妨害当事人的程序权利的担忧可能过度了。

**（三）扩大独任制适用范围改革并不必然降低审判结果的公正性**

独任制改革被认为严重影响当事人的公正审判权，因为剥夺了其合议审判的权利。然而，这可能只是一种想象中的权利。

其一，较改革前而言，独任制扩大适用的范围相对有限，主要集中于部分一审普通程序案件与部分二审案件。正如前文所述，基层法院适用普通程序审理的案件数量本就不多，独任制改革可发挥的空间有限。而在二审案件当中，尽管独任制适用率随着改革的推进不断攀升，但仍未改变合议制的主流地位。并且，司法实践“形合实独”已常态化，形式上的合议不等于实质上的公正。本次繁简分流改革揭开了绝大多数“形合实独”案件的“形合”面纱，并未影响主审法官行使审判职责。

其二，实证研究表明，当事人对适用独任审理的案件提出异议以及因当事人异议而转为合议制的案件相对较少。以 X 市中院为例，2020 年全年其共计审结 20, 388 件二审案件，其中 4699 件由审判员独任审理。表 1 显示，独任审理的案件中有 106 件案件的当事人对审判组织提出了异议，其中有 94 起案件系原审第三人提出异议，占比为 88. 68%。上诉人和被上诉人提出异议

① 以 X 市 B 区法院为例，2019 年，不区分立案标的额大小的案件上诉率为 13. 38%，若以 B 区法院所在 W 省上年度就业人员年平均工资的 30% 为法定适用小额诉讼程序的标的额上限，该年度小额案件上诉率为 9. 21%；若以《实施办法》中规定的“5 万元”为法定适用小额诉讼程序的标的额上限，该年度小额案件上诉率为 10. 05%。两种标准下的小额案件（但未适用小额诉讼程序）的上诉率均低于平均水平。

的案件数量较少,占比为11.32%。此外,根据课题组的统计,X市中院2020年由独任制转为合议制的二审案件共433件,其中因当事人提出异议而转为合议制的案件数量仅有6件,明显低于法院依职权转为合议制的427个案件。两项数据侧面反映出,当事人的程序性权利并未因二审独任制案件的增多而受到实质影响。

**表1　X市中院二审独任制案件当事人对审判组织提出异议统计**

单位:件

| 异议类型 | 上诉人 | 被上诉人 | 原审原告 | 原审被告 | 原审第三人 |
|---|---|---|---|---|---|
| 异议成立 | 3 | 1 | 0 | 0 | 2 |
| 异议不成立 | 8 | 0 | 0 | 0 | 92 |

其三,从决策理论的角度来看,合议制不一定优于独任制。合议制群体作出的判断较庭内水平居中的成员更为准确,但往往不及群体中的优秀个体。实践中法官加陪审员的组合亦会表露出明显的从众心理,不必然带来优于法官独任审判的决策。由此可见,合议制既非提升裁判公正性的唯一选择,也非最优选择。独任制在简单案件的快速解决上具有天然优势,当裁判者足够优秀时,独任制可能更为合适。① 结合司法实践来看,审判人员大都具备了必要的专业知识背景,并且通过了法律职业资格考试。② 课题组调研发现,X市两级法院的独任法官一般具有两年以上的民事审判工作经验。X市基层法院对于普通程序独任审判的力量也给予了适当倾斜,建立了以独任法官为核心的审判团队,按照“1名法官∶1名法官助理∶1名书记员”的比例配置审判辅助人员。概言之,独任审判具备了正确决策的基本条件。

其四,从比较法的视角来看,域外国家基本正在经历或者已经完成了独任制的扩大适用。就普通法系国家而言,其在1876年以前几乎不存在法官独任审判的情形;1965年,陪审团合议审判的比例已降至2%;而今,除诽谤案件之外,普通法系国家的法院几乎未使用过陪审团。③ 绝大多数一审案件均由独任

① 参见张雪纯:《合议制与独任制优势比较——基于决策理论的分析》,载《法制与社会发展》2009年第6期。

② 参见左卫民:《“诉讼爆炸”的中国应对:基于W区法院近三十年审判实践的实证分析》,载《中国法学》2018年第4期。

③ 参见[英]J. A. 乔罗威茨:《民事诉讼程序研究》,吴泽勇译,中国政法大学出版社2008年版,第305页。

法官或者地方法院法官审理。[①] 以英国为例，陪审团参与审结的案件数量占案件总数的比重极小。程序变革主张者大都认为民事审判应由法官单独主持。[②]大陆法系国家也有类似的独任审判扩大趋势。譬如，德国在初级法院和州法院均设立并实行了独任裁判的民事法官制度，这种趋势和欧陆国家的类似情形相符。[③]

其五，从改革效果上来看，独任制案件的审判质量良好。以 X 市两级法院为例，独任制一审案件上诉率、二审改发率与再审改发率均较改革前有所下降；[④]独任制二审案件改革过程中的再审改发率均为 0，某种程度上证明了独任审判结果的科学性。最高人民法院对全国试点法院独任制改革情况的报告亦表明独任制案件的质量指标一定程度上优于合议制案件。[⑤] 以上情况昭示着，独任制改革妨害司法公正的论断并不成立。需要说明的是，尽管 X 市基层法院改革过程中独任制普通程序案件每年的再审改发率持续为 0，但其 2021 年的上诉率与二审改发率均较 2020 年有所增加。[⑥] 囿于数据上的限制，课题组无法获知同时段内 X 市基层法院一审合议制案件的上诉与二审改发情况，因此无法对比分析这一现象是否因独任制的扩大适用而引发。但通过其他学者对某省法院的调研情况来看，独任制案件上诉率以及二审改发率皆低于同一时期的合议制案件，审判质效要优于同期合议制案件。[⑦] 又如深圳基层法院，2016～2019 年，独任制案件的上诉率、改发率均呈下降态势。与此同时，合议制案件的改发率却是先降后升，指标并不稳定。2018 年，合议制案件的改发率

---

① 参见［日］小岛武司：《诉讼制度改革的法理与实证》，陈刚等译，法律出版社 2001 年版，第 208 页。

② 参见［英］J. A. 乔罗威茨：《民事诉讼程序研究》，吴泽勇译，中国政法大学出版社 2008 年版，第 23 页。

③ 参见［德］米夏埃尔·施蒂尔纳编：《德国民事诉讼法学文萃》，赵秀举译，中国政法大学出版社 2005 年版，第 635 页。

④ 改革前的 2019 年，X 市基层法院独任制案件上诉率为 10.88%；改革过程中的 2020 年，独任制案件上诉率为 4.65%，同比下降 6.23 个百分点；2021 年，独任制案件上诉率为 5.44%，较 2019 年下降了 5.44 个百分点。

⑤ 2020 年，全国试点法院的独任制一审案件上诉率为 6.1%，同比下降 27%；二审改发率为 0.6%，同比下降 29%；独任制二审案件提起再审率为 0.6%。周强：《最高人民法院关于民事诉讼程序繁简分流改革试点情况的中期报告》，载《人民法院报》2021 年 3 月 1 日，第 1 版。

⑥ 2021 年，X 市基层法院独任制普通程序案件上诉率为 12.93%，同比增长 7.76%；二审改发率为 2.21%，同比增长 1.66%。

⑦ 参见陈琨：《扩大民事案件独任制适用范围的现实路径——基于 B 省近 3 年独任制适用情况的实践考察》，载《法律适用》2019 年第 15 期。

更是高于独任制案件。[①] 概言之,独任制的施行并不妨害权利的实现。

**(四)简易程序改革未明显削减当事人权利**

整体来看,在改革过程中简易程序上诉率、再审率以及再审改发率虽然未普遍降低,甚至有所增加,但总体趋于稳定。从全国试点法院2019~2020年简易程序的审理情况来看,改革过程中简易程序的审判质量较改革前有明显改善。[②] 概言之,改革中的简易程序未对当事人权利形成特别妨害。合理设计并恰当适用的简易程序仍然可以通过满足社会多元解纷需求来维护司法正当。[③]

## 三、权利还是效率:前瞻案多人少背景下的民事程序改革方向

基于实证研究,笔者对关于繁简分流改革的争议给出了自己的解读:当事人权利未见明显减少,且效率尽管有所提升,但并不尽如人意。由此可见,实证研究可以有效验证关于改革的理论思考和实践设计,似乎也可以根据实证研究的情形提出更接地气、更可操作、更有效果的改革内容。

当然,对于权利与效率在难以两全时的取舍,可能主要应该由民事司法的使用者、研究者来把握,笔者在此无法断言。具体而言,在认同权利与效率兼顾的前提下,未来的改革应该有如下要点。

**(一)继续、适当推进"繁简分流"**

"繁简分流"最低限度的含义是将案件依照简单、复杂程度予以分类并归入不同程序进行处理。[④] 从广义上来说,"繁简分流"是法院根据案件类型、标的额大小、繁简程度等标准,将案件分配至不同的程序进行审理,以使案件在合理时间范围内得到公正审判的程序要求。[⑤] "繁简分流"顾及效率,也未严重

---

① 参见广东省深圳市中级人民法院课题组:《扩大独任制适用范围问题研究》,载《人民司法》2021年第16期。

② 参见周强:《最高人民法院关于民事诉讼程序繁简分流改革试点情况的中期报告》,载《人民法院报》2021年3月1日,第1版。

③ 参见傅郁林:《繁简分流与程序保障》,载《法学研究》2003年第1期。

④ 参见王亚新:《司法效率与繁简分流》,载《中国审判》2010年第12期。

⑤ 参见潘庆林:《民事案件繁简分流制度的完善——基于对A省基层法院的调研》,载《法学杂志》2019年第9期。

影响公正，是世界多国在紧迫的司法压力下寻求程序保障的共同路径。① 在我国，北京市海淀区人民法院早在1993年便已阐释了繁简分流的法律依据、可行性及运作程序等内容。② 21世纪初至今，随着案件数量的急剧增加以及案件类型的不断复杂化，繁简分流成为诉讼程序无法逃避的选择。③ 最高人民法院陆续发布系列规定推动民商事案件的繁简分流，学者们相继探讨完善繁简分流的目的、概念等基础理论，并就繁简分流机制的构建与完善建言献策。④ 从本轮改革的实施情况不难看出，"繁简分流"的本质在于"简案简审"。但是，"权利派"的一些主张似乎将诉讼效率与实质公正有所对立，可能忽视了效率亦是公正的应有之义。而任何制度的成立均可能以牺牲一定权利为代价。在司法资源有限且无法充分匹配复杂程序的情况下，制度设计者时常不得不削减部分非根本性的程序性权利，因此一审终审制、独任制的发展亦成为走向。换言之，如何做好"简法"、实现"繁简分流"将继续是未来改革的一个重点。

**（二）避免过度追求程序自身简化变革，树立正确纠纷解决观**

为了有效回应"案多人少"的司法现状，改革者对于我国民事诉讼领域的简单案件，几乎竭尽了简化策略。但实证研究表明，此轮改革在民事程序简化方面的效果几近峰值，且部分改革举措亦有争议，当改革效果以加速程序进程为导向时，反而不一定能够达到"案结事了"的审判目的。从试点改革实践看来，即便基层法院享有程序简化的权力，可在某种程度上减轻办案负担，但实务中存在的"就繁不就简"现象表明，部分承办法官有时愿意放弃此种权力进而追求程序的相对饱满，确保当事人在庭审程序中感受正义、宣泄情绪。在此意义上，研究者对权利的重视得到了操作者的呼应。整体上看，未来的制度设计者需要脱离过度追求程序简化的桎梏，立足中国实际与当事人权利保障以

---

① 参见傅郁林：《民事司法制度的功能与结构》，北京大学出版社2006年版，第233页。

② 参见北京市海淀区人民法院：《改革民事审判方式新举措——繁简分流》，载《人民司法》1993年第8期。

③ 参见傅郁林：《民事司法制度的功能与结构》，北京大学出版社2006年版，第421页。

④ 参见傅郁林：《繁简分流与程序保障》，载《法学研究》2003年第1期；王亚新：《司法效率与繁简分流》，载《中国审判》2010年第12期；胡仕浩、刘树德、罗灿：《〈关于进一步推进案件繁简分流优化司法资源配置的若干意见〉的理解与适用》，载《人民司法（应用）》2016年第28期；张海燕：《法院"案多人少"的应对困境及其出路——以民事案件为中心的分析》，载《山东大学学报（哲学社会科学版）》2018年第2期；潘庆林：《民事案件繁简分流制度的完善——基于对A省基层法院的调研》，载《法学杂志》2019年第9期；饶淑慧、翁晓斌：《民事诉讼"繁简分流"的概念扩张审思》，载《天津师范大学学报（社会科学版）》2022年第4期。

推进改革。

### (三)在有限空间内,创新地做"简法"

前述实证研究表明,现有的某些改革效果不彰是因为:为应对"案多人少"困境,且囿于效率与权利的充分保障无法两全,法院做"简法"的空间相对有限。在这种改革空间有限的情形之下,下一步的"简法"似乎可从如下方面着手。

其一,打造创新的电子程序机制,制度设计者可凭互联网司法模式提高诉讼效率。上文显示,电子诉讼改革措施不仅能显著节约司法成本,也会促进当事人诉讼权利发展,以在线诉讼等改革措施的适用为契机,可能成为未来提升诉讼效率的有效路径。这一机制无涉程序自身简化事宜,不仅不会削减当事人权利,还有望提高司法效率,因此受到了改革者、社会的青睐。支持电子诉讼改革者或从经济视角出发,主张电子诉讼可以有效降低法院服务成本;或从技术角度出发,认为现有法院体系已然无法融入现代数字社会,亟须升级;或从司法质量出发,主张电子诉讼能够更为便捷、优质地化解纠纷;或从道德层面出发,认为电子诉讼能够帮助人们触达司法。① 显然,电子诉讼具有较高的改革热度与广阔的发展前景,改革实践亦表明电子诉讼的确能够以效率化的方式促进当事人权利实现。由此,通过创新诉讼程序展开路径做"简法"的方式值得肯定,并可进一步探索。当然,我们必须认识到电子诉讼的局限性。尽管本轮改革也暴露出了电子诉讼实践运行中的问题,如各地电子诉讼发展水平参差不齐,在线平台统一性、兼容性、功能性、稳定性、安全性仍待优化,制度构建尚不完备,电子诉讼推动力阙如等。鉴于此,改革者选择电子诉讼等创新方式促进"简案简审"时,务必认识到此类诉讼模式可能存在的问题,并尽可能地采取有效措施及时化解。

其二,继续简化可简的形式性程序。与创新程序展开方式明显不同的地方在于,这一"简法"是在程序本身上做文章,具体是从形式化的程序内容着手突破,但其简化空间相对有限。因为,改革有意简化的部分是仅具形式价值的程序内容,亦可能是权利表达或者必不可少的查明部分。典型如裁判文书简化,文书简化与否往往取决于办案法官的自由裁量,有法官考虑到裁判文书上

---

① 参见[英]理查德 · 萨斯坎德:《线上法院与未来司法》,何广越译,北京大学出版社 2021 年版,第 9 页。

网以及司法公信力的问题，较少适用简式文书，有法官认为通过简化文书提高效率作用不大，过于简化反而不利于说理和表明事实。但如能在技术层面有进一步发展，有的形式性程序仍有一定的简化余地。例如，实践中 X 市绝大多数基层法院无法完全借助庭审录音录像取代庭审笔录。这一现象产生非因庭审录音录像自身存在弊端，而在于当前技术与数据储备条件暂不支持多数法院的录音录像及其电子化管理工作。① 同稳定性与可靠性较强的纸质笔录相比，录音录像尽管有助于简化庭审程序，却因其潜在风险而未成为多数办案人员的主动选择。此外，鉴于电子档案储备问题尚未得到彻底、妥善解决，办案人员即使有意简化笔录制作过程，也会因为技术障碍望而却步。因此，下一步的程序简化应着力突破观念、技术、配套机制问题。

**（四）有必要增加审判人力资源投入，同时继续提升人力资源利用率**

在案件持续增加，特别是大城市“案多人少”的长期态势下，一个改革思路是从时间成本的节约转而向适当增加人力资源的投入，以及提升审判人力资源的利用率的层面。一方面，增加法官数量也是化解人案矛盾的有效措施之一。尽管从目前来看，该举措或与当下的法官员额制改革不尽一致，但却是应对当下困境的最直接也是最有效的方式。另一方面，持续将法官从非司法事务中剥离，无疑可以将更多的时间和精力投入到业务工作中。

**（五）打造“多轨”式解决纠纷的整体图景**

从我国的历史传统与现代纠纷解决实践来看，非司法方式是与诉讼并行不悖的重要模式。而域外经验来看，非诉讼的纠纷解决机制大行其道，诉讼外的纠纷解决与诉讼审判在程序上的相互交织起到良好效果。此次改革及立法修改过程中均对司法确认程序予以扩大适用，无疑为其他主体参与纠纷多元化解决提供了程序保障，为程序分流起到积极效果。未来，改革应持续以“案结事了”为目标导向，将改革的重心转移至如何构建更具实效意义的“多轨”纠纷解决机制，以非司法的纠纷解决机制包括其他国家机关的纠纷解决机制、社会组织的纠纷解决机制等来应对、分流诉讼，或许能为我国民事诉讼制度变革提供更广阔的空间。

---

① 例如，R 市法院系 X 市最早推行庭审录音录像取代庭审笔录的基层法院。尽管如此，鉴于电子档案储备问题尚未得到有效解决，其对小额诉讼案件并非全然适用庭审录音录像，而是推广适用。该院认为，为确保庭审录音录像的真实性、准确性与完整性以及存储方式的安全性，庭审录音录像应当采用公认的安全的存储方式。如条件不具备，应当谨慎适用。

# 理论争鸣

# 诉讼经验如何影响感知正义*

冯煜清　曾　瑜**

**内容摘要**：为评估中国民众对司法公平正义的主观感受及诉讼经验的影响机制，利用中国社会状况综合调查数据（CSS），分析2006～2019年中国民众感知正义的总体态势和变化趋势。感知正义是普罗大众法律意识的体现，是“分配正义”和“程序正义”在主观层面的折射，受到“国家法律观”和“场景法律观”的双重影响。基于6个时点、55,075个样本的数据分析表明，在2006年至2019年，中国民众对司法和执法公正总体持正面评价，以2013年为拐点呈现先降后升的“U”形趋势。诉讼亲历者和非亲历者的感知正义存在差异，但差异在2013年后呈缩小态势。回归分析表明，诉讼经验对感知正义有显著的负向效应，但该负向效应在2013年后减弱。诉讼经验对感知正义的影响主要受到国家法律观、场景法律观的宏观影响以及个人诉讼体验的微观影响。要稳步提升人民群众对司法公平正义的感知，尚需对感知正义进行更细致的研究。

**关键词**：感知正义　诉讼经验　全面依法治国　司法改革

---

* 本文首次发表于《中国法律评论》2023年第4期，原题为《法治中国建设中的感知正义变化趋势——基于CSS数据的追踪研究》。

** 冯煜清，东南大学法学院副教授；曾瑜，上海交通大学国际与公共事务学院副教授。

## 引 言

习近平总书记在指示政法工作时强调,“要健全社会公平正义法治保障制度,努力让人民群众在每一个司法案件中感受到公平正义”。① 公平正义不仅应当实现,而且应当以人民群众“感受到”的方式来实现。人民群众在司法案件中感受到的公平正义,或称“感知正义”(perceived justice),可理解为个人对于司法②公正的认知、感受和反馈,表现为个人对于法律制度、司法裁判和执法决定的主观评价、信服程度和执行力度。

提升人民群众感知正义是我国法治化改革的一项长期目标,也是检验“全面推进依法治国”成效的标尺。2014 年 10 月,中国共产党第十八届中央委员会第四次全体会议审议通过的《中共中央关于全面推进依法治国若干重大问题的决定》(以下简称《决定》)首次将感知正义确定为法治改革目标。《决定》提出:“必须完善司法管理体制和司法权力运行机制,规范司法行为,加强对司法活动的监督,努力让人民群众在每一个司法案件中感受到公平正义。”从《决定》发布至今,“让人民群众感受到司法公平正义”之理念在国家政法工作的相关政策文件、报告、讲话中被反复强调,并进一步拓展为“让人民群众在每一项法律制度、每一个执法决定、每一宗司法案件中都感受到公平正义”。③

---

① 习近平:《坚定不移走中国特色社会主义法治道路 为全面建设社会主义现代化国家提供有力法治保障》,载《实践(党的教育版)》2021 年第 3 期。

② 本文所论的“司法”这一术语,采用司法的广义理解,包括部分公安机关的执法行为。这也是相关领域学术研究的惯常理解。参见苏新建:《程序正义对司法信任的影响——基于主观程序正义的实证研究》,载《环球法律评论》2014 年第 5 期。

③ 2017 年 10 月 18 日,习近平总书记在党的十九大报告中指出:“全面落实司法责任制,努力让人民群众在每一个司法案件中感受到公平正义。”2018 年 8 月 24 日,习近平总书记在中央全面依法治国委员会第一次会议上讲话指出,必须牢牢把握社会公平正义这一法治价值追求,努力让人民群众在每一项法律制度、每一个执法决定、每一宗司法案件中都感受到公平正义。2019 年 5 月 7 日,习近平总书记在全国公安工作会议上讲话强调,公平正义是执法司法工作的生命线,努力让人民群众在每一起案件办理、每一件事情处理中都能感受到公平正义。2020 年 11 月 16 日,习近平总书记在中央全面依法治国工作会议中指出,要深化司法责任制综合配套改革,加强司法制约监督,健全社会公平正义法治保障制度,努力让人民群众在每一个司法案件中感受到公平正义。2021 年 12 月 6 日,习近平总书记在中共中央政治局第三十五次集体学习时再次强调,要深化法治领域改革,围绕“让人民群众在每一项法律制度、每一个执法决定、每一宗司法案件中都感受到公平正义”这个目标,深化司法体制综合配套改革,加快建设公正高效权威的社会主义司法制度。

当前,感知正义的相关研究主要着眼于特定地区、特定群体、特定司法机关的小样本分析,而对于公众能够从司法中感受到公平正义,以及公众感受如何随时间变化,缺乏大样本、跨时期的实证检验。针对上述问题,本研究以社会公众的"感知正义"为研究对象,基于中国社会状况综合调查数据(Chinese Social Survey,CSS),实证分析了"全面推进依法治国"前后 14 年间(2006～2019 年),中国民众感知正义的变化趋势及诉讼经验的影响机制。相关研究将有助于了解法治化改革在公众主观层面的成效,并探究如何在司法裁判中进一步提升公平正义的获得感。

## 一、感知正义的内涵建构

在当代中国,感知正义关乎社会和谐稳定、经济持续发展和人民幸福生活,是检验法治建设成果是否切实服务于人民的标尺。感知正义既是与依法治国密切联系的政治话语,也是一个根基扎实的学术概念。其学术渊源与以下两条研究脉络密切联系。

其一,感知正义研究与对法律社会学中民众法律意识的研究一脉相承。① 对普通民众法律意识的关注发端于 20 世纪 80 年代。相关研究者受到"法律多元"理念的启发,认为法不仅仅存在于文本和判例中,而是通过法律制度和司法裁判的辐射,弥散式地存在于社会生活的方方面面,表现为每个普通市民与"法"有关的想法和行为中。② 因此,研究者试图通过考察社会公众对法的理解和对争议的认识,突破传统法学研究对个案层面司法正义的有限视域,探究"日常生活中的法"(law in everyday life)。③ 与之相呼应的,感知正

---

① See Kristin Bumiller, *The Civil Rights Society*, *The Social Construction of Victims*, Johns Hopkins University Press, 1988; Sally Engle Merry, *Getting Justice and Getting Even*, University of Chicago Press, 1990; Patricia Ewick & Susan S. Silbey, *The Common Place of Law*, *Stories from Everyday Life*, University of Chicago Press, 1998; David Engel & Jaruwan Engel, *Tort*, *Custom*, *and Karma*, *Globalization and Legal Consciousness in Thailand*, Stanford University Press, 2010.

② Marc Galanter, *The Radiating Effects of Courts*, in Keith Boyum & Lynn Mather (eds.), *From Empirical Theories about Courts*, Quid Pro Books, 1983, p. 117.

③ Michael McCann & Tracey March, *Law and Everyday Forms of Resistance*, *A Socio-Political Assessment*, Studies in Law, Politics, and Society, Vol. 15, p. 207 (1996).

义是人民群众对司法公平正义的感受,亦属于广义的民众法律意识的范畴。感知正义也可以看作一种“日常生活中的法”,是由法律制度、司法案件、执法决定的辐射形成的法律认知,是人民群众对国家成文法的二次构建,是法治发展在主观维度的体现。

其二,感知正义研究与社会心理学研究中的主观程序正义在研究对象上高度重合,方法论亦有所借鉴。① 该研究传统试图运用心理学的观测和量化方法,分析和解释行为人对程序正义的主观感受和认知,从而对作为法治核心变量的程序正义的内涵进行本体论层面的解构,探索实现法治目标的可行路径。② 从概念上看,感知正义既包含了实体层面的分配正义(distributive justice),也包含了程序层面的程序正义(procedural justice)。但是从内涵而言,一般认为,无论是法律制度、司法案件还是执法决定中的公平正义感,都更多地指向程序正义。例如,林德(Allan E. Lind)和泰勒(Tom Tyler)的经验研究表明,在司法案件中,对程序正义的主观感受比特定结果更加重要,即便结果对某一方有利,但如果形成这一结果的过程或程序使人产生不公平、不正义的感受,那么双方都很难从案件中感受到公平正义。③ 张光、威尔金(Wilking)、于淼对于中国农民选举程序的研究发现,程序特征对参与者(农民)公平观的影响力远大于对该参与者(农民)有利的结果,这一发现进一步验证了程序正义在我国民众认知中的重要地位。④ 郭春镇尝试构建“主观程序正义”之概念阐释感知的程序正义,即是对感知正义的一种社会心理学阐释。⑤ 同时,从方法论上看,程序正义的社会心理学研究从人的主观视角出发,探究正义的制度价值在主观层面的映射。这就由以法律制度为中心的供给侧视角转向了以人民群众为中心的需求侧视角,为进一步观测和解构感知正义提供了有效的工具。视角的转换也使本文所称之“感知正义”与“司

---

① See Allan E. Lind & Tom Tyler, *The Social Phycology of Procedural Justice*, Plenum Press, 1988; Tom Tyler, *Why People Obey the Law*, Yale University Press, 1990.

② See Allan E. Lind & Tom Tyler, *The Social Phycology of Procedural Justice*, Plenum Press, 1988; Tom Tyler, *Why People Obey the Law*, Yale University Press, 1990.

③ See Allan E. Lind & Tom Tyler, *The Social Phycology of Procedural Justice*, Plenum Press, 1988; Tom Tyler, *Why People Obey the Law*, Yale University Press, 1990.

④ 张光、Jennifer R. Wilking、于淼:《中国农民的公平观念:基于村委会选举调查的实证研究》,载《社会学研究》2010年第1期。

⑤ 郭春镇:《感知的程序正义——主观程序正义及其建构》,载《法制与社会发展》2017年第2期。

法公信”[①]、“司法公正”[②]等概念有所区分,盖因后两者多以制度改革为出发点和目标,而前者主要从人的视角出发,以人的主观感受,而非制度改革措施来衡量和评价法治发展的成效。

以上理论分析显示,感知正义是普罗大众法律意识的体现,为“分配正义”和“程序正义”在主观层面的折射。接下来,需要进一步分析感知正义的形成机制。法律社会学理论认为,法律意识的形成和发展同时受到“国家法律观”和“场景法律观”的影响。[③] 前者是指公、检、法、司、地方政府等公权力机关对法的认识和理解,体现的是立法者的意志;而后者是基层民众在现实生活中自发形成的法律观,是对国家法的二次建构。后者对于法律的理解趋于灵活,往往不是如立法者所期待的严格照章执行法律,而是将法律与现实情境对应起来,形成一套新的法律理解和合法性准则。[④] 感知正义的形成受到“国家法律观”自上而下的影响与“场景法律观”自下而上的影响,双重影响共同作用、相互渗透,使感知正义兼具总体的一致性和内在的差异性。

一方面,“国家法律观”自上而下塑造了社会公众对司法公平正义的基本共识。“国家法律观”影响感知正义的机制主要有两种。一是司法制度改革对感知正义的影响,或称为“制度论”。比较政治学研究表明,司法制度改革有助于缓和社会冲突和压力,促进公众对社会公平正义的认可度,从而提升执政合法性。[⑤] 自 2014 年以来,我国法院推动实施了以人民为中心的诉讼服务制度体系、以司法责任制为核心的审判权力运行体系、人民法院人员分类管理和职业保障制度等一系列司法体制机制改革,其共同目标是“让人民群众在每一个司法案件中都感受到公平正义”。[⑥] 尽管在司法实践中,不同地

---

① 参见胡铭:《司法公信力的理性解释与建构》,载《中国社会科学》2015 年第 4 期。

② 参见顾培东:《当代中国司法公正问题研究》,载《中国法律评论》2015 年第 2 期;侯猛:《如何评价司法公正:从客观标准到主观感知》,载《法律适用》2016 年第 6 期。

③ See Sally Engle Merry, *Everyday Understandings of the Law in Working-Class America*, American Ethnologist, Vol. 13, p. 253 (1986).

④ See Sally Engle Merry, *Everyday Understandings of the Law in Working-Class America*, American Ethnologist, Vol. 13, p. 253 (1986).

⑤ See Tamir Moustafa, *Law and Courts in Authoritarian Regimes*, Annual Review of Law and Social Science, Vol. 10, p. 281 (2014).

⑥ 《人民法院第四个五年改革纲要(2014—2018)》明确了五年司法改革的总体目标,即“紧紧围绕让人民群众在每一个司法案件中都感受到公平正义”。《人民法院第五个五年改革纲要(2019—2023)》在指导思想中亦明确提出,“努力让人民群众在每一个司法案件中感受到公平正义”。

区、层级的司法系统的改革实施方案、执行力度有所差异,但总体方向一致,根本性地改变了民众对司法制度的感受,构建了民众感知正义的共识。二是涉法舆论宣传对感知正义的影响,或称为"宣传论"。在现代司法制度中,个案裁决和刑罚是"一种与各种社会观众交流、并传达广泛的含义'文化表演'(cultural performance)",旨在向社会公众传递关于正义、权威的信息。[①] 例如,在"许霆案""彭宇案"等社会热点案件中,媒体报道、社会舆论与民意的交互在一定程度上影响了案件裁判过程和结果,也二次塑造了社会公众对司法公平正义的认识。[②] 值得注意的是,社会热点案件的出现具有偶然性,但各类司法案件信息对社会公众产生的宏观影响不是散漫的,而是国家政策引导的结果。我国司法政策以维护社会和谐稳定为长期目标,个案裁判的示范效应呈现大体一致的价值取向。[③] 因此,司法裁判对公众感知正义的影响虽然在不同个案中有所差异,但总体上呈现高度的一致性。这在一定程度上塑造了社会公众对司法公平正义的基本共识。综上所述,"国家法律观"通过制度改革和个案宣传形成自上而下的辐射,塑造了社会公众感知正义中的基本共识,使得民众感知正义在宏观上呈现共性趋势。由此,对感知正义总貌和趋势的大样本、跨时期的量化观测具有可行性和必要性。

另一方面,"场景法律观"自下而上的影响加剧了感知正义在不同社会结构下的内在差异性。相较于客观、理性的法律制度,感知正义更为主观、感性,天然地受到社会多元化价值取向的影响,不可避免地在不同主体间存在差异。而"场景法律观"的影响使个体间差异呈现结构化特征,即特定场景下主体的感知正义趋于一致,而不同场景间的差异则愈发凸显。当我们讨论公众感知正义时,此处的"场景"须作广义理解——不再局限于个案意义上的事实、理由或特定纠纷所处的外部环境,而是更多地指向案件社会学中所讨论的"社会结构特征"。[④] 具体来说,性别、年龄、户籍、受教育程度、政治身份、社会经济地位等社会结构因素共同构成了公众法律意识所嵌入的场景,不同

---

① David Garland, *Punishment and Culture, the Symbolic Dimensions of Criminal Justice*, Studies in Law, Politics and Society, Vol. 11, p. 195 (1991).

② 参见苏力:《法条主义、民意与难办案件》,载《中外法学》2009 年第 1 期;周安平:《许霆案的民意:按照大数法则的分析》,载《中外法学》2009 年第 1 期。

③ See Susan Travaskes, *Propagating Justice through Court and Prosecution Work in China*, Modern China, Vol. 43:2, p. 156 (2017).

④ 参见[美]唐 · 布莱克:《社会学视野中的司法》,郭星华等译,法律出版社 2002 年版。

场景下感知正义的形成和发展有所差异。胡铭对杭州、郑州、昆明三市公众的问卷调查发现,公众对公安司法机关的信任度与受访者年龄、职业有较强的关联性,20 岁以下和 40 岁以上、金融单位和务工人员均差别明显。① 贺欣、王伦刚、苏阳对农民工讨薪的田野调查发现,农民工群体基于自身职业、知识背景、经济能力等原因,倾向于认为自己在法律中处于弱势地位,因为“够不着法律”(beneath the law)而主动放弃司法救济,选择司法外维权途径。② 毫无疑问,对于中国民众感知正义的大样本实证检验不能忽视感知正义在不同社会结构下的差异性及其影响因素。

基于上述理解,本文重点探讨了感知正义的发展和变化是否以及如何受到主体参与司法的经验的影响。多数社会公众没有诉讼经验,其对司法的认识主要来源于外部感知,只有少数人有机会通过亲身参与形成对司法公平正义的经验性认识。虽然有诉讼经验的人只是极少数,对于感知正义的总体趋势影响有限,但是他们的感受更能反映法治发展的真实水平,故而值得深入考察。现有研究就诉讼经验如何影响当事人感知正义存在分歧。例如,江西省高级人民法院课题组对江西省 959 名诉讼当事人的调查显示,尽管服从裁判的情况并不理想,但超过 60% 的当事人对法院和司法公正持满意或比较满意的态度。③ 与之形成鲜明对比的是,高敏(Mary E. Gallagher)对上海高校法律援助中心当事人的研究表明,当事人经历诉讼后,对司法过高的期待发生幻灭,进而对司法和法院产生新的认识,这一过程被描述为“知情去魅”。④ 针对上述分歧,冯晶将民事诉讼当事人的法律意识分为两个层面:一是对作出判决的诉讼法院、主审法官或对具体判决结果的“特定支持”,二是对法院系统和司法制度的“普遍支持”。基于对基层法院 105 名当事人的深度访谈,她发现,诉讼经验削弱了“特定支持”,但不影响“普遍支持”。⑤ 冯晶提出的

---

① 参见胡铭:《司法公信力的理性解释与建构》,载《中国社会科学》2015 年第 4 期。

② He Xin, Wang Lungang & Su Yang, *Above the Roof, Beneath the Law, Perceived Justice behind Disruptive Tactics of Migrant Wage Claimants in China*, Law & Society Review, Vol. 47:4, p. 703 – 738 (2013).

③ 参见江西省高级人民法院课题组:《人民法院司法公信现状的实证研究》,载《中国法学》2014 年第 2 期。

④ Mary E. Gallagher, *Mobilizing the Law in China, "Informed Disenchantment" and the Development of Legal Consciousness*, Law & Society Review, Vol. 40:4, p. 783 – 816 (2006).

⑤ 冯晶:《支持理论下民事诉讼当事人法律意识的实证研究》,载《法学研究》2020 年第 1 期。

两类支持呼应了感知正义的外部感知视角和经验性认识视角。然而,上述研究结论主要来自限定范围的小样本实证数据,容易落入选择性偏差陷阱。需要更广泛层面的实证检验,以阐明民众感知正义与真实司法体验之间的关系。

## 二、数据与变量

本研究所依据的数据来自CSS,该调查是中国社会科学院社会学研究所发起的一项连续的全国性抽样调查项目。我们选取其在2006年至2019年的6次调查作为分析数据,共获得55,075个样本。① 选用CSS问卷数据,主要基于两个原因:其一,CSS调查是国内少有的长期持续关注司法和执法公平的问卷数据;其二,CSS调查较为详细,提供了大量人口特征、家庭及社会生活、社会态度等方面的变量数据,便于我们探究分析影响调查对象感知正义的主客观因素。

关于感知正义的测量,我们利用的问题是:“您觉得当前社会生活中司法与执法的公平程度如何?”受访者可选的选项分别为“非常不公平”“不太公平”“比较公平”“非常公平”“不好说”。依据受访者的回答,我们为感知正义构建成一个四个层级的有序变量(1为“非常不公平”,2为“不太公平”,3为“比较公平”,4为“非常公平”)。②

为了把握感知正义的变化趋势及其影响因素,我们选取了相关变量进行分析。首先,是诉讼经验的影响。既有研究表明,诉讼经验对感知正义产生

① 2006年至2019年,CSS项目组共进行了七次调查。我们选用了除2011年外的六次调查,调查年份分别为2006年、2008年、2013年、2015年、2017年和2019年。其中,2006年的调查共获得7061个样本,2008年获7139个样本,2013年获10,206个样本,2015年获10,243个样本,2017年获10,143个样本,2019年获10,283个样本。弃用2011年调查的原因是当年问卷无感知正义相关问题。有关历年调查的详细情况,请查询http://css.cssn.cn/css_sy/。

② 我们将回答为“不好说”的观察值定义为缺失值。为便于分析与比较,在后续的部分分析中,我们亦将感知正义简化为一个二分变量。若受访者回答为“非常公平”或“比较公平”,则认为其认为司法与执法公正,赋值为1。若其回答为“不太公平”或“非常不公平”,则视为其不认同司法与执法公正,赋值为0。

重要影响。[①] 我们根据受访者对于“过去一年里,您或家人遇到过下列哪些事情?(打官司)”的回答,将其分为有诉讼经验和无诉讼经验两类,分别赋值为1和0。

为了尽可能精准地把握诉讼经验对感知正义的影响,本文还探讨了性别、年龄、户籍、受教育程度、社会阶层等一系列社会结构变量的影响。性别变量为二分变量,并赋值男性为1,女性为0。年龄方面,将受访者划分为三个年龄组:35岁以下为青年组,36~59岁为中年组,60岁以上为老年组。户籍方面包括户籍类别(农业和非农业)和户籍地(本地和外地)这两种主要的要素。考虑到城乡资源分配和利益分配的差异,[②]对受访者的户籍类别二分,并赋值农村为1、城镇为0;同时,本地居民和外地居民对公权力的依附性不同,法律意识上也存在差异,[③]故而将受访者分为本地居民和外地居民。受教育程度方面,将受访者按学历划分为四个组,分别为“小学或以下”“初中”“高中”“大学或以上”。政治身份方面,将受访者划分为共产党员和非共产党员两类。社会阶层方面,采用主客观二分法进行划分:一是根据受访者家庭收入对其进行分组,分为低收入、中低收入、中等收入、中高收入和高收入群体;[④]二是依据受访者自我评价的社会经济地位,将受访者分为下、中下、中、中上和上五个阶层。

此外,家庭、工作单位、媒介使用、社会保障、地方治理等其他外部因素对感知正义亦有潜在影响。分别用一个二分变量确定受访者的婚姻状态(1 = 已婚,0 = 未婚)和就业状态(1 = 有工作,0 = 没有工作)。社会保障福利方面,用三个二分变量测量受访者是否有养老保险(1 = 有,0 = 没有)、医疗保险(1 = 有,0 = 没有)和失业保险(1 = 有,0 = 没有)。媒介使用有可能会影响民众的社会公平感知,相比于电视、报刊等传统媒介,互联网媒介受到的管控程

---

① 参见冯晶:《支持理论下民事诉讼当事人法律意识的实证研究》,载《法学研究》2020年第1期;江西省高级人民法院课题组:《人民法院司法公信现状的实证研究》,载《中国法学》2014年第2期;Mary E. Gallagher, *Mobilizing the Law in China*, "*Informed Disenchantment*" *and the Development of Legal Consciousness*, Law & Society Review, Vol. 40:4, p. 783 - 816 (2006).

② 参见陆益龙:《户籍制度:控制与社会差别》,商务印书馆2003年版。

③ 关于本地人和外地人法律意识差异的相关理论和实证研究,参见David Engel, *The Oven Bird's Song, Insiders, Outsiders, and Personal Injuries in an American Community*, Law & Society Review, Vol. 18:4, p. 551 (1984)。

④ 每次调查我们按家庭收入水平从低到高顺序排列,平均分为五个等份,处于最低20%的收入群体为低收入群体,依此类推为中低收入群体、中等收入群体、中高收入群体、高收入群体。

度更低,因而使用者可以通过其获得更丰富、更多元的法治信息,从而影响其感知正义。① 我们在控制变量中也纳入了互联网使用这一变量(1 = 有,0 = 没有)。地方政府的法治表现、区域治理能力与感知正义存在潜在关联,可通过受访者的相关评价进行测量。问卷中涉及的问题是调查对象对地方政府“依法办事、执法公正”“打击罪犯,维护社会治安”“廉洁奉公,惩治腐败”这三项工作是否满意。三项工作的评价分别为“很不好”“不太好”“比较好”“很好”,并被赋值为 1 至 4。

最后,为控制地区间差异可能带来的影响,纳入一系列省级层面变量,包括 GDP 总量、GDP 增速、人口总数以及城镇化水平。

## 三、中国民众感知正义的总貌与趋势

### (一) 中国民众感知正义的总体情况

在 2006 年至 2019 年,绝大多数的中国民众认同司法与执法,能够感知到正义与公平。在总样本中,67.6% 的受访者认为我国的司法和执法是非常公平或比较公平的,26% 的受访者则认为司法和执法不太公平,仅有 6.4% 的受访者认为司法和执法非常不公平。这与部分小样本研究的结论,即“社会公众对司法的满意程度不高”是不一致的。②

为捕捉中国民众感知正义的变化趋势,我们将全样本按年划分后再次统计。同时,为了验证感知正义变化趋势的独立性,尽可能排除社会公平感的总体变化趋势对感知正义的裹挟,还统计了历年居民的总体社会公平感、高考制度公平感和公共医疗公平感作为参考系,以更好地对比呈现感知正义的变化趋势。图 1 呈现了 6 次调查中受访者对司法和执法公平感、总体社会公平感、高考制度公平感和公共医疗公平感均值变化趋势。

---

① 参见帅满、罗家德、郭孟伦:《媒介使用对地方政府信任的作用机制研究》,载《国际新闻界》2021 年第 2 期;朱斌、苗大雷、李路路:《网络媒介与主观公平感:悖论及解释》,载《中国人民大学学报》2018 年第 6 期。

② 参见四川省高级人民法院课题组:《人民法院司法公信力调查报告》,载《法律适用》2007 年第 4 期;胡铭:《司法公信力的理性解释与建构》,载《中国社会科学》2015 年第 4 期。

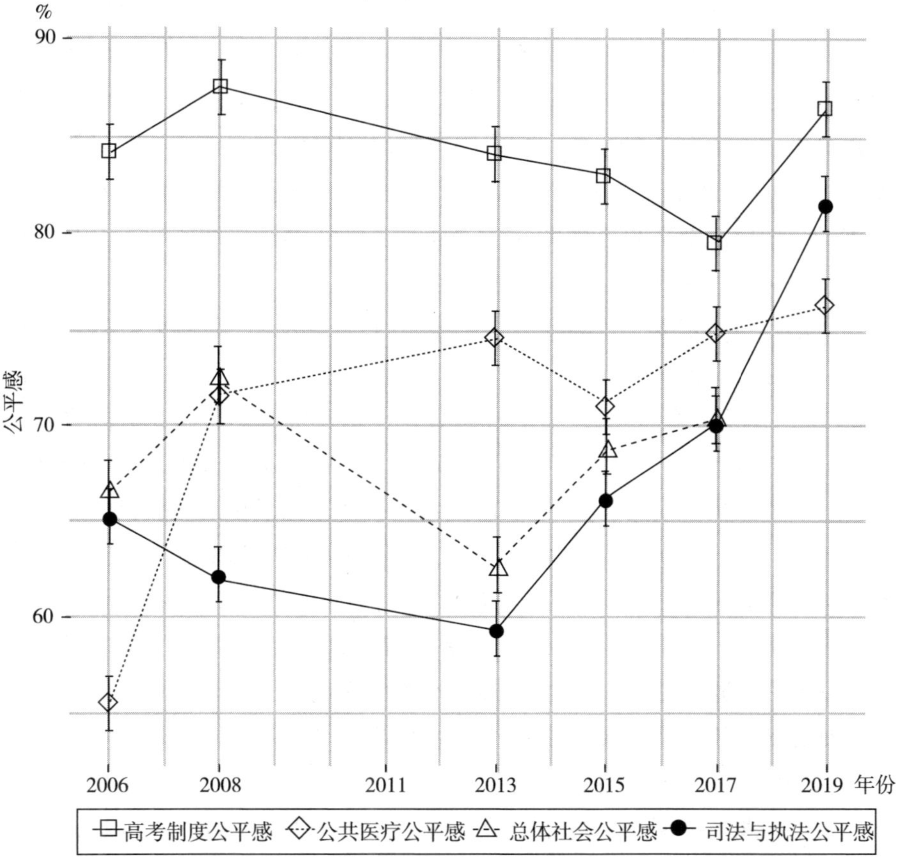


**图 1　中国民众感知正义均值变化(2006～2019 年)**

注:2019 年 CSS 问卷并未设计询问总体社会公平感的问题,故无当年总体社会公平感均值。

如图所示,从 2006 年至 2019 年,中国民众对司法和执法的公平感均值呈现出先降后升的"U"形趋势。[①] 2006 年,受访者中认为司法和执法公平(包含比较公平和非常公平)的比例为 64.9%。这一比例在 2008 年和 2013 年下降到了 61.2% 和 58.5%。自 2013 年以后,该比例出现反弹并持续上升。2015 年,中国居民感受到司法和执法公平的比例为 66.8%。2017 年这一比例上升到 70.6%,并在 2019 年到达峰值 79.4%。数据显示,尽管均值上有一

① 六次调查得到的感知正义均值:2006 年 2.70(2.66,2.73);2008 年 2.64(2.61,2.68);2013 年 2.66(2.62,2.70);2015 年 2.72(2.69,2.75);2017 年 2.82(2.80,2.85);2019 年 3.05(3.01,3.08)。上述均值为经过性别年龄联合加权处理后计算所得。

个先减后增的趋势,但在过去的15年中,中国民众对于司法和执法的公平感还是有了显著的提升。特别是自2013年以来,中国居民在司法和执法公平感上有一个快速的提升。与这一变化趋势相呼应的是,党的十八届四中全会提出全面依法治国基本方略后,我国在司法体制机制方面进行了全面深化改革,旨在确保"努力让人民群众在每一个司法案件中感受到公平正义"。[①] 从数据结果的时间节点和趋势看,人民群众感知正义的转折和大幅提升与全面落实和深化司法体制机制改革的进程趋于一致。

考虑到感知正义变化的复杂性,上述观点并非绝对,仍需更多的分析和论证。在过去十余年间,我国无论是在制度、经济还是文化方面都经历了巨大的变化,这些都有可能影响民众对司法公平正义的感知。因此,要进一步检验司法制度改革对民众感知正义的影响,还需要尽可能排除其他干扰因素。一种潜在的质疑是,感知正义的变化可能并非源于司法体制机制改革等法治建设成果,而是源于经济、文化等其他领域的改革和发展带来的辐射效应。图1结果显示,这种可能性比较低。由图中可见,无论是总体社会公平感、高考制度公平感还是公共医疗公平感,都未出现与感知正义类似的"U"形变化趋势。这表明,感知正义的变化很难完全归因于民众的总体公平感或者其他领域公平感变化带来的辐射效应。

**(二)各社会群体的感知正义**

为了挖掘不同社会结构下公众感知正义的差异,我们进一步对各个社会群体的感知正义的现状和趋势进行了分析。图2呈现了各个社会群体认同司法与执法公平的情况以及历年变化。各个社会群体在感知正义的变化趋势上与总体基本一致,大致保持了先降后升的"U"形趋势。部分社会群体之间存在较大差异,但这种差异在2013年之后普遍呈缩小态势。具体如下。

① 该表述在《人民法院第四个五年改革纲要(2014—2018)》与《人民法院第五个五年改革纲要(2019—2023)》均有所体现。

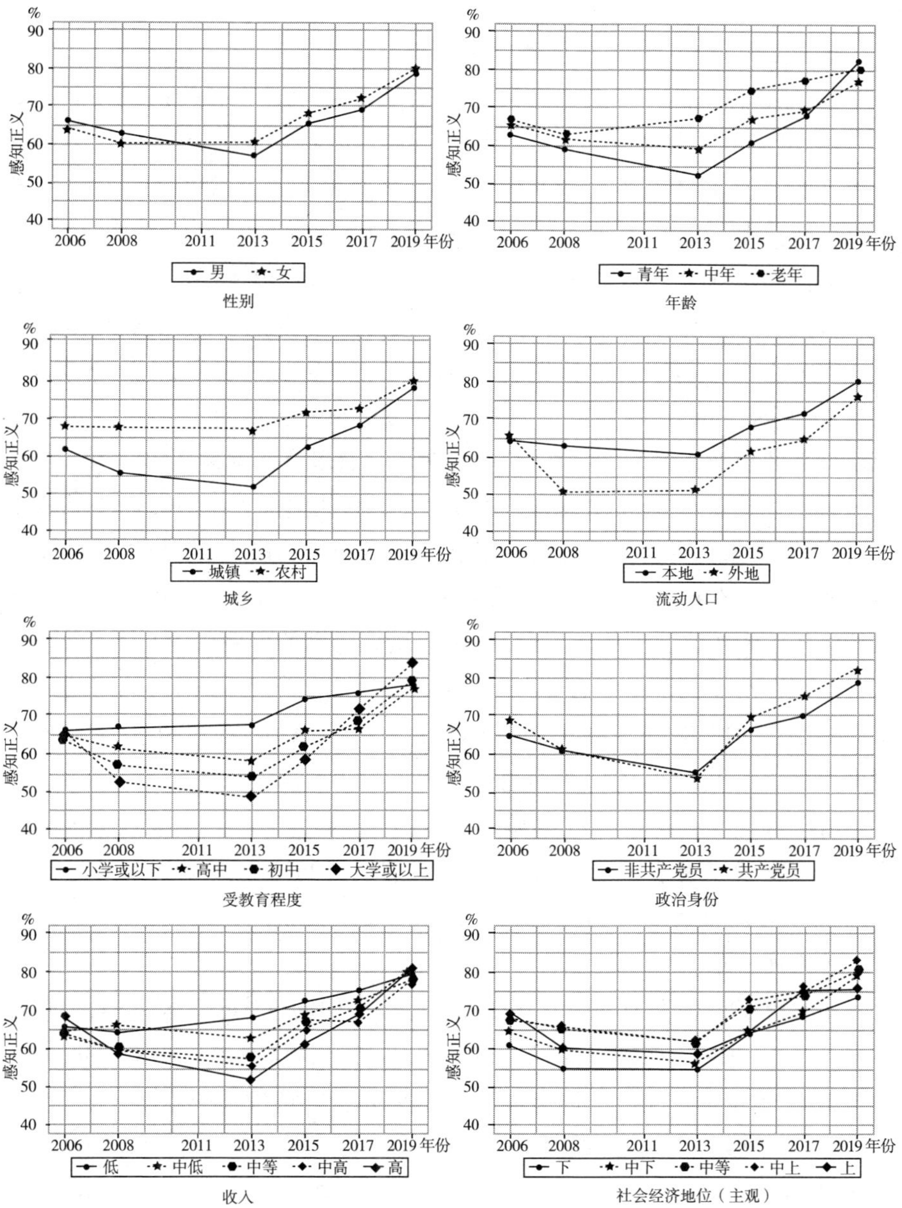


**图 2　各群体感知正义变化趋势(2006 ~ 2019 年)**

性别方面,男性与女性在感知正义上差异较小,均呈现出"U"形变化趋势。图 2 中,代表男女感知正义的两条线在 2011 年前后出现交叉,之后女性一直高于男性。这表示近十年内女性在感知正义上要比男性略高,但差距有限。①

年龄方面,青年群体、中年群体和老年群体呈现出一定的差异。三个群体中,青年群体的感知正义在过去的15年中呈现出最大幅度的变化。2006年,青年群体中认为司法和执法公平的比例为62.8%,但到2013年这一比例下降到52%。不仅如此,在这7年内,三个群体对于司法和执法公平感的差距也不断拉大。2006年,老年群体中认为司法和执法公平的比例为66.4%,中年群体的比例是65.5%,老年群体仅比青年群体高出3.6%。但到了2013年,该比例在老年群体中达到了67.1%,分别比中年群体和青年群体高出8.3%和15.1%。自2013年以后,青年群体的司法和执法公平感不断攀升,与另外两个群体之间的差距也不断缩小。到2019年,青年群体认为司法和执法公平的比例达到了82.5%,反转成为各年龄段该比例最高的群体。

城乡差异方面,来自农村的受访者对司法和执法的公平感要高于城镇受访者,但近年来二者间的差异正在缩小。在2006~2013年,农村居民群体和城镇居民群体在司法和执法公平感上的差异是逐渐扩大的。2013年,农村居民认为司法和执法公平的比例为67.1%,城镇居民的比例仅为52%,两者差值高达15.1%。这一趋势在2013年后得到反转,该比例在两群体间的差距不断缩小。2019年,农村居民认为司法和执法公平的比例为80.4%,城镇居民的比例也达到了78.7%,两者差值仅为1.7%。

流动人口方面,本地居民群体和外地移民群体在感知正义上也呈现出较大变化。本地受访者的司法和执法公平感长期高于外地受访者。尽管在2006年两者的差距仅为1.2%,但是此后两者的差距迅速扩大,直至近几年差距才有所缩小。

受教育程度方面,感知正义在受教育程度不同的群体中呈现差异,并且群体间差异在不同时期也有所不同。在2006年,四个群体的差异并不明显。2008年至2015年,四个群体对司法公平正义的感知呈现出较大差异,表现为受教育程度越高的群体越倾向于认为司法与执法不公平。2015年之后,群体间的差异逐步缩小。近年来,受过高等教育的群体的感知正义上升最快。2019年,84.3%的受高等教育群体认为司法与执法公平,已是四个群体中比例最高的。

① 胡铭的小样本调查发现,男女对于司法机关的信任度非常接近,女性略高但无法通过显著性检验。本文的发现与胡铭的调查结果基本一致。参见胡铭:《司法公信力的理性解释与建构》,载《中国社会科学》2015年第4期。

政治身份方面，共产党员群体与非共产党员群体在司法与执法公平感上呈现相似的“U”形趋势。[①] 相比而言，共产党员认为司法与执法公平的比例要略高于非共产党员。2006 年，共产党员群体中认为司法与执法公平的比例为 68.9%，非党员群体中的比例为 64.5%。2019 年，共产党员群体中该比例上升至 82.4%，非共产党员群体中的比例则上升至 79.1%。

社会阶层方面，无论是按客观收入划分的还是受访者的主观自我评价划分的各阶层群体，都显示出了感知正义在各社会阶层间的明显差异，但差异的形式有所不同。按收入差异划分的各阶层群体中，低收入群体中认为司法与执法公平的比例整体高于其他阶层群体。在 2017 年之前，公平感与实际收入水平似乎呈现出一种负相关，即收入水平越低的群体越感觉不到司法与执法公平，但这一负相关关系在近年逐渐消失。按主观评价划分的各阶层群体中，则显示出另一幅景象。与低收入群体更能感受到司法公平正义不同的是，自认为中等阶层以下的群体对司法与执法公平的感知显著低于自认为社会阶层更高的群体。在 2006 年至 2019 年的 6 次调查中，中下阶层和下阶层的群体中认为司法与执法公平的比例几乎都是最低的。值得注意的是，中等阶层和中上阶层群体，而非上层群体，是认为司法与执法公平的比例最高的群体。造成感知正义在客观社会阶层和主观社会阶层划分中存在差异的可能原因，是社会阶层认定的主客观标准存在差异。

**（三）诉讼亲历者和非亲历者的感知正义**

从前文分析可知，有无诉讼经验会导致认识司法制度的视角差异，进而形成对司法公平正义截然不同的感知。[②] 图 3 呈现了 2006 年至 2017 年有诉讼经验群体和无诉讼经验群体间的感知差异。[③] 有诉讼经验群体的公平感要远低于无诉讼经验群体。两者间差距在这十多年里也发生了明显变化。2006 年，有诉讼经验群体中有 48.7% 的受访者认为司法和执法公平。但到了 2013 年，这一比例下降至 23.1%，仅为 2006 年的一半。2013 年以后，有诉讼经验群体的公平感开始大幅上升。到 2017 年，有诉讼经验群体中有

① 非共产党员包括共青团员、民主党派成员和群众。其中，群众占比最高，占所有非共产党员的 93.5%。

② 参见冯晶：《支持理论下民事诉讼当事人法律意识的实证研究》，载《法学研究》2020 年第 1 期。

③ 2019 年的问卷中无诉讼经历相关的问题，故该年数据缺失。

49.2% 的受访者认为司法和执法公平,为历年来的最高比例。这提供了进一步的证据支撑上文的论断,即全面推进依法治国以来的司法体制机制改革改善了参与司法的体验,对感知正义可能产生促进作用。

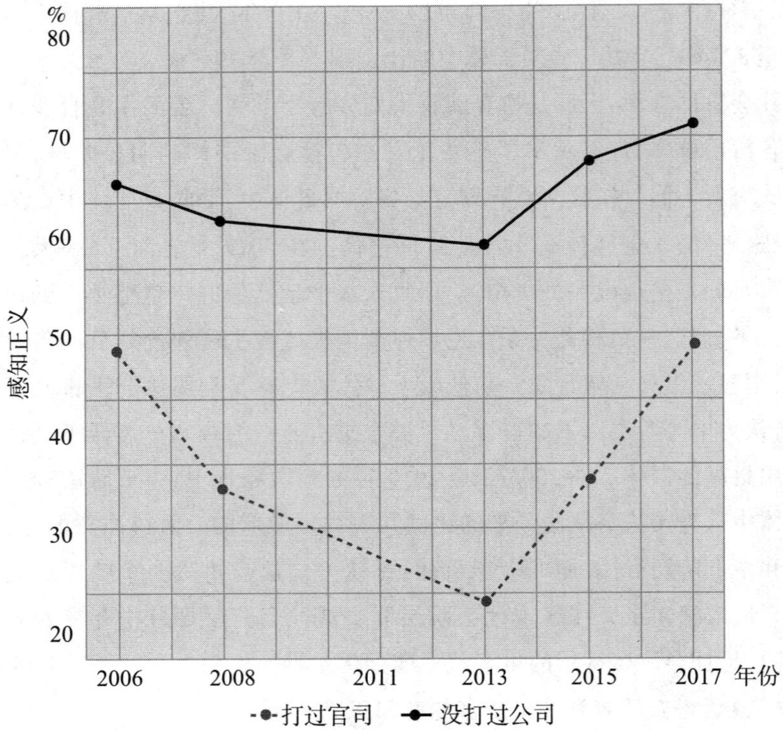


**图 3　诉讼经验与感知正义(2006 ~ 2017 年)**

## 四、诉讼经验影响感知正义的回归分析

### (一)回归分析模型和结果

上文就感知正义的总貌和趋势作了简单的描述分析。要进一步探究感知正义的变化机制及其影响因素,需要控制影响感知正义的诸多变量,进行更深入的回归分析。根据被解释变量定序的性质,我们采用有序 Logit 回归(ordered logistic regression model)。① 本文所采用有序 Logit 回归分析模型为

① Alan Agresti, *Categorical Data Analysis* (3rd ed.), Wiley, 2012.

等比发生比模型(proportional odds models)。模型设定为:

$$log\frac{P(Y\leqslant j|x)}{1-P(Y\leqslant j|x)}=\alpha_j+\beta' x, j=1,2,3$$

其中,

$$Y=\begin{cases}1,\text{感知正义}=\text{"非常不公平"}\\2,\text{感知正义}=\text{"不太公平"}\\3,\text{感知正义}=\text{"比较公平"}\\4,\text{感知正义}=\text{"非常公平"}\end{cases}$$

$x$ 表示一系列解释变量和控制变量的向量。

表 1 报告了回归结果。① 模型 1 仅纳入诉讼经验作为解释变量。为了控制性别、年龄、户籍、受教育程度等社会结构因素对感知正义的影响,我们将其纳入模型 2 中。考虑到家庭、社会保障以及地方治理能力的潜在影响,我们在模型 3 中纳入了互联网使用情况、婚姻状况、就业状态、养老保险、医疗保险、失业保险以及对地方政府依法办事、打击罪犯、惩治腐败方面表现的评价等变量。与此同时,为减少地域差异、地方发展水平带来的潜在影响,模型 4 中加入了 GDP 总量、GDP 增速、人口总量、城镇化水平等省级层面变量。上述四个模型都控制了年份固定效应和省份固定效应。

**表 1　感知正义与影响因素**

| 分类 | 因变量:感知正义 | | | |
|---|---|---|---|---|
| | (1) | (2) | (3) | (4) |
| 诉讼经验 | -1.198*** (0.070) | -1.168*** (0.072) | -0.792*** (0.088) | -0.830*** (0.083) |
| 男性 | | -0.051* (0.021) | -0.078*** (0.027) | -0.073*** (0.025) |
| 中年 | | 0.061* (0.026) | -0.019 (0.037) | -0.026 (0.035) |
| 老年 | | 0.217*** (0.036) | 0.071 (0.051) | 0.092 (0.047) |
| 农村 | | 0.295*** (0.024) | 0.163*** (0.030) | 0.169*** (0.028) |

① 等比发生比模型的重要前提就是等比发生比假设,即假设每对结果组之间的关系是相同的。为确保我们的分析满足这一重要假设,我对估计结果进行了布兰特检验(Brant test)。结果显示,绝大多数变量都通过了检验。为降低模型误用风险,我们在稳健性检验部分采用其他模型来估计结果。

续表

| 分类 | 因变量:感知正义 | | | |
|---|---|---|---|---|
| | (1) | (2) | (3) | (4) |
| 外地 | | −0.090***<br>(0.027) | −0.165***<br>(0.033) | −0.165***<br>(0.031) |
| 初中 | | −0.228***<br>(0.027) | −0.192***<br>(0.034) | −0.204***<br>(0.031) |
| 高中 | | −0.308***<br>(0.034) | −0.184***<br>(0.043) | −0.194***<br>(0.040) |
| 大学或以上 | | −0.344***<br>(0.041) | −0.233***<br>(0.054) | −0.231***<br>(0.051) |
| 共产党员 | | 0.171***<br>(0.037) | 0.116**<br>(0.044) | 0.104*<br>(0.042) |
| 中低收入 | | −0.043<br>(0.034) | 0.016<br>(0.042) | −0.005<br>(0.039) |
| 中等收入 | | −0.160***<br>(0.034) | −0.101*<br>(0.042) | −0.115**<br>(0.039) |
| 中高收入 | | −0.167***<br>(0.035) | −0.069<br>(0.043) | −0.098*<br>(0.041) |
| 高收入 | | −0.226***<br>(0.039) | −0.131**<br>(0.047) | −0.155***<br>(0.044) |
| 主观社会阶层:中下 | | 0.134***<br>(0.028) | 0.108**<br>(0.035) | 0.101**<br>(0.032) |
| 主观社会阶层:中 | | 0.356***<br>(0.028) | 0.257***<br>(0.034) | 0.243***<br>(0.032) |
| 主观社会阶层:中上 | | 0.420***<br>(0.051) | 0.327***<br>(0.062) | 0.290***<br>(0.059) |
| 主观社会阶层:上 | | 0.227<br>(0.161) | 0.302<br>(0.197) | 0.197<br>(0.185) |
| 互联网使用 | | | −0.239***<br>(0.036) | −0.251***<br>(0.034) |
| 已婚 | | | −0.304***<br>(0.049) | −0.279***<br>(0.046) |
| 有工作 | | | 0.023<br>(0.030) | 0.035<br>(0.028) |
| 养老保险 | | | 0.003<br>(0.029) | −0.004<br>(0.028) |

续表

| 分类 | 因变量:感知正义 | | | |
| --- | --- | --- | --- | --- |
| | (1) | (2) | (3) | (4) |
| 医疗保险 | | | 0.121** (0.038) | 0.103** (0.036) |
| 失业保险 | | | -0.080 (0.047) | -0.080 (0.045) |
| 社会治安问题 | | | 0.029 (0.053) | 0.017 (0.050) |
| 政府表现:依法办事 | | | 0.977*** (0.024) | 0.976*** (0.023) |
| 政府表现:打击罪犯 | | | 0.274*** (0.021) | 0.292*** (0.020) |
| 政府表现:惩治腐败 | | | 0.311*** (0.021) | 0.291*** (0.020) |
| 固定效应:省级 | 是 | 是 | 是 | 是 |
| 固定效应:年份 | 是 | 是 | 是 | 是 |
| 省级层面控制变量 | 否 | 否 | 否 | 是 |
| Observations | 37,667 | 35,437 | 21,911 | 21,845 |

注:$*p<0.05$;$**p<0.01$;$***p<0.001$。由于2006年的问卷未设计评价互联网使用情况及政府打击罪犯和惩治腐败的问题,故模型3和模型4的分析数据为2008年、2013年、2015年和2017年。

**(二)诉讼经验对感知正义的影响**

表1的统计结果显示,诉讼经验对民众感知正义产生负向效应。在四种模型设定中,诉讼经验的系数均为负数,且都在0.1%显著性水平上显著。同时,这种负向效应的影响幅度较大。例如,在模型3中,诉讼经验的系数值为-0.792。这意味着,在给定其他条件相同的情况下,有诉讼经验的受访者提升一个等级公平感的发生比要比无诉讼经验的受访者低54.7%[1-exp(-0.792)]。与此同时,控制了人口特征、政府表现评价等一系列变量后,该变量系数值的大小均无明显差异,这表明诉讼经验和感知正义间存在稳健的关系。上述数据初步显示,诉讼的实际体验未完全达到同期多数老百姓对司法和执法公平正义的期待,这一推论得到部分小样本实证研究的支持。①

为了进一步探究诉讼经验对感知正义的影响,我们通过拆分样本集的方

① See He Xin and Feng Jing, *Unfamiliarity and Procedural Justice, Litigants' Attitudes toward Civil Justice in Southern China*, Law & Society Review, Vol. 55:1, p. 104 (2021).

式再对其进行回归分析。前文提到，在数据调查期间，中国法治领域经历了巨大的改革。特别是自 2013 年以来，中国在法治领域出台了一系列重要改革举措，而这些改革举措可能会给诉讼者的感受和经历带来变化。对此，我们拆分总样本，分别对每次调查数据进行有序 Logit 回归分析。利用表 1 中模型 4 的设定，我们将估计得到的诉讼经验系数呈现在图 4 中。图 4 中 X 轴表示调查年份，Y 轴表示系数值。从 2006 年至 2017 年，诉讼经验系数呈现出"U"形变化趋势。在 2006 年，给定其他条件相同的前提下，有诉讼经验的受访者比无诉讼经济的受访者倾向司法与执法公平的发生比要低 40.4%。从 2006 年至 2013 年，诉讼经验的负向效应不断扩大。2013 年，该发生比在有诉讼经验的受访者中要比无诉讼经验者低 65.2%。自 2013 年起，这种扩大趋势被扭转，诉讼经验的负向效应不断缩小。到 2017 年，有诉讼经验者和无诉讼经验者之间的公平感发生比差值缩小了 22.0%。诉讼经验负向效应的转折和缩小时点，恰与中国的法治改革时间点契合。自全面深化司法改革以来，立案、审判、司法规范性和透明度均有显著提升。而这些举措的改革和有效落实很可能缩小了诉讼经验对于当事人司法与执法公平感的负面影响。换言之，上述发现在一定程度上表明，司法体验正在改善，越来越符合人民群众的期待。

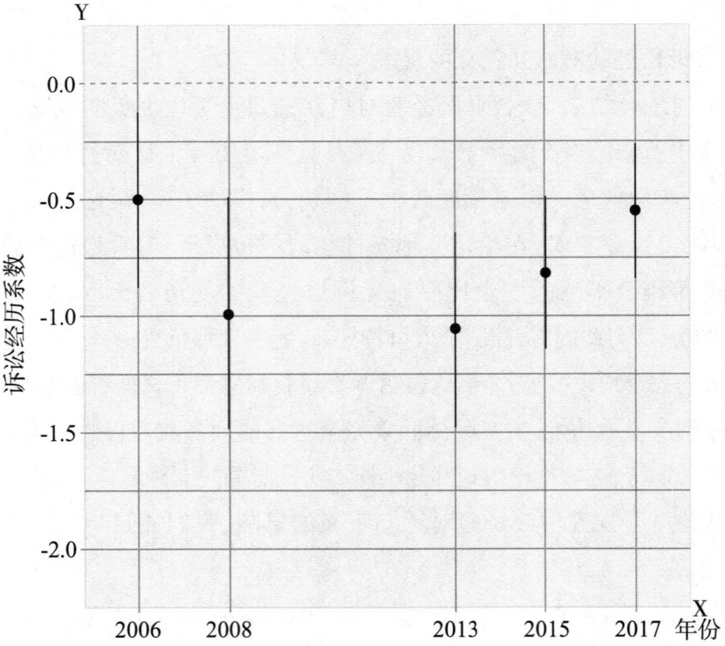


**图 4　诉讼经验系数变化（2006 ~ 2017 年）**

值得注意的是，受访者对地方政府治理能力和法治水平的评价与其感知正义高度相关，有较强影响。如表 1 所示，受访者对地方政府依法办事、打击罪犯和惩治腐败的评价均对感知正义产生显著的正向效应。其中，依法办事表现评价的效应明显高于另外两方面表现所产生的效应。政府在打击罪犯和惩治腐败两方面表现的效应非常接近。在模型 4 中，受访者对地方政府依法办事评价每提升 1 级，司法与执法公平感属于高组的发生比就会增加 165.4%；打击罪犯和惩治腐败的表现评价每提升 1 级，司法与执法公平感属于高组的发生比则分别会增加 33.9% 和 33.8%。这一结果表明，地方政府表现与司法机关并非割裂：一方面，地方政府在区域治理与勤政廉洁方面表现具有辐射作用，能够提升本地区居民对司法和执法公平正义的感知；另一方面，在普通民众的思想和感受中，司法和执法公平正义与地方治理法治化可能存在概念重叠和认知混同。

### （三）稳健性检验

为提高研究结论的稳健性，我们在概念测量、估计模型以及缺失值方面进行了调整。相较于四级有序变量的测量，用二分变量测量感知正义会损失部分信息，但考虑到样本中有诉讼经验的受访者比例较低的事实，我们对感知正义采用二分法来测量。如果受访者认为司法和执法公平比较公平或非常公平，则认为其认同司法与执法公平，赋值为 1。如受访者的回答为“不太公平”或“非常不公平”，则赋值为 0。考虑到因变量性质的变更和数据多层级的性质，我们采用混合效应 Logit 回归模型。① 之前问卷中不少受访者在回答政府表现相关问题时选择“不好说”，导致许多观察项因缺失值问题而被剔除。为提高问卷观察项的利用率，我们利用均值填补法处理政府表现相关变量的缺失问题。而后，我们再次利用表 1 中的四个模型设定来估计填补后的数据集。表 2 呈现了相应的估计结果。

① See Douglas Bates, Martin Mächler, Ben Bolker, & Steve Walker, *Fitting Linear Mixed-Effects Models Using Lme*4, Journal of Statistical Software, Vol. 67, p. 1 (2015).

**表 2　诉讼经验与感知正义:混合效应 Logit 回归**

| 分类 | 因变量:感知正义 | | | |
| --- | --- | --- | --- | --- |
| | (1) | (2) | (3) | (4) |
| 诉讼经验 | -0.257*** (0.017) | -0.245*** (0.017) | -0.150*** (0.016) | -0.150*** (0.016) |
| 个体层面控制变量 | 否 | 是 | 是 | 是 |
| 省级层面控制变量 | 否 | 否 | 否 | 是 |
| 随机效应:省级 | 是 | 是 | 是 | 是 |
| 随机效应:年份 | 是 | 是 | 是 | 是 |
| 观察项 | 37,667 | 35,437 | 34,382 | 34,382 |
| Log Likelihood | -25,162.620 | -23,375.070 | -20,122.310 | -20,127.970 |
| Akaike Inf. Crit. | 50,333.230 | 46,798.140 | 40,310.620 | 40,329.930 |
| Bayesian Inf. Crit. | 50,367.380 | 47,001.550 | 40,589.310 | 40,642.410 |

注:$*p<0.05$;$**p<0.01$;$***p<0.001$。受限于篇幅,此处略去部分变量。

与表 1 中的结果一样,诉讼经验在四种模型中的系数均为负数,且都在 0.1% 显著性水平上显著。这表明诉讼经验与感知正义的关系并未受到概念测量、模型变更以及缺失值问题的影响,再次证明诉讼经验会降低受访者对司法正义的感知。从模型 4 的结果来看,诉讼经验的系数为 -0.15。这意味着有诉讼经验的受访者相比于无诉讼经验的受访者,前者认同司法公平正义的概率比后者低 14.0% [1 - exp( -0.150)]。以上结果表明,诉讼经验对于感知作用的负向效应是稳健的。

同样,我们将模型替换成混合效应 Logit 回归模型并利用填补后的数据集对单年数据进行拟合。表 3 报告了五个年度诉讼经验对感知正义的效应结果表。从表中可以看到,所有诉讼经验系数均为负,且都通过 5% 水平的显著性检验。系数值方面,从 2006 年至 2017 年,诉讼经验的系数值依旧呈现出先减后增的"U"形趋势。从 2006 年至 2013 年,诉讼经验对感知正义的负向效应不断扩大。自 2013 年以后,尽管诉讼经验的效应并未由负转正,但负向效应不断缩小,与之前图 3 的发现一致。这表明之前有关诉讼经验负向效应缩小的结论亦是稳健的。

**表3　诉讼经验系数变化：混合效应 Logit 回归**

| 分类 | 因变量：感知正义 | | | | |
|---|---|---|---|---|---|
| | 2006 年 | 2008 年 | 2013 年 | 2015 年 | 2017 年 |
| 诉讼经验 | -0.081*<br>(0.040) | -0.137**<br>(0.049) | -0.199***<br>(0.043) | -0.181***<br>(0.032) | -0.142***<br>(0.029) |
| 个体层面控制变量 | 是 | 是 | 是 | 是 | 是 |
| 省级层面控制变量 | 是 | 是 | 是 | 是 | 是 |
| 省级随机效应 | 是 | 是 | 是 | 是 | 是 |
| 观察项 | 5382 | 5718 | 7221 | 7907 | 8154 |
| Log Likelihood | -3348.545 | -3336.873 | -4335.438 | -4595.782 | -4718.467 |
| Akaike Inf. Crit. | 6767.089 | 6747.746 | 8744.877 | 9265.565 | 9510.934 |
| Bayesian Inf. Crit. | 6997.768 | 6993.847 | 8999.612 | 9523.658 | 9770.166 |

注：* $p<0.05$；** $p<0.01$；*** $p<0.001$。

## 五、诉讼经验影响感知正义的机制探析

统计分析结果表明，在2006年至2019年，诉讼经验对中国民众感知正义的影响呈现出几个主要特点：一是无论有无诉讼经验，宏观上均呈“U”形变化趋势，即2006年至2013年缓慢下降，2013年后迅速攀升；二是诉讼经验对感知正义产生负向效应，但是负向效应在2013年后持续减弱，这一变化趋势与不同社会群体间差异幅度的变化趋势呈现一致性。本部分尝试探究上述变化态势背后的机制。需要指出的是，本部分主要是从理论层面对统计结果进行拓展分析，相关结论尚需通过进一步的实证研究加以验证。

### （一）国家法律观的影响

在我国民众法治理念形成过程中，国家法律观无疑居于主导地位，是塑造感知正义的主要驱动力。如前文所述，国家法律观主要通过制度改革①和舆论

① See Tamir Moustafa, *Law and Courts in Authoritarian Regimes*, Annual Review of Law and Social Science, Vol. 10, p. 281 (2014); Tom Ginsburg & Tamir Moustafa, *Rule by Law, The Politics of Courts in Authoritarian Regimes*, Cambridge University Press, 2008.

宣传[①]两个途径影响民众法律意识。相对应地,感知正义宏观变化趋势的影响机制亦可以从“制度论”和“宣传论”两条理论进路加以解释。一个基本的认识是,感知正义的变化趋势受到制度改革和舆论宣传的双重驱动,两种理论相辅相成。制度改革需依托舆论宣传进入公众视野,改变民众认知;而涉法舆论宣传则是对法治现状和制度变革的描摹和引申,不能脱离制度现实。需要进一步讨论的是制度改革和舆论宣传在驱动感知正义发展变化的主次关系和作用力大小。

传统理论认为,民众法律意识主要由舆论宣传塑造,民众对司法和执法的认知来自具有方向性、目的性的媒体引导。[②] 不可否认,相较于制度变革,舆论宣传对于民众感知正义的影响更为直观。过去十余年间,乃至于更长一段时间内,社会多数人没有直接接触司法制度的机会,舆论宣传一直是群众了解司法的主要途径。从前文表 1 分析结果可以看出,互联网作为舆论宣传的主要阵地,对于高频次使用者的感知正义产生了显著的、较大幅度的负面影响。这从实证层面印证了舆论宣传对于感知司法正义产生的有力影响。与部分学者所主张的舆论宣传的“赋魅效应”相反,[③]网络舆论的影响是一种“反向赋魅”,即在很大程度上降低了公众对于司法和执法公平正义的评价和期待。造成这一现象的原因是多样的,包括但不限于:“消极偏见”效应下负面新闻更容易吸引公众注意;“公知”等部分自媒体及网络水军舆论引导;网络发声群体的幸存者偏差,等等。同时,尽管网络言论治理的步伐从未停歇,但从网络媒体传播的客观规律出发,关于司法和执法的错误信息(misinformation)和虚假信息(disinformation)很难完全阻断,不可避免地对网络用户产生影响。[④]

在肯定舆论宣传之影响力的同时,我们的统计分析结果还表明,传统理论可能在一定程度上过高估计了舆论宣传对当代中国民众感知正义的影响,忽

---

① See David Garland, *Punishment and Culture, the Symbolic Dimensions of Criminal Justice*, Studies in Law, Politics and Society, Vol. 11, p. 195 (1991).

② See Benjamin L. Liebman, *Watchdog or Demagogue? The Media in the Chinese Legal System*, Columbia Law Review, Vol. 105, p. 1 (2005).

③ 此处赋魅效应特指通过舆论宣传赋予民众对司法不切实际的期待。See Mary E. Gallagher, *Mobilizing the Law in China, "Informed Disenchantment" and the Development of Legal Consciousness*, Law & Society Review, Vol. 40:4, p. 783 - 816 (2006).

④ See Hamid Keshavarz, *How Credible is Information on the Web, Reflections on Misinformation and Disinformation*, Infopreneurship Journal, Vol. 1:2, p. 1 - 17 (2014).

视了制度改革的作用。我们更倾向于认为,制度改革才是驱动感知正义变化的基石力量。以2013年为拐点的感知正义“U”形变化趋势与我国法治改革进程高度重合。自2014年确立“全面推进依法治国”政策以来,以员额制、法官责任制为代表的一系列司法制度改革全面深化。[①] 始于2016年的法治信息化浪潮将大数据、人工智能等信息技术与侦查、检察、审判、执行、行政执法、法律服务、司法行政等各领域司法执法工作广泛结合,进一步提高了司法体系和司法能力现代化水平。在很大程度上,制度变革的进程与感知正义的变化趋势是基本吻合的。脱离制度改革之根基,仅靠舆论宣传不太可能造就感知正义的“U”形变化趋势。

有诉讼经验受访者的感知正义变化趋势进一步支撑了制度改革的基石作用。有诉讼经验者和无诉讼经验者的感知正义均以2013年为拐点,呈现先降后升之变化趋势。但二者相较之下,有诉讼经验者感知正义曲线的变化幅度要大得多。由于亲身体验过司法,这些受访者对于司法制度有更为直观的感受,对于司法公平正义更容易形成基于个人体验的客观判断,而不易受到舆论宣传的左右。该群体感知正义的变化趋势说明,2014年以来“全面推进依法治国”之大政方针及一系列司法和执法制度改革并非仅是空洞的宣传,而是实际改变了诉讼体验。同时,虽然无诉讼经验者对于司法公平正义的评价普遍高于有诉讼经验者,但两个群体感知正义的宏观变化趋势基本一致。这进一步说明,舆论宣传总体上与制度改革保持一致的步调,没有诉讼经验的普通民众虽然更容易受到舆论宣传的影响,但其正义感知并未脱离制度现实。

此外,地方政府依法办事、打击罪犯、惩治腐败的表现对民众感知正义产生强烈正向效应,体现了法治宣传和制度改革的“辐射效应”。[②] 多数民众专业法律知识有限,也没有诉讼经验,其法律意识很难说是纯粹源于司法制度的映射。在其思维认知中,更多的是将公安、检察院、法院等司法机关与政府模糊为一个整体,将对政府法治表现的感知迁移到对司法公正的感知上。在一定程度上,民众可能混淆了政府依法之治和司法公平正义的内涵。但在中国社

---

① 关于过去十年司法改革的具体内容,参见最高人民法院审判管理办公室编:《中国法院的司法改革(2013—2022)》,人民法院出版社2023年版。

② See Marc Galanter, *The Radiating Effects of Courts*, in Keith Boyum & Lynn Mather (eds.), *From Empirical Theories about Courts*, Quid Pro Books, 1983, p. 117.

会语境下,不应将这种认知迁移理解为单纯的认知错误。一方面,政法不分家是中国社会从古至今的传统。在老百姓的认知中,司法机关亦属于广义的“政府”,而司法者兼具法律专业人员和政府公职人员的双重身份。无论是打击犯罪还是惩治腐败,甚至各项基层社会治理工作,司法机关都有深度参与,司法与地方政府并不存在真正意义上的割裂。① 另一方面,司法公平正义与地方政府法治水平密不可分。司法人员在地方行政架构和人际网络中的高度嵌入性,决定了部分司法裁判不可避免地受到地方保护和行政干预的不当影响,这也是跨行政区划设置法院被列入下一阶段司法改革议程的原因。② 从个案审判的角度看,法官有理由在法律因素外,将地方治理需求纳入,从而在裁判中做到政治效果、社会效果、法律效果的统一。从这个意义上说,要让人民群众充分感受到司法公平正义,不仅是司法机关的任务,更要全面提升地方法治化治理水平。

**(二)场景法律观的影响**

如果说国家法律观是全社会的共识,那么场景法律观则更多地表现为不同社会群体对公平正义的差异化认识。前文回归分析表明,场景法律观是塑造民众感知正义的重要因素,不同性别、年龄、地域、受教育程度、社会阶层的群体在感知正义上存在显著差异。具体来说,就对司法公平正义的评价而言,女性受访者高于男性受访者,老年受访者高于青年受访者,农村受访者高于城镇受访者,本地居民高于外地移民,低学历人群高于高学历人群,社会中间阶层(自我评价为中低、中等和中上阶层的受访者)高于处于两端的阶层(自我评价为社会底层和上层阶级的受访者),无论是否经历诉讼均是如此。

出现上述群体差异并不令人意外,基于社会结构产生的群体认知差异普遍存在于各个领域。就感知正义而言,导致群体差异产生的原因一般包括以下三个方面:一是不同群体社会经验和生活环境的差异,致使不同群体对于司法和执法的感受和期待亦有所不同。例如,老年人的评价更高,可能是因为其经历了我国司法制度漫长的发展变迁历史,对法治进步有更加深刻的体会。同时,相对年轻人而言,老年人表达观点时更加保守、谨慎,更少作出负面评价。二是不同地区司法存在原生差异。例如,实证研究表明,不同地区司法机

① 参见左卫民:《中国法院院长角色的实证研究》,载《中国法学》2014年第1期。

② 参见程琥:《习近平法治思想中的构建新型诉讼格局理论》,载《中国法学》2022年第5期。

关在审判中对于民意回应方式有明显差异,对违法犯罪的打击力度和裁量标准也有所不同,故而不同地区民众对于司法公平正义的感受自然也有所不同。[①] 三是不同人群对司法公平正义的理解和要求并不一致。例如,高学历人群往往对于司法公平正义有更高的要求,从而导致其对司法与执法公平现状的评价下降。

更加值得关注的是,场景法律观影响力的变化态势。自 2013 年以来,无论是以性别、年龄、地域,还是以受教育程度、社会阶层来划分群体,感知正义的群体差异均呈现明显的缩小态势。换言之,社会结构对于感知正义的影响自 2013 年以来持续衰退,不同群体对于司法和执法公平正义的评价趋向一致。以变化最为明显的城乡差异为例。2013 年,农村居民认为司法和执法公平的比例为 67.1%,城镇居民的比例仅为 52%,两者差值高达 15.1%。2019 年,农村居民认为司法和执法公平的比例为 80.4%,城镇居民的比例为 78.7%,两者差值仅为 1.7%。在短短 6 年间,感知正义的城乡差距近乎被抹平。造成这一现象的原因是多元的。仍以城乡差异为例。长期以来,城镇和乡村的司法制度存在两套截然不同的逻辑——前者主要服务于经济发展和城市化进程,强调对规则之治的保障,司法职业形象往往抽离于市民生活;而后者主要以化解熟人矛盾、维护乡土秩序、促进乡村振兴为导向,本土化色彩更为浓厚,司法者与乡土社会的结合也更加紧密。[②] 这使乡村居民比城镇居民对于司法机关更容易建立信任。然而,近年来,农村和城镇人口的大范围流动,加之信息传播渠道的多元化,消弭了不同群体之间因信息差异而导致的司法公平认知差异。特别是互联网的普及和智能手机的出现,使不同阶层背景的民众能够在网络上交换信息与观点,进而形成相似的认知。同时,随着城市化进程加速,越来越多的农村居民进入城镇,接受城镇的生活,其中很重要一点就是形成法治认同的共识。究其本质,随着我国社会城市化、现代化和信息化发展,根植于传统文化场域和熟人社会中的场景法律观逐渐被自上而下贯彻的国家法律观所取代,全社会法治共识正在萌芽。

① 参见吴雨豪、刘庄:《民意如何影响量刑?——以醉酒型危险驾驶罪为切入》,载《中国法律评论》2023 年第 1 期;王剑波:《我国受贿罪量刑地区差异问题实证研究》,载《中国法学》2016 年第 4 期。

② 参见陈柏峰:《促进乡村振兴的基层法治框架和维度》,载《法律科学(西北政法大学学报)》2022 年第 1 期。

**(三)个人诉讼体验的影响**

要理解诉讼经验影响感知正义的机制,除了从国家法律观、场景法律观等外部视角切入外,亦不能忽视内部视角,即个人诉讼体验的影响。前文分析结果表明,在其他条件给定的情况下,有诉讼经验者对司法公平正义的评价显著低于无诉讼经验者,诉讼经验对于感知正义产生了较强的负向效应。该效应很大程度上受到个人诉讼体验的影响。

针对诉讼经验的负向效应,“知情祛魅”(informed disenchantment)理论提供了一条传统解释路径。① 该理论认为,当事人进入诉讼前,对于司法的认识主要源于舆论宣传和主观臆测,对于诉讼的过程和结果容易产生不切实际的过高期待;经历诉讼后,当事人因了解真实的司法而失去过高期待,回归对司法的理性认识。由此,当事人由盲目期待司法的“赋魅”状态,在亲身经历诉讼而“知情”后,转向回归理性的“祛魅”状态。理想和现实的落差往往伴随着对司法公平正义之评价的降低。

不可否认,“知情祛魅”理论有其解释力,理想与现实的沟壑客观存在。但该理论也存在明显局限性。其一,在信息时代,不知情产生的信息差正在迅速缩小。过去,多数诉讼当事人即便学了法律,也很难掌握司法政策、法律思维和审判中的“潜规则”,在参与诉讼时很容易产生失望和落差感。今天,法律信息的获取渠道越发多元化、平民化,当事人很容易在各类网络社区、公共平台检索、学习所需法律知识。“不知情”的情况越来越少,“祛魅”效果被淡化。其二,网络媒介的普及使单向“赋魅”更加困难。网络媒介难以有效控制,立场不同、价值背离的舆论宣传同时存在。② 我们的统计分析表明,经常上网会导致对司法公平正义的评价降低。这意味着相比于正面法治宣传,网民群体更容易受到负面网络舆论的影响。可见,舆论宣传的“赋魅”效应在互联网时代被进一步地削弱,甚至产生反向“赋魅”的效果。

诉讼经验影响力的变化也体现出“知情祛魅”理论的局限性。从影响力幅度看,诉讼经验对当事人感知正义的负面影响在 2013 年达到巅峰,此后影响力

---

① See Mary E. Gallagher, *Mobilizing the Law in China*, “*Informed Disenchantment*” *and the Development of Legal Consciousness*, Law & Society Review, Vol. 40:4, p. 783 – 816 (2006);公丕潜:《论“知情祛魅”逻辑下司法公开制度的审慎检视与理性重构》,载《哈尔滨师范大学社会科学学报》2015 年第 6 期。

② 参见朱斌、苗大雷、李路路:《网络媒介与主观公平感:悖论及解释》,载《中国人民大学学报》2018 年第 6 期。

持续削弱,在 2019 年仅为巅峰时的 2/3;从时间维度上看,无诉讼经验者感知正义的变化曲线相对平缓,而有诉讼经验者的曲线则以 2013 年为分界点先跌落谷底再迅速攀升,呈现明显的"U"形。这表明,"知情祛魅"的情况即便依旧存在,在 2013 年之后也越来越少。在过去十余年间,我国司法制度处于高速发展、持续变革的状态,信息渠道更丰富、接触信息量更大的民众变得相对"成熟"了,对于司法的认知亦不断深化,其对司法公平正义的感知正在与自身的诉讼经验逐渐脱钩。这一点从不同社会群体感知正义变化的总体态势上得到侧面支持。

除了"知情祛魅"理论外,一个值得进一步实证检验的解释路径是分配正义与程序正义的交叉影响。从分配正义的角度看,司法裁判的本质是价值判断与利益分配,"两造对立"的诉讼结构决定了裁判结果必然导致一方获利而另一方受损,继而产生对司法截然不同的感受。相关实证研究更加直观地表明,当事人对于司法公正与否的评价很大程度上取决于诉讼结果——我方获利即认为司法公正,我方受损则归咎于司法不公。① 在民事诉讼中,获利一方当事人的占比趋近于 50%,而在刑事诉讼和行政诉讼中,自然人获利的比例更低。这就意味着在有诉讼经历的受访者中,可能有一半以上的人因为遭受损失而倾向于认为司法不公正。这一推论在数据上有所体现:对于有诉讼经验者而言,受访者认为司法公平正义的比例从未过半,其最高点(2006 年和 2017 年)堪堪接近 50%,而最低点(2013 年)仅为 23.1%。

从程序正义的角度看,尽管中国民众有"重实体、轻程序"的传统,但包括程序控制(process control)、无偏私性(neutrality)、当事人参与(participation)、人格尊严(dignity)、透明度(transparency)在内的程序正义要素对于当事人主观感受的影响是很难否定的,只是不同要素的影响程度有所不同。② 从数据上看,一方面,有诉讼经验者认可司法公平正义的比例在 2013 年前后一度跌到 23.1%,这意味有相当一部分当事人即便是胜诉了也没有感受到司法公平正义。结果决定论很难解释这一现象,只能归结于程序价值的影响。另一方面,当事人感受到公平正义的比例在 2017 年回归到 50% 附近,考虑到获利自然人

① See He Xin & Feng Jing, *Unfamiliarity and Procedural Justice: Litigants' Attitudes Toward Civil Justice in Southern China*, Law & Society Review, Vol. 55:1, p. 104 (2021).

② 参见陈瑞华:《走向综合性程序价值理论——贝勒斯程序正义理论述评》,载《中国社会科学》1999 年第 6 期。

的比例实际上低于 50% ,可以由此合理推论存在败诉当事人仍然认可司法公平正义的情况,这显然也与程序正义有关。因此,尽管当事人诉讼经验的影响在很大程度上取决于诉讼结果,但诉讼过程的影响同样不容忽视。

## 结 语

本文从较为广泛的层面实证展示了中国民众感知正义的总貌和趋势,并重点分析了诉讼经验对感知正义的影响。基于 6 个时点、55, 075 个样本的数据分析表明,在 2006 年至 2019 年,中国民众对司法和执法公正总体持正面评价,但基于性别、年龄、户籍、受教育程度、社会阶层等社会结构因素分化的不同社会群体对于司法公平正义的认识有明显差异。总体来说,包括各社会群体在内的中国民众对司法公平正义的感知呈“U”形趋势,即 2006 年至 2013 年缓慢下降,2013 年后迅速攀升。个人诉讼经验对感知正义产生负向效应,但是该负向效应在 2013 年后呈缩小态势,表明司法的现状和社会公众的期待仍不匹配,但差距正在缩小。诉讼经验影响感知正义的机制是复杂、多元的,但主要驱动力来自国家法律观、场景法律观的宏观影响以及个人诉讼体验的微观影响。

受限于研究数据的样本量和颗粒度,本文仅就中国民众感知正义的宏观变化趋势及诉讼经验的潜在影响机制展开初步探索,一些有价值的发现值得更深入的研究。例如,不同社会阶层对司法公平正义的认识有何差异?不同社会群体又是如何理解和看待司法公平正义的?当事人如何认识诉讼过程、裁判结果与司法公平正义的关系?程序正义的各项要素具体如何影响感知正义?裁判的执行对于感知正义又有什么影响?如何具体评价近年来一系列司法体制机制改革对于民众感知正义的影响?等等。本文抛砖引玉,旨在为感知正义的进一步研究提供一幅蓝图。“让人民群众感受到公平正义”任重道远,要持续提升人民群众感知正义,尚需针对上述问题展开切口更小、更加深入的实证研究。

# “基层一支队伍管执法”：制度逻辑、实践探索与规范路径*

金晓伟**

**内容摘要：**在深化综合行政执法改革的现实背景下，基于行政执法权力集中和重心下移双重逻辑的“基层一支队伍管执法”已经成为各地改革探索的关键一环。基于行政执法体制改革与乡镇（街道）体制改革的结构性交汇，“基层一支队伍管执法”的制度逻辑对应了基层综合行政执法改革的政策演进与独特脉络。浙江“大综合一体化”行政执法改革的实践表明，“基层一支队伍管执法”的逐步实现需要妥善解决“形”“权”“人”“能”四大改革问题。随着“基层一支队伍管执法”的实践展开，当务之急是要构建一条科学合理的规范路径，借助新《行政处罚法》第24条的实施、释义和相关评估，逐一厘定乡镇（街道）执法权配置的基本条件、决定主体（程序）和事项标准。

**关键词：**乡镇街道　一支队伍管执法　综合执法　执法体制改革　行政处罚法

---

*　基金项目：国家社科基金重点项目“深化行政执法体制改革研究”（编号：20AZD030）；中共浙江省委政法委员会、浙江省法学会2023年度法学研究课题重点项目“基层治理现代化背景下浙江省基层‘一支队伍管执法’改革的实践进路与规范路径”（编号：2023NB23）。

**　金晓伟，法学博士，宁波大学法学院副教授，浙江省“八八战略”创新发展研究院副研究员。

## 一、问题提出与文献回顾

随着近年来综合行政执法改革的深化,“基层一支队伍管执法”的探索实践代表了完善基层综合执法体制机制的最新动态。各地在改革推进过程中,对于“一支队伍管执法”的理解比较宽泛。例如,市级层面“一个部门一支队伍”、县级层面“一个领域一支队伍管执法”、市辖区层面“一个街道一支队伍管执法”、镇级层面“一个区域一支队伍管执法”。[①] 何为“基层一支队伍管执法”?中共中央办公厅、国务院办公厅印发的《关于推进基层整合审批服务执法力量的实施意见》(以下简称〔2019〕中央5号文件)指出,“整合现有站所、分局执法力量和资源,组建统一的综合行政执法机构,按照有关法律规定相对集中行使行政处罚权,以乡镇和街道名义开展执法工作,并接受有关县级主管部门的业务指导和监督,逐步实现基层一支队伍管执法”。根据文件精神,“基层”主要指乡镇人民政府和街道办事处[以下简称乡镇(街道)],“基层一支队伍管执法”也可表述为“乡镇(街道)一支队伍管执法”,其形式标志在于组建统一的乡镇(街道)综合行政执法机构,以乡镇(街道)自己的名义开展执法工作。此后,各地纷纷启动相关实践探索,过程中也伴随着合法性、可行性、有效性等不同方面的讨论和质疑。

“基层一支队伍管执法”是我国综合行政执法改革于基层布局的一种经典实践,投射到学术研究领域,大致扩散出宏观、中观、微观三个层次的研究视角。一是宏观视角,在研究推进依法行政特别是深化行政执法体制改革的总体框架下探讨综合行政执法改革的法理与实践,与“基层一支队伍管执法”相关的议题处于附带性研究地位。有学者梳理了当前以行政执法权重心下移为主题的文献,指出学界大多将该研究包裹在行政执法体制改革这一大的题域之中附带进行讨论。[②] 二是中观视角,将基层执法置于基层治理的场域展开经验研究,分析基层执法的相关理论和多种实践样态。其中,涵盖“基层

---

① 参见吴陈钢、陈启泷:《关于完善综合行政执法体制改革的思考——以东部某市为例》,载《机构与行政》2021年第1期。

② 参见卢护锋:《行政执法权重心下移的制度逻辑及其理论展开》,载《行政法学研究》2020年第5期。

一支队伍管执法”等综合执法活动的执法合作协同模式被认为是一种虽然与正式制度存在张力但具有实际效能的执法方式。① 还有学者实证指出源于地方治理实践的执法协同模式和基于执法体制改革的综合执法模式均为破解基层执法碎片化困境的理想实践样态。② 三是微观视角，直接聚焦综合行政执法改革进行专门性研究，可细分为市场监管等各个专业领域的综合行政执法改革、跨部门跨领域的综合行政执法改革和基层综合行政执法改革三条具体脉络。其中，“基层一支队伍管执法”是基层综合行政执法改革研究的分析对象，同时也不可避免地涉及专业领域、跨部门跨领域综合行政执法改革方面的关联性研究。例如，有学者以基层行政执法体制改革为视角，分别论证了乡镇（街道）行政执法主体资格问题，其中关于联合执法、综合执法、“吹哨报到”、“接诉即办”等实践探索的观察研究兼及专业领域、跨部门跨领域综合行政执法改革方面的思索。③

可以说，围绕宏观、中观、微观三个层次的理论视角大致覆盖了综合行政执法改革的研究面向，但对于“基层一支队伍管执法”而言，基于宏观视角的整体性研究较为抽象，没有展开针对性分析，基于中观视角的基层执法经验研究解释性有余而功能性不足，未能提供实操层面的规范指引。相较而言，基于微观视角的专门性研究更加契合改革实践需求，同时弥补了宏观、中观视角的缺憾，但相关研究尚需进一步推进。一方面，2021 年修订施行的《中华人民共和国行政处罚法》（以下简称新《行政处罚法》）明确规定建立综合行政执法制度（第 18 条）和下放行政处罚权的条件和情形（第 24 条），相关前期研究有待系统更新。④ 另一方面，新《行政处罚法》只是规定乡镇（街道）间接具有行政执法（处罚）权，⑤即便 2022 年《中华人民共和国地方各级人民代表大会和地方各级人民政府组织法》（以下简称《地方组织法》）的修订回应了

---

① 参见陈柏峰：《基层执法能力建设的中国经验——以第三世界国家为参照》，载《法学评论》2023 年第 2 期。

② 参见印子：《突破执法合作困境的治理模式辨析——基于“三非两违”治理经验样本的分析》，载《法商研究》2020 年第 2 期。

③ 参见金国坤：《基层行政执法体制改革与〈行政处罚法〉的修改》，载《行政法学研究》2020 年第 2 期。

④ 可以预见，未来《行政许可法》《行政强制法》等相关法律也会作类似修改，进一步完善“基层一支队伍管执法”的法律支撑。

⑤ 参见胡建淼：《行政处罚法修订带来行政执法的新考验》，载《学习时报》2021 年 3 月 3 日，A2 版。

乡镇(街道)行政执法职权(责)问题,但行政执法权的内容和事项是部分而非全面下移。透过"基层一支队伍管执法"的制度梳理和实践观察,乡镇(街道)执法权的优化配置当属规范推进改革实践的核心议题,本文的研究循此展开。

## 二、"基层一支队伍管执法"的制度逻辑

### (一)制度背景:行政执法体制改革与乡镇(街道)体制改革的结构性交会

回溯改革开放初期,因应经济和社会发展需要,行政管理的具体领域不断拓展,一大批法律法规相继颁布实施。行政执法领域相应拓宽,一批又一批执法队伍建立起来,呈现出"因事立法、因法设权、因权建队"的普遍现象。① 有学者将这段时期(1978～1996年)的行政执法体制改革概括为"行政执法机构初步设置与分散赋权"阶段。② 这一时期,行政执法机构设置和权限配置主要呈现为纵向上的"自上而下"和横向上的"分散交叉"两大显著特征,前者产生了"悬浮执法""运动式执法"等问题,后者出现了"多头执法""交叉执法""重复执法"等问题。

在基层治理的场域,行政执法机构设置和权限配置的传统模式遭遇了进一步的困境。结合《中华人民共和国宪法》(以下简称《宪法》)第107条和《地方组织法》的规定,一种颇具代表性的观点认为,"县级政府是职能部门设置最完整的最为基层的政府,是直面群众协调处理基层重大事项、重大问题的'一线指挥'"。③ 问题在于,完整的县级政府职能部门设置不可避免地形成了"条块分割"的局面,而传统的乡镇(街道)体制致使矛盾问题更加复杂和突出。在乡镇体制下,大量县级政府职能部门的派出机构行使着乡镇政府的权力,导致乡镇政府成为一级残缺的政府机构,难以充分行使其各项政治

① 参见程琥:《综合行政执法体制改革的价值冲突与整合》,载《行政法学研究》2021年第2期。

② 参见吕普生:《中国行政执法体制改革40年:演进、挑战及走向》,载《福建行政学院学报》2018年第6期。

③ 参见郁建兴:《辨析国家治理、地方治理、基层治理与社会治理》,载《光明日报》2019年8月30日,第11版。

职能和社会职能。[①] 在街道体制下，主要的资源和权力也基本由“条条”（部门）控制，县级政府职能部门大多在街道一级设有直属机构，这些机构往往从各自部门的角度出发，接受、完成所属部门下达的任务，而街道没有足够权力协调与他们的关系。[②] 与此同时，囿于传统行政执法权配置的合法性设计，乡镇（街道）自身在严格意义上也不具备完整且独立的执法主体资格和执法权限。然而，作为“真正的基层”，乡镇（街道）治理活动中的执法需求实际上却是最多的，因而时常陷入“看得见的管不着”的尴尬境地。加之自上而下、层层加码的“压力型体制”作用，乡镇（街道）的属地责任难以逃遁，“权小责大”的权责不对等现象凸显。[③] 可以说，“悬浮执法”“运动式执法”“多头执法”“交叉执法”“重复执法”等行政执法问题和基层治理中的“条块分割”“权小责大”等问题发生了结构性交会。[④] 从外部结构上看，两组问题背后隐藏的行政执法体制（改革）和乡镇（街道）体制（改革）同属于我国地方行政体制（改革）的范畴，[⑤]其中有诸多共通问题。当前者的研究视域移至乡镇（街道），既可以说是基层执法的问题，也可以理解为一个基层治理的问题，后者则为前者提供了一个更为具体的分析情境；相应地，当后者的研究视域聚焦于乡镇（街道）治理中的执法问题，就会涉及前者的问题，前者在反映综合行政执法需求的同时也为后者的治理效能探寻具体的改革出路。从内部结构上看，乡镇（街道）行政执法是推进乡镇（街道）治理的重要抓手，而乡镇（街道）治理涉及的大量管理职责也迫切需要通过行政执法来落实。总之，围绕两者的一系列问题共同指向了执法权力的横向集中与纵向下移，构成了“基层一支队伍管执法”相关制度生成的总体背景。

### （二）制度轨迹：基层综合行政执法改革的政策演进与独特脉络

在宽泛的意义上，为了克服传统体制弊端和基层执法困境，自1996年《行政处罚法》确立相对集中行政处罚权制度以来，综合行政执法作为具有中

---

① 参见陈剩勇、孟军：《20世纪以来中国乡镇体制的变革与启示》，载《浙江社会科学》2006年第4期。

② 参见陈家喜、刘军：《街道办事处：历史变迁与改革趋向》，载《城市问题》2002年第6期。

③ 参见骆梅英、黄柳建：《市场监管综合行政执法改革中的权限配置》，载《苏州大学学报（哲学社会科学版）》2021年第6期。

④ 参见金晓伟：《以地方立法推进综合行政执法改革》，载《法治日报》2021年12月15日，第5版。

⑤ 参见徐继敏：《地方行政体制改革：实践、问题与路径》，载《理论与改革》2012年第4期。

国特色的行政执法模式正式登上历史舞台。至今,对于期间20多年的改革历程和制度演进,学界通常采取的是线性分析进路,将综合行政执法改革划分为相对集中行政处罚权到相对集中行政执法权(1997~2002年)、相对集中行政执法权到相对综合行政执法(2002~2012年)、全面探索综合行政执法(2013年至今)等几个接续的历史阶段。

然而,这样的宽泛概括和线性分析进路遮蔽了整体改革趋势下的局部动向,未能深度阐释综合行政执法改革于乡镇(街道)布局("基层综合行政执法改革"①)的制度逻辑,以致"近年来的执法改革多以横向上的权力集中为主,较少聚焦执法重心层级变化"。② 事实上,"综合执法是为了在横向上整合政府职能和行政执法力量、减少多头执法,而近年来大力推进的乡镇(街道)执法,则是为了在纵向上理顺不同层级政府的事权和职能,减少执法层次",③两者的制度逻辑虽可统合但存在微妙区别。再者,根据2002年国务院《关于进一步推进相对集中行政处罚权工作的决定》,"行政处罚权相对集中后,有关部门如果仍然行使已被调整出的行政处罚权,所作出的行政处罚决定一律无效"。严格来说,这里的"一律无效"说明基于相对集中行政处罚权制度的权力配置是在处罚权力总量不变的情况下在相关主体之间的横向转移,表现为一方丧失的行政处罚权由另一方继受;而赋予乡镇(街道)行政处罚权是在原有主体不丧失行政处罚权力的前提下,另行赋予部分相关权力。④鉴于以上区别,需要转换常规思维范式,通过综合行政执法改革的整体演进历程,在关注横向改革之余兼顾纵向改革线索,揭示基层综合行政执法改革的独特脉络及其背后更深层次的制度逻辑。

相对集中行政处罚权试点工作之初,改革对于"基层"的关照主要限于市、县两级行政管理体制和执法体制,直接针对乡镇(街道)综合行政执法及其执法权配置的布局并不突出。不过,得益于行政法治建设,1996年《行政处罚法》第16条"国务院或者经国务院授权的省、自治区、直辖市人民政府可以

① 根据〔2019〕中央5号文件精神,对应乡镇(街道)治理层级的综合行政执法改革可以统称为"基层综合行政执法改革",与宽泛意义上的综合行政执法改革存在一定区分。

② 参见陈柏峰:《乡村基层执法的空间制约与机制再造》,载《法学研究》2020年第2期。

③ 应松年、张晓莹:《〈行政处罚法〉二十四年:回望与前瞻》,载《国家检察官学院学报》2020年第5期。

④ 参见曹海晶、吴汉东:《赋予乡镇(街道)行政处罚权的进路研究》,载《特区实践与理论》2021年第1期。

决定一个行政机关行使有关行政机关的行政处罚权"以及第 17 条、第 18 条、第 19 条关于"授权""委托""受委托组织"等一系列规定,为乡镇(街道)以自己名义执法或是组建综合执法机构开展执法活动预留了制度可能性,初步构筑了综合行政执法改革的纵向空间。① 当然,授权、委托抑或其他,不同承接方式体现了改革进程中的多重制度逻辑。②

党的十八大以来,在理顺"央地关系"的政策驱动下,地方政府纵向职责配置的空间得到进一步释放,③赋予乡镇(街道)执法权的改革布局逐渐清晰,基层综合行政执法改革也呈现一条独特脉络。2013 年 11 月,党的十八届三中全会提出"对吸纳人口多、经济实力强的镇,可赋予同人口和经济规模相适应的管理权"。2016 年 12 月,中共中央办公厅、国务院办公厅《关于深入推进经济发达镇行政管理体制改革的指导意见》提出,省(自治区、直辖市)政府可以将基层管理迫切需要且能够有效承接的一些县级管理权限包括行政处罚等赋予经济发达镇,明确镇政府为权力实施主体。可见,在新一轮面向基层的改革之初,改革的场域尚限定于人口多、经济实力强的镇。2018 年 2 月,《中共中央关于深化党和国家机构改革的决定》(以下简称《决定》)提出:"推动治理重心下移,尽可能把资源、服务、管理放到基层,使基层有人有权有物,保证基层事情基层办、基层权力给基层、基层事情有人办。"显然,这里的"基层"已经不局限于"经济发达镇"的场域,包括《决定》中有关"深化行政执法体制改革,统筹配置行政处罚职能和执法资源""减少执法层级,推动执

---

① 在《行政处罚法》全面修订之前,关于 1996 年《行政处罚法》第 16 条究竟能否支撑赋予乡镇(街道)执法权的合法性问题,学界有不同看法。肯定的代表性观点倾向于对第 16 条作扩大解释,认为乡镇(街道)都是"行政机关",具备行政执法主体资格。请参见金国坤:《基层行政执法体制改革与〈行政处罚法〉的修改》,载《行政法学研究》2020 年第 2 期。否定的代表性观点持狭义解释论,认为第 16 条中的"行政机关"只能是第 20 条中规定的县级以及地方人民政府具有行政处罚权的行政机关,不包括乡镇(街道)。请参见王敬波:《相对集中行政处罚权改革研究》,载《中国法学》2015 年第 4 期。

② 有学者认为,授权是真正意义上的执法权下放,而委托严格来讲不能被认定为执法权下放,只能被视作执法事项下移,因为执法权的资格主体仍然是原来的执法机构。请参见吕普生:《中国行政执法体制改革 40 年:演进、挑战及走向》,载《福建行政学院学报》2018 年第 6 期。还有学者认为执法权下沉到底的法律性质既非法律授权或行政委托,也不是级别管辖权的调整,而是执法事权的纵向再配置。请参阅叶必丰:《执法权下沉到底的法律回应》,载《法学评论》2021 年第 3 期。

③ 参见李利平、吕同舟:《省以下地方政府纵向职责配置的新趋势及配置模式探索——基于对五个领域综合行政执法改革的观察》,载《行政管理改革》2020 年第 11 期。

法力量下沉"等要求，都为改革进入乡镇（街道）场域提供了政策铺垫。直至开篇提及的〔2019〕中央 5 号文件，乡镇和街道的改革地位得到正式确认，"基层一支队伍管执法"也成为"积极推进基层综合行政执法改革"的具体实践方案。

概言之，"基层一支队伍管执法"的制度逻辑对应了基层综合行政执法改革的政策演进，即从推动行政执法权力及相关资源的横向集中，到回应基层综合行政执法需求的纵向配置，旨在激发乡镇（街道）在一线执法活动中的统筹协调、指挥和处置效能。这条独特的微观脉络起初隐藏于综合行政执法改革的宏观布局之中，随着治理（执法）重心的不断下移而逐渐显现，并为〔2019〕中央 5 号文件所确认。此后，无论是"加强基层治理体系和治理能力现代化建设"的意见要求，[①]还是党的二十大报告关于"完善基层综合执法体制机制"的重要部署，均可寻迹于此。

## 三、"基层一支队伍管执法"的实践探索：基于浙江改革的跟踪研究

近年来，全国多个地方通过出台地方性法规、决定、公告、指导意见等规范性文件实质性推动"基层一支队伍管执法"。然而，囿于诸多复杂因素，各地对"基层一支队伍管执法"的探索包括县级部门向乡镇（街道）"委托"执法、"派驻"执法或是赋予其"召集权""指挥调度权"的传统模式和明确赋予乡镇（街道）执法权的创新模式（以下简称赋权模式），没有严格限定于〔2019〕中央 5 号文件的定义。传统模式可以理解为一种变通执行，推动了执法力量的下沉和集中（通过联合执法、"吹哨报到"等形式），但没有改变执法权配置于县级的基本格局。相较而言，赋权模式突破了执法权纵向配置的既有框架，通过县乡执法事权的调整和乡镇（街道）综合行政执法机构的设置，保障乡镇（街道）以自己的名义统一处理县级行政执法部门集中、下沉的执法事项，是"基层一支队伍管执法"的理想目标。对此，笔者聚焦浙江省"大综合一体化"行政执法改革国家试点工作（全国唯一），对"基层一支队伍管执法"

① 《中共中央国务院关于加强基层治理体系和治理能力现代化建设的意见》，载中华人民共和国中央人民政府网 2021 年 7 月 21 日，https://www.gov.cn/gongbao/content/2021/content_5627681.htm。

的实践探索展开跟踪研究。

### (一)从逐轮试点到全面铺开:“基层一支队伍管执法”的浙江探索

在探索推进“基层一支队伍管执法”过程中,浙江省因地制宜采取赋权、派驻和“1 + X”辐射的差异化模式。与其他省份不同的是,浙江在赋权模式推广方面的力度逐步加大,经历了首批5个镇(街道)到第二批“5 + 37”共42个乡镇(街道)的试点,尔后再进一步铺开的过程。① 调研观察显示,参与赋权试点的42个乡镇(街道)推进“以自己名义”的综合行政执法,代表了“基层一支队伍管执法”的浙江探索。

在执法事项方面,按照〔2019〕中央5号文件确定的“放得下、接得住、管得好、有监督”原则,县(市、区)政府在《浙江省综合行政执法事项统一目录》和《浙江省乡镇(街道)综合行政执法事项指导目录》中选择高频多发、易发现易处置、专业要求适宜的行政执法事项下放到乡镇(街道),按照重大行政决策程序规定编制公开目录清单,实行动态调整。在职责权限方面,县(市、区)政府综合考虑社会稳定、公共安全、实施成本、承接能力等因素,合理划分县级行政执法部门与乡镇(街道)执法权限:县级行政执法部门和乡镇(街道)在各自权限内依法依规履职,部分涉及重大行政执法决定的案件由后者移送前者依法管辖。

通过几轮试点和动态评估,改革的影响逐步扩大。② 截至2023年3月31日,浙江采取赋权模式的乡镇(街道)达到941个,占全省乡镇(街道)总量的68.99%。③ 随着“基层一支队伍管执法”理想目标的接近,乡镇(街道)统筹解决基层各类治理问题的能力得到提升,初步回应了基层“看得见的管不着”的问题。在前期实践探索基础上,浙江确定了“越到基层越综合”的改革思

① 请参见《浙江省人民政府关于同意杭州市下城区长庆街道等5个镇(街道)开展综合行政执法试点的批复》《浙江省人民政府办公厅关于杭州市上城区南星街道等37个乡镇(街道)开展综合行政执法的复函》等改革相关文件。

② 笔者专门制作《乡镇(街道)综合行政执法改革满意度调查问卷》,于2021年9月23日至9月30日向42个赋权试点乡镇(街道)所在市、县(市、区)有关单位[县级业务主管部门、县级综合行政执法局、乡镇(街道)及其综合行政执法队]投放,问卷(回收1292份问卷)数据显示绝大部分同志了解改革的基本情况,支持开展乡镇(街道)综合行政执法改革(占比为93.1%);同时,制作《基层群众关于乡镇(街道)综合行政执法改革满意度调查问卷》同期投放(张贴于以上单位门口或在执法过程中邀请群众填写),问卷(回收1036份问卷)数据显示绝大部分群众知晓乡镇(街道)综合行政执法改革(占比为93.2%),群众支持率达到96.7%。

③ 除此之外,采取派驻和“1 + X”辐射模式的乡镇(街道)分别为237个和186个。

路,计划以"基层一支队伍管执法"为突破口,集中下沉执法事项和力量,全面推进乡镇(街道)综合执法。[①]

**(二)实践问题及其分析**

1. 改革之间:"形""权""人""能"基于"大综合一体化"

行政执法改革国家试点的重要使命,"基层一支队伍管执法"的浙江探索一定程度代表了当下基层综合行政执法改革的风向。然而,改革背后隐藏的系列实践问题有待进一步分析。

"形"的问题,指"基层一支队伍管执法"的实现形式。综观前两批赋权试点的42个乡镇(街道),大都具有人口多、经济实力强的特点。然而,在赋权乡镇(街道)数量接近七成且有进一步增长趋势的情况下,尚需结合特定指标体系审慎评估各个乡镇(街道)的治理(执法)需求和承接能力。换言之,即便"基层一支队伍管执法"的理想目标是赋权,但实现形式可根据现阶段乡镇(街道)发展水平和差异化特色化实际情况采取派驻、"1+X"辐射等变通执行模式。

"权"的问题,指赋予乡镇(街道)的执法权力事项。综合各地改革方案,执法权的主要内容一般包括行政处罚权及与之相关的行政检查、行政强制等职权,但具体执法事项的配置难点颇多。在放权方面,县级部门倾向于划转利益少、矛盾多、难度大的执法事项,甚至希望只负责审批,不履行日常监管职责,进而演化为监管和执法的衔接问题。在承接方面,乡镇(街道)普遍反映供需匹配度问题,如高频执法事项集中、实际触发的执法事项覆盖率较低,许多事项难以操作、一些真正需要的事项没有下放到位等。

"人"的问题,指乡镇(街道)的执法编制与人员。就编制而言,"无编可沉"和"沉不下去"的问题相互叠加。前者源于条块分割的执法体制和基层机构编制的限制,除专业领域执法编制外,县级部门执法编制数量总体薄弱,难以满足下沉需要;后者源于编制种类差异,如县级综合行政执法局干部多为参公编,乡镇(街道)干部既有公务编又有事业编,打通编制种类以推动编制下沉的方式存在障碍。即便"县属乡用共管"的创新模式以"人员下沉"替代了"编制下沉",以下方面问题仍然棘手:一是"共管"(双重管理)导致执法队员卷入县乡两级事务,而身份、待遇、交流、晋升等方面的层级差异难以弥合,影响队伍融合。二是人事不匹配,乡镇(街道)承接执法事项后,县级下沉人

① 参见储厚冰:《推动综合行政执法率先突破》,载《今日浙江》2020年第24期。

员除综合行政执法局派驻中队外，多采取分时或实时制，常驻执法队员人数没有实质增加。三是事业编制人员停招的历史问题造成执法人员年龄结构失衡，部分队员无法申领行政执法证，混岗现象突出。① 四是法制审核能力薄弱，许多乡镇（街道）综合行政执法机构没有专职法制审核员，兼职或外聘人员的专业性和职业性存疑。

“能”的问题，指乡镇（街道）综合执法队伍人员的内部整合及其与县级行政执法部门的外部衔接。在内部整合方面，新组建的乡镇（街道）综合执法队伍人员通常由县级综合行政执法局（原派驻中队）、乡镇（街道）干部、县级业务主管部门下沉人员构成，隶属关系和下沉形式、编制类型和工资待遇、工作方式和专业能力等多种因素一定程度制约了整体执法效能的发挥。在外部衔接方面，赋权后部分执法权从原县级业务主管部门剥离，导致审批、监管、执法（线索发现与处理反馈、案件调查与处罚）等权力运行环节形式分离，县级部门与乡镇（街道）之间的沟通成本增加、权责归属存疑，执法协调指挥机构的运行实效亦有待观察。

2. 核心议题：如何配置乡镇（街道）执法权

从深层次来看，改革“四问”之间存在紧密的内在联系：“形”的选择直接影响“权”的内容，“人”的不足则会转化为“能”的问题，而“能”的问题又再次影响“权”的承接。通过纷繁复杂的问题群，“权”的问题具有深度的串联性。伴随“基层一支队伍管执法”的实践探索，实现乡镇（街道）执法权的优化配置当属改革跟踪研究的核心议题。按照“权能匹配、权责对等”的原理，权力与能力之间的动态平衡关系对于权力优化配置至关重要。如何配置与乡镇（街道）执法能力相适应的执法权，如何提升乡镇（街道）的执法能力以适应新的执法权力事项，无疑需要更加细致的设计。抛开配套性的立法愿景，既有的新《行政处罚法》第 24 条提供了一个初步框架，但其中“省、自治区、直辖市”“当地实际情况”“基层管理迫切需要”“能够有效承接”等表述较为笼统，而“加强执法能力建设”又是一个潜在变量，一系列未尽事宜共同指向该条款的理解与适用。

---

① 参见钟瑞友、沈宋杰：《基层“一支队伍管执法”的桐庐实践与对策思考——以浙江省桐庐县分水镇为调研样本》，载《中国司法》2020 年第 10 期。

## 四、"基层一支队伍管执法"的规范路径:基于新《行政处罚法》第24条展开的分析

"基层一支队伍管执法"是基层综合行政执法改革的理想目标,《行政处罚法》的修订也试图回应改革的法治需求,但笼统的规范内容仍然面临基层治理的复杂性挑战。鉴于各地不平衡不充分的发展实际,不加变通的"基层一支队伍管执法"或许难以普适。现阶段,借助新《行政处罚法》第24条的实施、释义和相关评估,进一步分析有关条件、决定主体(程序)以及事项标准,对于"基层一支队伍管执法"的规范推进至关重要。

### (一)"当地实际情况"与"能够有效承接":乡镇(街道)执法权配置的基本条件

1."当地实际情况":不止于考察乡镇(街道)的区域实际

新《行政处罚法》第24条中关于"当地实际情况"的规定,是能否赋予乡镇(街道)执法权、决定是否推进"基层一支队伍管执法"或者采取其他变通执行模式的基本条件。按照一般理解,"当地实际情况"是指乡镇(街道)的实际情况。然而,"当地实际情况"并不局限于此,县域乃至市域、省域也须纳入考虑。有学者结合县域层面进行了分析,指出乡镇(街道)除了履行明确的法定职权外,还承担着县级政府通过非制度化手段强加的责任、对村社组织的过于积极指导责任以及政府的"兜底"责任。① 循此逻辑,乡镇(街道)执法权配置实质上是县域治理体系下"县—乡—村"三层治理结构之间相互作用的结果,而县域整体情况以及县域范围针对不同层级的政治安排、资源分配、目标设计乃至三层治理结构之间的互动与博弈构成了乡镇(街道)执法权配置的多重影响因素。这些显然属于"当地"的实际情况。

面对"撤县(市)设区"的改革动向,处于县域之上的市域实际情况同样构成了一个重要的观察角度。研究指出,"撤县(市)设区"过程中产生问题的根源在于城市公共权力的配置困境。② "撤县(市)设区"之后,原本"市—

① 参见郁建兴、黄飚:《乡镇政府的职能界定与责任承担——基于浙江省三门县小雄镇的个案分析》,载《中共宁波市委党校学报》2013年第5期。

② 参见高祥荣:《"撤县(市)设区"与政府职能关系的协调》,载《甘肃行政学院学报》2015年第3期。

县”职能关系和制度安排转换为“市—区”结构关系,上级权力的配置问题也将传导至下辖的乡镇(街道)。除了宏观权力配置的结构性变化,上级(省、市)对改革的资源投入、机构设置等微观要素也是重要考量因素。① 特别是法律将赋予乡镇(街道)行政处罚权的决定权限下放至“省、自治区、直辖市”,不再需要经过国务院审查或授权,反映了省域实际情况的前提性。②

当然,优先针对乡镇(街道)实际情况设计更加细致的标准指引,明确权力配置与改革实践模式选择的具体条件,仍是首要任务。回溯“基层一支队伍管执法”的制度逻辑,经济、人口指标最为关键。两者相辅相成,经济发展产生人口“虹吸效应”,而人口聚集意味着治理难度加大、执法需求增加,推行“基层一支队伍管执法”也更有必要。除此之外,地域(辖区)面积、既有执法与基层治理需求的匹配度(如执法半径、处置效果)等具体情况也需综合考量。总之,乡镇(街道)的区域实际千差万别,需要结合不同的经济发展水平、人口数量、地域面积、基层治理需求,采取“基层一支队伍管执法”和其他变通执行模式(如主城区街道、中心镇派驻,偏远乡镇整合、辐射等)并举的策略,结构化推进改革。在经济发达镇、小城市培育试点镇、省级中心镇等人口密集、产业特色明显的区域,可配置相适应的执法权,以赋权模式推进“基层一支队伍管执法”;在人口分散、地域面积小的乡镇(街道),可采取县(市、区)综合行政执法局派驻队伍、跨乡镇(街道)区域联合执法、中心镇辐射等多种模式,合理配置执法资源,实现执法力量高效利用。

2.“能够有效承接”:执法能力与效果的动态考察

新《行政处罚法》第 24 条“能够有效承接”的规定,内含“能够”和“有效”两个要件,前者侧重考察乡镇(街道)的执法能力,兼顾其执法能力的发展趋势,后者侧重考察赋予乡镇(街道)执法权之后的实际效果。换言之,乡镇(街道)执法权配置既要事先考虑拟划执法事项(含潜在的案件数量)与执法能力的匹配度,又要事后评估乡镇(街道)赋权执法的实际效果(含执法效果与社会效果)。从经验角度分析,经济社会发展水平较高、前期执法力量下沉等资源配置条件比较成熟的乡镇(街道)在执法能力与效果方面具有基础优势,但

① 参见青锋:《关于相对集中行政处罚权的几个问题》,载《城市开发》2001 年第 10 期。

② 例如,2018 年浙江在全国率先成立了省级层面的综合行政执法指导部门——浙江省综合行政执法指导办公室,承担行政执法综合协调、规范指导和监督工作,积极推动乡镇(街道)赋权综合行政执法等相关改革工作。

对于其中不同的乡镇(街道),"能够有效承接"的执法事项还存在较多的不确定性,未来可以考虑围绕执法制度建设、执法资源投入、执法响应能力、执法办案质量、执法满意程度等多个维度设计科学合理的指标体系,针对乡镇(街道)的执法能力与效果予以精确画像。同时,执法能力与效果的动态性需要格外注意。乡镇(街道)执法长期不受重视,除执法主体地位缺失,执法能力薄弱一直是一个突出问题。① 新《行政处罚法》第24条明确规定"承接行政处罚权的乡镇人民政府、街道办事处应当加强执法能力建设",突出了其对乡镇(街道)执法能力提升的重视。因此,乡镇(街道)执法能力与效果的动态趋势亦需纳入考察范畴,也即针对"能够有效承接"的执法事项予以动态调整。一些原本无法有效承接的执法事项,待到乡镇(街道)执法能力提升至一定层次时,可以动态下放;部分已经划转的执法事项,一旦发现无法有效承接的,亦可重新上收。

**(二)"省、自治区、直辖市":乡镇(街道)执法权配置的决定主体及其程序**

1. 决定主体:更宜解释为省级人民政府

新《行政处罚法》第24条关于"省、自治区、直辖市"的规定存在模糊性。在《行政处罚法》全面修订之前,有学者建议明确是省级人大还是省级人民政府,或由省政府来决定,具体应当制定省政府规章来授权,或由省级人大制定法律层级更高的省级地方性法规来授权。② 对此,综合运用历史和体系解释方法,将"省、自治区、直辖市"理解成省级人民政府较为适宜。原因在于,在新《行政处罚法》出台之前为实践推行"基层一支队伍管执法"、赋予乡镇(街道)执法权提供合法性支撑的是基于1996年《行政处罚法》第16条的相对集中行政处罚权制度。尽管学界过去多以1996年《行政处罚法》第20条规定的行政处罚权管辖级别对此进行批判,但围绕1996年《行政处罚法》第16条的扩大解释也具有解释力。目前,新《行政处罚法》第18条继承并发展了1996年《行政处罚法》第16条之规定,将决定主体明确为"国务院或者省、自治区、直辖市人民政府"。因此,将新《行政处罚法》第24条中的"省、自治区、直辖市"解释为"省级人民政府"符合《行政处罚法》的实施经验以及法律条款之间的体系自洽,也有助于当下各地的实践探索。需

① 参见夏德峰:《综合行政执法改革的难题及其破解》,载《中国行政管理》2016年第6期。

② 参见应松年、张晓莹:《〈行政处罚法〉二十四年:回望与前瞻》,载《国家检察官学院学报》2020年第5期。

要注意的是,将决定主体定位在"省级人民政府",并不妨碍以地方性法规形式对全省范围内乡镇(街道)均能有效实施的执法事项加以确定,给予公众相对稳定的执法预期。①

2. 决定程序:层级间的步骤设计

至于乡镇(街道)执法权配置的决定程序,法律并没有明确规定。根据新《行政处罚法》第24条,省、自治区、直辖市"可以决定"将执法权配置给乡镇(街道)。从表述上看,这一规定只能说明省级层面可对乡镇(街道)进行单向度的赋权,无法呈现省市县乡不同层级间的互动关系以及"可以决定"背后的程序规则。对此,参考浙江的经验做法,乡镇(街道)执法权配置的决定程序可按如下"四步法"设计:第一步,省级层面"一揽子"授权,出台全省乡镇(街道)赋权执法事项指导目录;第二步,县级层面与所辖乡镇(街道)具体研商,筛选出符合条件的乡镇(街道),梳理适宜承接的执法事项;第三步,县级层面将拟定乡镇(街道)名单和相关执法事项报县(市、区)人民政府批准;第四步,省级层面备案,待县(市、区)人民政府批准后,将有关乡镇(街道)名单和执法事项上报省级有关部门备案。实施过程中,如乡镇(街道)及其赋权执法事项有调整需求,仍按"四步法"执行。

**(三)"基层管理迫切需要":乡镇(街道)执法权配置的事项标准**

前述提及,乡镇(街道)执法权配置的主要内容包括但不限于行政处罚权,还有与之相关的行政检查、行政强制等职权。因此,关于新《行政处罚法》第24条"基层管理迫切需要的县级人民政府部门的'行政处罚权'"的理解可与该法第54条、《行政强制法》第17条等条款相结合。前者规定行政检查权是行政处罚权中的一项权能,两者不能分离;②后者是相对集中行政处罚权基础上综合行政强制权的法律依据。然而,据此提出行政执法权是"全面下移"③乃至认为行政执法体制改革进入"执法权全面下放阶段"④的观点值得商榷。例如,所谓"行政强制",在法律上仅指"行政强制措施"而未包含"行

① 参见秦前红、陈芳瑾:《"行政处罚权交由"的规范阐释——基于〈行政处罚法〉第24条第1款之展开》,载《法治研究》2022年第3期。

② 参见马太建:《论相对集中行政处罚权与综合执法的关系》,载《法治现代化研究》2018年第6期。

③ 参见卢护锋:《行政执法权全面下移的组织法回应》,载《政治与法律》2022年第1期。

④ 参见陈明辉:《行政执法权下放的地方实践及其法治优化》,载《行政法学研究》2023年第3期。

政强制执行”,行政处罚事项也在实践中形成了“精准下放”的工作思路。① 更为重要的是,“基层管理迫切需要”的规范意旨在于补强基层执法短板、提升基层治理能力,而非全面铺设乡镇(街道)执法层级,具体执法事项的配置标准尚需审慎把握。

1.初步设计:“基层管理迫切需要”的领域划分与性质界定

“功能适当原则”是我国国家权力配置的重要取向与规范指引,其强调权力行使的“正确”与“高效”。② 通过“基层管理迫切需要”,政府、市场、社会等基层多元主体的“需要”构成了乡镇(街道)执法权配置的正当性理由,即因需要而“正确”、因配置而“高效”。回溯历史,乡镇(街道)是否有存在的“需要”,曾有“撤乡”“乡派”“镇政”等不同主张。③ 出于避免机构膨胀、人浮于事、滥罚乱罚等多种考虑,行政执法权总体限于县级政府及其职能部门。④ 然而,随着乡镇(街道)经济社会的蓬勃发展,基层治理难度越发突出、执法需求逐渐增多,执法权配置也有了迫切“需要”。

面对宽泛的“需要”,学界通过“领域划分+性质界定”的方式对乡镇(街道)执法权配置的事项标准进行了初步设计。例如,有学者主张从乡镇政府与基层群众生活最直接相关的基础公共服务事项着手,按照经济、教育、文化、卫生、公安、民政、环境和资源保护、城乡建设八大领域梳理相应执法事项。⑤ 还有学者主张将点多面广、容易发现、简单易行(违法事实清楚、证据确凿、情节简单、因果关系明确、适用简易程序等)的执法事项纳入街道执法范围。⑥ 遗憾的是,领域划分的方式难以突出乡镇(街道)执法需求的重点,而性质界定的方式又过于简单抽象且失之片面。笔者尝试在此基础上,建构一

---

① 例如,浙江省有关部门针对《浙江省乡镇(街道)综合行政执法事项指导目录(2021年)》所涉行政处罚事项编制印发《乡镇(街道)综合行政执法事项承接指引(参考)》(2022年12月9日),要求各地对照承接指引选择相适应的事项赋权乡镇(街道)。

② 参见张翔:《国家权力配置的功能适当原则——以德国法为中心》,载《比较法研究》2018年第3期。

③ 参见郁建兴、黄飚:《乡镇政府的职能界定与责任承担——基于浙江省三门县小雄镇的个案分析》,载《中共宁波市委党校学报》2013年第5期。

④ 参见李立:《有责无权:乡镇政府行政执法何去何从》,载《法制日报》2008年6月11日,第8版。

⑤ 参见夏正林、何典:《我国乡镇政府执法权配置研究》,载《江淮论坛》2019年第6期。

⑥ 参见金国坤:《基层行政执法体制改革与〈行政处罚法〉的修改》,载《行政法学研究》2020年第2期。

套突出乡镇(街道)执法重点领域需求、兼顾执法事项具体性质的标准体系。

2. 体系构建:“基层管理迫切需要”的基础与辅助标准

(1)基础标准:兜底性和应急性

兜底性和应急性分别对应常规状态和非常规状态,前者源于乡镇(街道)的兜底责任,后者基于并延伸于前者。乡镇(街道)的兜底责任主要表现在两个方面:一方面,在“压力型体制”和基层治理体系的叠加作用下,处在国家政权和治理结构末端的乡镇(街道)必须完成属地管理任务,这是兜底责任的前提逻辑;另一方面,传统基层执法体制问题进一步强化了乡镇(街道)的兜底责任。纵向上看,县级部门下设的基层站所通常不拥有执法权,加之人财物的不足,其对乡镇(街道)辖区执法事务虽有直接监管职责,却不具备执法履职能力,相较乡镇(街道)也缺乏深入社会的渠道和开展工作的组织基础。① 横向上看,基层管理领域存在大量“边缘权力”,由于执法内容琐碎复杂、缺乏“寻租”空间,这些权力事项很少被执法部门行使,②从而导致执法缺位,最终由乡镇(街道)兜底。可以说,制度外力和实践内生的双重因素致使乡镇(街道)“被迫”担负了大量兜底责任,迫切需要配置相应执法事项和实现权责一致。

结合经验观察,兜底性事项通常来自乡镇(街道)党委政府关心关注和基层群众反映突出的重点领域,相关执法事项触及基层治理的底线、红线问题,关乎基层社会的秩序与安全,具有社会关注度高、投诉举报量大、关涉安全隐患等属性。一项实证研究梳理了乡镇(街道)面临的环境污染、“公用地”侵占/破坏、公共秩序混乱、安全生产风险、公共服务低效、突发应急事件六个重点领域“问题清单”。③ 对此,可以超越一般性的领域划分思路,以重点领域存在的现实问题为导向,分类梳理乡镇(街道)重点需求的执法事项。为了避免兜底性标准的泛化,乡镇(街道)执法权配置仍要遵循兜底责任的生成逻辑,设定三个具体要件。其一,属于乡镇(街道)属地管理责任事项。责任须有边界,近年来多地推行的乡镇(街道)“属地管理”事项责任清单有助于厘清其兜底性事项的内容和边界,在梳理执法事项过程中可以参考。其二,县

---

① 参见陈柏峰:《乡村基层执法的空间制约与机制再造》,载《法学研究》2020 年第 2 期。

② 参见陈柏峰:《乡镇执法权的配置:现状与改革》,载《求索》2020 年第 1 期。

③ 参见孙柏瑛、张继颖:《解决问题驱动的基层政府治理改革逻辑——北京市“吹哨报到”机制观察》,载《中国行政管理》2019 年第 4 期。

级部门难以有效介入而不得不依赖乡镇(街道)的执法事项,主要包括不具备相应的执法能力、缺乏深入社会的渠道和开展工作的组织基础等情形。其三,县级部门不够重视甚至造成执法缺位的一系列"边缘权力"事项,可按照具体列举方法在划转执法事项的过程中予以补充。

基于兜底性标准,前述"问题清单"中的"突发应急事件"属于重点领域问题在非常规状态下的显现,进而延伸出应急性标准。借助动态视角分析,应急性标准突出了"基层管理迫切需要"中的"迫切"二字,蕴含紧急治理元素。分散的执法权配置难以较好地应对复杂和综合性问题,特别是社会突出问题要求执法部门具备极强的应急能力,高效集中执法和处置力量。[①] 在这一语境下,"从'功能分化'和'去功能分化'的视角把握常态治理与紧急治理的切换"[②]的观点也为非常规状态下乡镇(街道)执法权的综合性配置("基层一支队伍管执法")提供了正当性。尽管"基层管理迫切需要"中的"迫切"侧重于表达乡镇(街道)对于某项执法事项的需求程度而非指向事实或法律意义上的紧急状态,但并不妨碍从时间和任务紧急的角度去梳理乡镇(街道)的执法事项。此外,应急性标准与事权配置的"最近原则"相契合,即将所需信息量大、信息复杂且获取困难、与公众密切相关的事务(事权)优先配置给更贴近公众的地方或低一级政府。[③]

(2)辅助标准:基于去专业性、动态性、衔接性的补充或剔除

其一,去专业性。执法是一门专业性艺术。然而,基层执法中的"去专业化"现象并不罕见。例如,执法者一旦发现专业化执法制度难以嵌入基层社会,强行嵌入容易引发执法冲突、集聚社会矛盾、影响执法效果时,往往采取执法变通、折扣执法等"去专业化"方式。[④] 对此,与其被迫采取事后的"去专业化"执行以嵌入基层治理,不如主动事先调整执法事项,剔除一部分不适配乡镇(街道)治理的专业执法事项。因此,基于兜底性和应急性的基础标准需要结合去专业性的辅助标准予以补充或剔除。乡镇(街道)虽有大量兜底性事项,但过于疑难复杂的不符合去专业性标准,更宜由上级执法部门处理。

---

① 参见陈柏峰:《乡村基层执法的空间制约与机制再造》,载《法学研究》2020年第2期。

② 参见宾凯:《重大突发事件的系统治理与法治》,载《国家检察官学院学报》2020年第6期。

③ 参见叶必丰:《执法权下沉到底的法律回应》,载《法学评论》2021年第3期。

④ 参见刘杨:《基层执法专业化的实践困境及其解释——兼论基层执法的多元属性》,载《华中科技大学学报(社会科学版)》2016年第5期。

其二,动态性。去专业性标准并非绝对,需要结合动态性标准予以调适。“行政执法职权范围的确定是一项极其复杂的工作,涉及经济社会发展状况、国家法治建设水平、国民文化素养和执法的科技保障程度等方面的问题,会呈现出阶段性和动态性特征。”①在“基层一支队伍管执法”实践推进和加强乡镇(街道)执法能力建设的背景下,需要充分考虑基层执法能力提升的预期空间,结合改革的阶段性进展,动态调整有关执法事项。改革初期,乡镇(街道)执法事项定位于经常发生、案情性质接近且相对简单、能够快速处置的基础性事务;待到改革中后期,假使乡镇(街道)执法能力显著提升,加之数字赋能降低专业执法门槛,执法事项即可因应需求及时补充。

其三,衔接性。乡镇(街道)执法权配置的前提,是县乡之间关于执法职责的划转与界分。问题在于,基层综合行政执法改革不同于专业领域综合行政执法改革,后者依托于大部制改革,追求“监管+办案”的全链条综合执法。加之“垂直互动关系中执法权的选择性下放,水平互动关系中执法主体间的选择性协同”,②进一步导致执法不同环节的切割乃至职责边界争议。特别是行政处罚权(办案环节)赋予乡镇(街道)之后,包含于广义执法范畴中的监督检查权(监管环节)如何配置,与县级部门之间的监管职责如何划分,是一个实践性难题。借鉴浙江省的改革经验,当下可以采取衔接性的配置思路,结合“监管一件事”“综合查一次”等创新举措,分类设计县级部门和乡镇(街道)的监管执法事项,通过特定情形连带责任机制,解决选择性下放、选择性协同问题。再通过标准设计、案例演练、实践试验,在县级部门和乡镇(街道)之间形成一套符合基层执法特点、激发基层执法效能的衔接模式。除此之外,由于“基层一支队伍管执法”在制度逻辑上超越了相对集中行政处罚权改革,即便是讨论广义的执法概念时,同样需要强调执法权配置的衔接性,不能忽略县乡之间的执法协作和争议解决。乡镇(街道)在行政执法中涉及专业性、技术性较强或复杂、疑难执法事项的,可以向有关县级行政执法机关提出执法协作请求,县级行政执法机关应及时响应,给予指导和支持。对行政执法职责有争议的,可以向县级执法协调指挥机构提出,由该机构按照行政执法职责争议有关规定予以处理。

---

① 张利兆:《综合行政执法论纲》,载《法治研究》2016年第1期。

② 吕普生、吕忠:《中国基层执法中的相机选择:从策略赋权到话语使用》,载《中国行政管理》2020年第2期。

总之,通过“基层管理迫切需要”的规范意旨,在“领域划分 + 性质界定”的基础上构建基础(兜底性和应急性)与辅助(去专业性、动态性和衔接性)相叠加的标准体系,围绕执法事项与执法效果予以反复调适,才能逐渐形成科学合理的实践方案。

## 五、结语

伴随基层综合行政执法改革的政策演进与独特脉络,“基层一支队伍管执法”的制度逻辑在〔2019〕中央 5 号文件的标志性进展之后经历了地方实践的具体探索与灵活变通,其多样化的制度实践意味着乡镇(街道)执法权配置的内容和事项具有地方性和差异性。理性来看,鉴于行政执法权部分而非全面下移的客观现实,加之乡镇(街道)体制设计的历史考量和执法权优化配置的动态规律,现阶段借助行为法解释而展开的经验主义进路或许更有助于适应改革探索过程中的因地制宜和实践试验,特别是新《行政处罚法》第 24 条勾勒了有关乡镇(街道)执法权配置条件、决定主体(程序)和事项标准的基本框架。当然,基于乡镇(街道)承载适当基层治理职能的组织保障及其法治构造同样重要。面对部分先行先试地区的改革发展需要以及相关法律修改的迫切需求,未来可考虑由全国人大及其常委会决定就相关特定事项授权在规定期限和范围内暂时调整或者暂时停止适用法律的部分规定,待实践证明可行之后实现改革决策与立法决策的妥善衔接。系统回应“形”“权”“人”“能”改革问题。

# 程序简化带来量刑从宽了吗？

## ——基于醉酒型危险驾驶案件的实证研究*

贾志强**

**内容摘要：**认罪认罚从宽制度包含“实体上从宽处罚”和“程序上从简处理”两个面向，因被追诉人同意适用速裁程序或简易程序而节省下来的诉讼资源能否为其赢得刑罚上的优惠？通过对3000份醉酒型危险驾驶案件一审判决书的实证研究发现：案件程序类型对拘役刑期和罚金数额均不存在统计学意义上的影响，发挥显著从宽效果的仍是自首、坦白等情节；普通程序—简易程序—速裁程序对缓刑的适用则呈递增性影响，即案件程序简化程度越高，缓刑适用的可能性越大，且速裁程序的适用是影响作用较大的要素。程序简化对于缓刑适用的从宽是一种源于适用条件重合的定性影响机制，但其可能无法影响拘役刑期和罚金数额减让的定量计算过程。“认罪认罚→程序简化→诉讼效率→量刑从宽”的因果逻辑链条在程序和实体两个维度上均面临一定的挑战。程序简化和量刑从宽可能只是法律对认罪认罚行为分别在程序面和实体面的两种平行的评价效果。

**关键词：**认罪认罚从宽制度　程序简化　量刑从宽　平行效果

---

* 本文系国家社科基金青年项目“刑事诉讼量刑合意机制实证研究”(21CFX072)的阶段性成果。

** 贾志强，吉林大学法学院副教授。

## 一、问题的提出

我国认罪认罚从宽制度从开始试点,到进入《中华人民共和国刑事诉讼法》(以下简称《刑事诉讼法》),再到不断深化适用,“认罪认罚”与“从宽”之间的关系一直是备受关注的基础性问题。法学界和实务界目前已达成框架性的基本共识,且已固定在 2019 年最高人民法院、最高人民检察院、公安部、国家安全部、司法部《关于适用认罪认罚从宽制度的指导意见》(以下简称《认罪认罚指导意见》)第 8 条之中:认罪认罚从宽制度中的“从宽”包含“实体上从宽处罚”和“程序上从简处理”两个面向。① 后者的改革指针是“落实繁简分流”“提升办案效率”,其主要的制度表达是速裁程序和简易程序的适用。② 但关于被追诉人“认罪认罚”与“实体上从宽处罚”之间的具体关系,目前法学界和实务界仍存在不小的争议。该争议的原点在于作为从宽情节的“认罪认罚”与自首、坦白等既有认罪性质情节以及退赃、退赔等既有认罚性质情节之间的关系,或者说认罪认罚从宽制度在实体法层面的独立品格。③

为了回应这一问题,学界提出了一种“互惠说”的观点。具体而言,有学者从国家补偿被追诉人程序保障减损的角度指出:“除可能判处死刑、无期徒刑的案件,对选择刑事速裁或其他简化程序的被追诉人,应以独立的实体性从宽措施补偿其程序保障的减损。补偿力度应与程序简化程度成正比。”④有学者是从被追诉人自愿放弃权利的角度阐释诉讼程序的简化,进而将量刑从宽作为对被追诉人放弃权利的回报,以此论证认罪认罚何以能够从宽的正当性。⑤ 在具体规则设计方面,有学者认为“可以把‘同意量刑建议和同意程序

---

① 有学者将“程序从宽”(强制措施的宽缓适用)亦作为“从宽”的内涵之一,实践中也存在检察机关以不逮捕促使犯罪嫌疑人认罪认罚的做法,但学界对此方面存在较大争议,且超出了本文论域,故笔者不再赘述。相关论述可参见陈卫东:《认罪认罚从宽制度的理论问题再探讨》,载《环球法律评论》2020 年第 2 期;孙长永:《批准逮捕决定的公开说理问题研究》,载《法学》2023 年第 6 期。

② 参见张军:《认罪认罚从宽:刑事司法与犯罪治理“中国方案”》,载《检察日报》2020 年 11 月 6 日,第 1 版。

③ 例如,有学者认为认罪认罚从宽并非制度创新,而仅是一种制度重述。参见李立丰:《“认罪认罚从宽”之应然向度:制度创新还是制度重述》,载《探索与争鸣》2016 年第 12 期。

④ 秦宗文:《认罪认罚从宽制度实施疑难问题研究》,载《中国刑事法杂志》2017 年第 3 期。

⑤ 参见赵恒:《论从宽的正当性基础》,载《政治与法律》2017 年第 11 期。

适用'合并为一个相对独立的'认罚从宽'量刑情节，让被告人更加真切地感受到选择简化诉讼程序带来的实惠"。① 有学者提出应为"程序选择"赋予一定的量刑减让权重，"根据这一权重分配，事实上等于告诉犯罪嫌疑人，如果选择适宜的审判程序，也会有一定幅度的量刑减让"。② 还有学者进一步主张对选择适用速裁程序、协商程序和简易程序的被告人，分别给予1/10、1/3和2/3的基准刑优惠。③ 可见，"互惠说"尝试将程序从简和实体从宽进行勾连，其内核逻辑是：对于被追诉人选择适用速裁程序或简易程序而为国家节省下来的诉讼资源，国家应以一定幅度的量刑减让作为对价或者回报。

部分学者则对上述论断持否定性观点。有学者是从认罪认罚从宽制度改革的应然目的进行论证，其尽管认可上述"互惠说"是给予认罪认罚被追诉人从宽处罚的缘由之一，但重点强调这"并不是认罪认罚从宽制度设计的必选项"；根本原因在于"程序的效率化并不是认罪认罚从宽制度的基本内核，而只是这一制度的附随效果，至多是一个从属性目标"。④ 部分实体法学者从更为根本的层面否定"互惠说"。"从法理上说，诉讼效率的提高，和是否对犯罪人予以从宽处罚并无直接联系。"⑤"仅仅出于提高办案效率的功利化需求即对犯罪人从宽处罚"，"将动摇刑罚基本正义理念和价值追求"。某种因素可否作为从重、从宽考虑的事由，应从报应刑、预防刑中找到根据。⑥

最高司法机关权威人士更倾向于采纳"互惠说"，并认为这是证成"认罪认罚"作为独立量刑情节的关键。刑法上的认罪、认罚情节已无法包含认罪认罚从宽制度的特定程序价值，"故有必要赋予其独立的从宽量刑评价，以体现其更为丰富的程序价值内涵"。⑦ "认罪认罚的犯罪嫌疑人、被告人选择适用速裁程序，可以为国家节约司法资源，是否作为独立的情节给予从宽以及

① 孙长永：《认罪认罚从宽制度的基本内涵》，载《中国法学》2019年第3期。

② 参见吴宏耀：《认罪认罚从宽制度的体系化解读》，载《当代法学》2020年第4期。

③ 参见魏晓娜：《完善认罪认罚从宽制度：中国语境下的关键词展开》，载《法学研究》2016年第4期。

④ 参见左卫民：《认罪认罚何以从宽：误区与正解——反思效率优先的改革主张》，载《法学研究》2017年第3期。

⑤ 卢建平：《认罪认罚从宽：从政策到制度》，载《北京联合大学学报（人文社会科学版）》2017年第4期。

⑥ 参见王瑞君：《"认罪从宽"实体法视角的解读及司法适用研究》，载《政治与法律》2016年第5期。

⑦ 参见陈国庆：《量刑建议的若干问题》，载《中国刑事法杂志》2019年第5期。

从宽幅度,试点地区做法不一”。[①] 笔者进一步在北大法宝检索了相关地方性试点文件,发现仅天津市明确对此作出了规定。[②] 在刑事速裁程序试点时期,曾有相关改革文件对适用速裁程序的量刑激励作出规定。[③] 在认罪认罚从宽制度正式被纳入《刑事诉讼法》之后,相关司法解释性质文件中未再出现类似条文,而只是规定了“认罪认罚”作为一个量刑情节的总体从宽幅度。[④]

基于上述争议以及规范性文件中的情况,笔者拟通过定量实证研究的方法探究认罪认罚案件中速裁程序、简易程序的适用对于量刑从宽的影响。[⑤] 尽管目前已有一定数量的针对认罪认罚案件量刑影响因素的定量研究,且证实了“认罪认罚”能为被追诉人带来一定程度的量刑从宽,但这些研究并未涉及案件所适用的诉讼程序类型与量刑结果之间的关系。或者说,将诉讼程序类型排除在了所要考察的自变量范围之外。[⑥] 个别定量研究考虑了程序类型要素,但仅将相关自变量设置为“适用速裁程序”,未针对简易程序、普通程序另外两种程序类型作更为精细的自变量设计,且未对“适用速裁程序”的量刑

① 杨立新:《认罪认罚从宽制度理解与适用》,载《国家检察官学院学报》2019年第1期。

② 2017年天津市高级人民法院等单位联合颁发的《关于开展刑事案件认罪认罚从宽制度试点工作的实施细则(试行)》(以下简称《天津试点细则》)第6条第1款规定:“……选择适用速裁程序的,可以再减少基准刑的15%以下;选择适用简易程序的,也可比照速裁程序酌情从宽。”

③ 2015年最高人民法院、最高人民检察院、公安部、司法部《刑事案件速裁程序试点工作座谈会纪要(二)》第5条规定:“……被告人同意适用速裁程序的,在确保法律效果的前提下,可以减少基准刑的10~30%……”

④ 2021年最高人民法院、最高人民检察院《关于常见犯罪的量刑指导意见(试行)》(以下简称《量刑指导意见》)在“常见量刑情节的适用”中规定:“对于被告人认罪认罚的,综合考虑犯罪的性质、罪行的轻重、认罪认罚的阶段、程度、价值、悔罪表现等情况,可以减少基准刑的30%以下;具有自首、重大坦白、退赃退赔、赔偿谅解、刑事和解等情节的,可以减少基准刑的60%以下,犯罪较轻的,可以减少基准刑的60%以上或者依法免除处罚。认罪认罚与自首、坦白、当庭自愿认罪、退赃退赔、赔偿谅解、刑事和解、羁押期间表现好等量刑情节不作重复评价。”

⑤ 尽管有学者认为,在认罪认罚案件中“控方减轻了证明过程中的负担”或者说“达到证明标准的难度较低”是实现程序简化进而带来诉讼效率提高的关键因素,但速裁程序和简易程序的适用是最为主要的外在客观表现,故本文的实证研究主要关注更易测度的程序适用类型与量刑从宽之间的关系。前述学者观点可参见王敏远:《认罪认罚从宽制度疑难问题研究》,载《中国法学》2017年第1期;谢澍:《认罪认罚从宽制度中的证明标准——推动程序简化之关键所在》,载《东方法学》2017年第5期。

⑥ 参见吴雨豪:《认罪认罚“从宽”裁量模式实证研究:基于部分城市醉酒型危险驾驶罪的定量研究》,载《中外法学》2020年第5期;王芳、甘叠、刘念:《认罪认罚量刑从宽实效研究——基于故意伤害罪轻罪的数据解读》,载《山东大学学报(哲学社会科学版)》2022年第3期。

影响作出分析。[①] 在既有研究基础之上，本文拟将诉讼程序类型和量刑结果作为待检验的主要变量，对上述理论和规范层面上的应然认识作出经验层面上的实然验证，以期对深化认罪认罚从宽制度改革有所裨益。

## 二、研究设计与路径

本文采用实证研究的方法：主要基于认罪认罚案件的裁判文书数据，围绕繁简程度不同的诉讼程序类型对量刑结果的影响展开定量研究；为了确定相关变量的设置范围，以及更为准确地对相关分析结果进行解释，笔者运用访谈等定性方法予以辅助。本文的具体研究设计如下。

### （一）数据来源及样本选取

本文进行定量研究的总体数据是天津市基层人民法院2018年至2021年适用认罪认罚从宽制度的危险驾驶案件的一审判决书，经去重后共计10,069份。[②] 笔者从中抽取3000份醉酒型危险驾驶案件作为研究样本，抽样方法为分层抽样搭配等距抽样，总体数据和样本数据整体情况见表1。程序类型是本文定量研究中的核心自变量，为了最大限度地确保分析模型的稳定性，笔者将程序类型作为第一个分层标准，即根据3000/10,069的比例分别确定普通程序、简易程序、速裁程序案件的样本量分别为183、750、2067份。裁判年份作为第二个分层标准，按照上述比例在相应年份的总体数据中等距抽取相应的样本量，[③]最终获得3000个样本案件。

---

① 参见何群、康志雄：《微罪认罪认罚量刑从宽的实践样态与司法纠偏：从危险驾驶罪的视角》，载《大连海事大学学报（社会科学版）》2022年第5期。

② 为了抽样时计算样本比例的方便，笔者按照诉讼程序类型分别检索再加总的方式获得总体数据。数据检索网站为“把手案例”，检索日期为2022年10月8日。检索条件如下：文本（全文）=认罪认罚，地域及法院=天津市，案由=危险驾驶，法院层级=基层人民法院，文书类型=判决书，审理程序=一审，案件类型=刑事，裁判年份=2021/2020/2019/2018；在上述检索条件基础上，分别加入文本（全文）=普通程序、文本（全文）=简易程序－普通程序（文本中包括“简易程序”但不包括“普通程序”，以排除由简易程序转为普通程序的案件）、文本（全文）=速裁程序－（普通程序|简易程序）（文本中包括“速裁程序”但不包括“普通程序”或“简易程序”），进而分别获得适用普通程序、简易程序以及速裁程序的裁判文书。此外，笔者通过人工方式筛查了裁判文书中所记载的相应类型程序适用的合法性问题，排除了因错误适用程序而影响数据分析结果的可能。

③ 在此过程中会有运输危险化学物品等类型的案件被抽中，此时用相邻序号的醉酒型危险驾驶案件进行替换。

**表 1　本文数据整体情况**

单位:份

| 类型 | 程序类型 | 小计 | 样本数 | | | |
|---|---|---|---|---|---|---|
| | | | 2021 年 | 2020 年 | 2019 年 | 2018 年 |
| 总体<br>N = 10, 069 | 普通程序 | 613 | 115 | 247 | 130 | 121 |
| | 简易程序 | 2519 | 530 | 876 | 723 | 390 |
| | 速裁程序 | 6937 | 1688 | 2114 | 1782 | 1353 |
| 样本<br>N = 3000 | 普通程序 | 183 | 34 | 74 | 39 | 36 |
| | 简易程序 | 750 | 158 | 261 | 215 | 116 |
| | 速裁程序 | 2067 | 503 | 630 | 531 | 403 |

现对上述数据选取及抽样中的相关问题集中予以说明。首先,本文将醉酒型危险驾驶案件作为考察对象,一是由于其在我国适用认罪认罚从宽制度案件中所具有的典型性,①二是由于此类案件相对简单、清晰的量刑情节为通过定量研究估计特定因素对量刑结果的影响提供了无可比拟的便利性优势。②其次,之所以在空间维度选定天津市,是因为其在地方性试点文件中明确规定了适用速裁程序、简易程序的量刑减让幅度,从而进一步增加本文考察对象的典型性。最后,将时间范围限定在 2018 年至 2021 年主要出于两方面的考虑:一方面,裁判年份的设置截至 2021 年是为了确保所获得数据的稳定性,笔者做此研究时裁判文书网站上 2022 年的数据仍处于变动中,这种变动的状态不利于确定总体数据的范围;另一方面,笔者最初拟将时间跨度确定为 5 年,但经初步检索发现,2017 年适用普通程序审理的认罪认罚危险驾驶案件数量极少(仅 18 件),可能会影响到后续定量分析模型的可靠性,故最终将起始年份确定为 2018 年。此外,《天津试点细则》于 2017 年 7 月开始实施至认罪认罚从宽制度试点工作结束,将 2018 年作为裁判文书检索的起始年份,也可以考察这一整年的《天津试点细则》

---

① 此类案件不仅整体基数较大,而且适用认罪认罚从宽制度的比率较高。相关数据可参见《认罪认罚案件大数据报告》,载微信公众号"中国政法大学刑事辩护研究中心"2018 年 8 月 10 日,https://mp. weixin. qq. com/s/GCiZxesogSuUUKzhzbIv0A;施鹏鹏:《认罪认罚从宽的类型化与制度体系的再梳理》,载《比较法研究》2021 年第 5 期;高鹏:《认罪认罚从宽制度的适用结构考察:维度、不足和改善》,载《人民司法》2021 年第 28 期。

② 参见吴雨豪:《认罪认罚"从宽"裁量模式实证研究:基于部分城市醉酒型危险驾驶罪的定量研究》,载《中外法学》2020 年第 5 期。

中上述程序简化量刑从宽条款的实际适用情况。

## (二)变量设置与分析方法

依据《中华人民共和国刑法》(以下简称《刑法》)第133条之一对危险驾驶罪的刑罚配置,本文将量刑结果设置为三个因变量:拘役宣告刑(以“月”为单位)、罚金数额(以“元”为单位)和缓刑适用(“否”=0,“是”=1)。结合《量刑指导意见》及部分地方性量刑规范化文件中关于醉酒型危险驾驶罪量刑情节的规定,笔者在裁判文书中提取了14个自变量:血液中的乙醇含量、坦白、自首、认罪认罚、经济损失、赔偿谅解、预缴罚金、前科、曾受行政处罚、发生交通事故、无证驾驶、在城市快速路或高路上行驶、其他从重情节、程序类型。① 其中,“乙醇含量”为数值型变量,其他均为定类型变量。在定类型变量中,“程序类型”为多元分类变量,适用“速裁程序”“简易程序”“普通程序”分别被赋值1、2、3;“赔偿谅解”亦为多元分类变量,“未赔偿未谅解”“已赔偿已谅解”“已赔偿未谅解”“未赔偿已谅解”分别被赋值0、1、2、3;其他定类型变量则均为二元分类变量,“无”和“有”相关情节分别对应数值0和1。

本研究旨在检验自变量对因变量的影响,故采用回归分析的方法,分析软件为SPSS。由于拘役宣告刑和罚金数额均为连续变量,故采用多元线性回归方法;缓刑适用为二元分类变量,所以选择二元Logistic回归方法。② 基于上述学界争议以及规范性文件中的相关规定,本文设立三个待检验的假设:“程序类型”分别对拘役宣告刑(假设1)、罚金数额(假设2)和缓刑适用(假设3)具有影响,即程序简化程度越高,相应拘役宣告刑的刑期和罚金数额越低,而适用缓刑的可能性越大,或者程序简化程度越低,拘役宣告刑的刑期和罚金数额则越高,适用缓刑的可能性越小。下文将对上述三个假设分别进行检验。

---

① 需要说明两点:第一,尽管所有样本均适用认罪认罚从宽制度,但裁判文书在“本院认为”中是否将“认罪认罚”或者类似表述作为量刑情节进行评价存在差异,故将“认罪认罚”作为与坦白、自首、赔偿等相并列的自变量予以考察;第二,机动车无号牌、逃避交警检查、逃逸等变量的数量较少,故将三者合并为一个变量“其他从重情节”。

② 使用SPSS软件检验多个自变量对因变量的影响时,若因变量为数值型连续变量,可选择“多元线性回归”;若因变量为“是”与“否”的二元分类变量,则可使用“二元Logistic回归”。

## 三、程序简化影响量刑从宽的实践图景

### (一)程序简化对拘役宣告刑的影响

借鉴白建军教授提出的“刑罚强度”概念,①以及高通副教授对拘役刑的标度方式,②笔者将拘役刑的基本测量单位定义为“月”。以此为标准,定罪但免于处罚的案件则标记为拘役 0 个月。总体来看,3000 个样本案件的拘役刑期平均值为 2.05 个月,中位数为 2 个月。经初步统计发现,适用速裁程序、简易程序、普通程序案件的拘役刑平均值分别为 2.02 个月、2.08 个月、2.27 个月,似乎程序简化的程度与拘役刑数值之间存在一定程度上的正向关联。但经线性回归分析发现,案件所适用的程序类型对拘役刑期的影响并不具有显著性,具体数据分析结果见表 2。

**表 2 拘役刑的多元线性回归模型(模型 1)**

| 自变量 | 未标准化系数 | 标准化系数 | 显著性 |
|---|---|---|---|
| (常量) | 0.847 | — | 0.000 |
| 乙醇含量 | 0.012 | 0.643 | 0.000 |
| 在快/高速路上行驶 | 0.725 | 0.143 | 0.000 |
| 发生交通事故 | 0.153 | 0.062 | 0.000 |
| 曾受行政处罚 | 0.235 | 0.053 | 0.000 |
| 认罪认罚 | -0.351 | -0.043 | 0.001 |
| 自首 | -0.496 | -0.239 | 0.000 |
| 坦白 | -0.409 | -0.203 | 0.000 |
| 前科 | 0.188 | 0.039 | 0.003 |
| 经济损失 | 0.123 | 0.048 | 0.005 |
| 未赔偿已谅解 | -0.268 | -0.027 | 0.043 |
| 简易程序 | — | — | 0.279 |
| 速裁程序 | — | — | 0.395 |

注:因变量:拘役。调整后决定系数 $R^2$:0.476。显著性取值:0.05。笔者对此多元线性回归分

① 参见白建军:《刑罚轻重的量化分析》,载《中国社会科学》2001 年第 6 期。

② 参见高通:《故意伤害案件中赔偿影响量刑的机制》,载《法学研究》2020 年第 1 期。

析做两点说明。第一,笔者将自变量进入线性回归分析的方式设置为“步进”,即自变量逐个进入回归分析之中,最终 SPSS 能够自动将对因变量(拘役刑)无显著影响的自变量剔除在回归模型之外。第二,“程序类型”属于多元分类变量,故需对其进行哑变量的设置。笔者将“普通程序”设定为参照类型,即分别测量“简易程序”“速裁程序”相对于“普通程序”对拘役刑结果的影响。笔者亦对“赔偿谅解”做了哑变量设置,由于其不是主要观测变量,故对此不再赘述。

由上述回归模型 1 可见,在 3000 个样本案件范围内,对拘役刑结果有显著影响的因素为:乙醇含量、在快/高速路上行驶、发生交通事故、曾受行政处罚、认罪认罚、自首、坦白等自变量。包括“程序类型”在内的其他自变量则被排除在回归模型之外,即这些因素对拘役刑结果的影响无显著性。① 该回归模型的调整后决定系数 $R^2$ 为 0.476,说明该模型能够解释 47.6% 的拘役刑结果的变化,在可接受范围内。② 从标准化系数来看,对拘役刑有负向显著性影响的变量为自首、坦白和认罪认罚等,且对拘役刑结果影响的相对重要性依次降低。

“简易程序”和“速裁程序”两个哑变量均对拘役刑结果无显著性影响。即相对于适用普通程序的案件而言,简易程序和速裁程序的适用均未对案件的拘役刑期产生统计学意义上的影响。为了进一步检验三种程序类型之间的两两影响关系,笔者又将“速裁程序”设定为参照类型,在其他自变量不变的情况下再次进行回归分析。分析结果显示,速裁程序的适用相对于简易程序案件而言对拘役刑期亦无显著性影响。另外,笔者按照裁判年份将数据分组后,分别以“普通程序”“速裁程序”作为参照类型进行了回归分析。在 2018 年至 2021 年各年份内,程序类型对拘役刑结果均无显著的影响。上述分析结果详见表 3。

---

① 笔者设置的显著性取值为 0.05,“显著性”数值小于等于 0.05 的自变量即对因变量拘役刑具有显著影响;该数值若大于 0.05,对应的自变量则对因变量无显著影响。表 2 中哑变量简易程序和速裁程序的显著性数值均大于 0.05,表明相对于适用普通程序的案件而言,简易程序和速裁程序的适用均对拘役刑期无显著影响,因而这两个哑变量被排除在模型 1 之外。尽管如此,为了便于读者直观了解程序类型对拘役刑的影响,笔者仍将简易程序和速裁程序的相关数据信息列在表 2 末尾。关于自变量对因变量是否具有显著影响的判断方法,如无特殊情况,笔者在解释下文其他表格数据时不再赘述。另外,表中的“标准化系数”用来比较判断不同自变量对因变量影响作用的大小,其绝对值越大,则相对影响越大,该系数为正值,则为正向影响,若为负值,则为负向影响,笔者在下文相关部分会对部分数值作必要分析。表中的“未标准化系数”和“常量”可用来构建相应的回归方程,本文暂不涉及。

② 在多元线性回归中,调整后决定系数 $R^2$ 用来衡量因变量的变动中有多大比例可以用自变量的变动来解释,进而表明该回归模型的预测准确率。

**表3　程序类型对拘役刑影响的显著性分析结果(按年份)**

| 参照类型 | 裁判年份 | 预测类型 | 显著性 |
|---|---|---|---|
| 普通程序 | 2018 | 简易程序 | 0.676 |
| | | 速裁程序 | 0.764 |
| | 2019 | 简易程序 | 0.680 |
| | | 速裁程序 | 0.627 |
| | 2020 | 简易程序 | 0.596 |
| | | 速裁程序 | 0.878 |
| | 2021 | 简易程序 | 0.695 |
| | | 速裁程序 | 0.344 |
| | 2018～2021 | 简易程序 | 0.279 |
| | | 速裁程序 | 0.395 |
| 速裁程序 | 2018 | 简易程序 | 0.676 |
| | | 普通程序 | 0.220 |
| | 2019 | 简易程序 | 0.680 |
| | | 普通程序 | 0.848 |
| | 2020 | 简易程序 | 0.596 |
| | | 普通程序 | 0.237 |
| | 2021 | 简易程序 | 0.695 |
| | | 普通程序 | 0.227 |
| | 2018～2021 | 简易程序 | 0.287 |
| | | 普通程序 | 0.756 |

综上所述,无论是在3000个样本范围内,还是从各个裁判年份角度观察,适用三种不同类型诉讼程序的案件,两两之间的拘役刑结果均不存在显著的差异。换言之,随着诉讼程序简化程度的递增或递减,相应的拘役刑结果并未呈现出统计学意义上的显著性差异,即上述假设1并不成立。即使在《天津试点细则》处于实施期的2018年度,其第6条第1款所规定的因适用速裁程序或简易程序额外获得的量刑减让,并未通过上述回归分析结果得到验证。

### (二)程序简化对罚金刑的影响

这里待检验的假设是:案件所适用诉讼程序的简化程度与被告人所获罚金刑的数额之间呈负相关,即若以普通程序案件的罚金数额作为参照标准,适用简易程序、速裁程序案件的罚金数额呈现递减关系。

在3000个样本范围内,罚金刑的平均数额为4632.33元,最小值为0元,最大值为25,000元。判决3000元和5000元罚金的案件数量最多,分别占比为25.8%和25.5%。判决10,000元及以下数额的案件占比高达98.1%,其中判决5000元及以下的案件占80.9%。从初步统计结果来看,适用普通程序案件的平均罚金数额(5232.24元)要高于适用简易程序和速裁程序的案件;后两类案件的平均值几乎持平,分别为4572元和4601.11元。适用速裁程序的案件中判决比例最高的罚金数额(3000元)要低于另外两类案件,简易程序和普通程序案件中判决最多的数额则均为5000元。在加入"裁判年份"这个观察维度后发现,随着程序简化程度的提高,2018年和2020年三种程序类型案件的罚金数额平均值呈现出一定的递减趋势;在2019年和2021年,尽管简易程序和速裁程序案件的罚金均值均远低于普通程序案件,但速裁程序案件的均值却反而高于简易程序案件。上述统计结果详见表4。

**表4　罚金数额平均值分布情况**

单位:元

| 程序类型 | 罚金数额平均值 | | | | |
|---|---|---|---|---|---|
| | 2018~2021年 | 2018年 | 2019年 | 2020年 | 2021年 |
| 普通程序 | 5232.24 | 5805.56 | 5089.74 | 4614.86 | 6132.35 |
| 简易程序 | 4572.00 | 4836.21 | 4430.23 | 4446.36 | 4778.48 |
| 速裁程序 | 4601.11 | 4803.97 | 4515.07 | 4277.78 | 4934.39 |

至于在统计学意义上,适用速裁程序和简易程序而带来的程序简化是否会对罚金刑结果产生影响,则需通过回归分析来进行检验。由于罚金数额分布的偏态较严重,故先对因变量"罚金数额"做取对数的处理,即将其转换为因变量"lg罚金"。对3000个样本的多元线性回归分析结果显示,以普通程序案件的罚金数额作为参照基准,简易程序和速裁程序的适用均未对罚金数额产生显著影响(见表5)。尽管从表4中的数据看,在2018年至2021年范围内,

适用简易程序、速裁程序案件的罚金均值明显低于普通程序案件,但表5中的回归模型(模型2)显示,影响罚金数额的显著因素是乙醇含量、自首、坦白等,而不包括案件适用的程序类型。

表4中部分年份不同程序类型案件的罚金均值存在一定程度上的递减或递增关系,但描述性层面上的均值差异不代表程序简化确实对罚金数额存在统计学意义上的影响;罚金数额的确定是多个因素共同影响的结果,故笔者需进一步通过对各年份样本案件做回归分析从而予以验证。从表6中程序类型对罚金数额影响的显著性分析结果看,无论是将“普通程序”还是“速裁程序”作为参照类型,适用另外两种类型的程序均不会对罚金数额产生显著性影响。综上可见,程序简化程度越高罚金数额越低的假设并不成立。

**表5　罚金数额的多元线性回归模型(模型2)**

| 自变量 | 未标准化系数 | 标准化系数 | 显著性 |
|---|---|---|---|
| (常量) | 3.420 | — | 0.000 |
| 乙醇含量 | 0.002 | 0.449 | 0.000 |
| 快/高速路 | 0.083 | 0.076 | 0.000 |
| 自首 | -0.151 | -0.339 | 0.000 |
| 坦白 | -0.120 | -0.279 | 0.000 |
| 经济损失 | 0.035 | 0.065 | 0.000 |
| 简易程序 | — | — | 0.723 |
| 速裁程序 | — | — | 0.693 |

注:因变量:lg罚金。调整后决定系数$R^2$:0.283。自变量进入回归分析的方式仍为“步进”,对因变量lg罚金无显著影响的自变量自动被排除在回归模型之外。此次回归分析仍将“程序类型”中的“普通程序”作为参照类型,“简易程序”和“速裁程序”为哑变量。

**表6　程序类型对罚金数额影响的显著性分析结果（按年份）**

| 参照类型 | 裁判年份 | 预测类型 | 显著性 |
|---|---|---|---|
| 普通程序 | 2018 | 简易程序 | 0.871 |
| | | 速裁程序 | 0.260 |
| | 2019 | 简易程序 | 0.511 |
| | | 速裁程序 | 0.749 |
| | 2020 | 简易程序 | 0.366 |
| | | 速裁程序 | 0.233 |
| | 2021 | 简易程序 | 0.115 |
| | | 速裁程序 | 0.262 |
| | 2018～2021 | 简易程序 | 0.726 |
| | | 速裁程序 | 0.696 |
| 速裁程序 | 2018 | 简易程序 | 0.871 |
| | | 普通程序 | 0.075 |
| | 2019 | 简易程序 | 0.511 |
| | | 普通程序 | 0.513 |
| | 2020 | 简易程序 | 0.366 |
| | | 普通程序 | 0.549 |
| | 2021 | 简易程序 | 0.115 |
| | | 普通程序 | 0.469 |
| | 2018～2021 | 简易程序 | 0.581 |
| | | 普通程序 | 0.142 |

注：显著性取值：0.05。

### （三）程序简化对缓刑适用的影响

案件适用程序的简化程度越高，司法机关适用缓刑的可能性是否越大？笔者将对此进行验证。

从表7中的描述性统计数据看，案件适用程序的简化程度与缓刑适用比率成正比。以适用普通程序的案件为观察基准，随着程序简化程度的增加，法院适用缓刑的可能性也在增加。在 2018 年至 2021 年的 2996 个样本范围内,[①]适用普通程序、简易程序、速裁程序的案件适用缓刑的比率呈递增之势,分别为 43.2%、64.2% 和 71.0%。简易程序案件缓刑适用比率高出普通程序案件 21.0%,但与速裁程序案件相差不大,差值为 6.8%。从单个年份的数据来看,2019 年、2020 年的数据分布趋势与上述整体情况相似,简易程序案件比普通程序案件高出的比率差值分别为 24.4% 和 25.4%,其与速裁程序案件缓刑适用率的差值则分别为 2.5% 和 3.6%。2018 年和 2021 年的情况则有所不同。2018 年简易程序案件和普通程序案件的缓刑适用率几乎持平,前者仅比后者高 0.9%。相较而言,2021 年三种程序类型案件的缓刑适用率则呈现出更强的"阶梯性",普通程序—简易程序—速裁程序的相邻差值分别为 28.8% 和 10.2%。

**表 7 缓刑适用比率分布情况**

单位:%

| 程序类型 | 缓刑适用比率 | | | | |
|---|---|---|---|---|---|
| | 2018 ~ 2021 年 | 2018 年 | 2019 年 | 2020 年 | 2021 年 |
| 速裁程序 | 71.0 | 68.8 | 60.2 | 69.5 | 86.1 |
| 简易程序 | 64.2 | 56.5 | 57.7 | 65.9 | 75.9 |
| 普通程序 | 43.2 | 55.6 | 33.3 | 40.5 | 47.1 |
| 总计 | 67.6 | 65.4 | 58.2 | 66.3 | 81.9 |

定量分析结果表明,在 2018 年至 2021 年的 2996 个样本范围内,案件适用程序的类型在统计学意义上对缓刑的适用具有显著性影响,即案件适用程序的简化程度越高,缓刑适用的可能性则越大。是否适用缓刑属于二分类变量,分析多个自变量是否对其存在统计学意义上的影响,需运用二元 Logistic 回归的方法。笔者得到如表 8 所示的模型 3,模型拟合优度较好,Cox & Snell $R^2$ 和 Negelkerke $R^2$ 分别为 0.218 和 0.304,预测准确率为 76.7%。[②] 数据显示,程序类型对缓刑适用的影响具有显著性。笔者先后做了两次回归分析,以系统验证普通程序、简易程序、速裁程序对缓刑适用的具体影响。第一次回归分析以

---

① 剔除了 4 个定罪免刑的样本,故这里的样本总数为 2996。

② 类似于多元线性回归中的调整后决定系数 $R^2$,在二元 Logistic 回归中,Cox & Snell $R^2$ 和 Negelkerke $R^2$ 是从不同角度来反映自变量的变动所引起的因变量变动的比例。与多元线性回归不同,SPSS 会在二元 Logistic 回归结果中单独给出一个模型预测准确率。

普通程序为参照值,简易程序和速裁程序的 Exp(B)值分别为 1.768 和 2.310,这意味着在简易程序和速裁程序案件中,法院适用缓刑的概率分别是普通程序案件的 1.768 倍和 2.310 倍。本次回归分析只能得出简易程序、速裁程序分别相对于普通程序对缓刑适用影响的显著性,而无法获知速裁程序相对于简易程序对缓刑适用的影响效果如何。故笔者又将速裁程序设定为参照值,进行了第二次回归分析。结果表明,相对于速裁程序案件而言,适用简易程序会对缓刑适用产生显著影响,简易程序的 Exp(B)值为 0.757,即在简易程序案件中法院适用缓刑的概率是速裁程序案件的 0.757 倍,前者适用缓刑的可能性要低于后者。因此,综合两次回归分析结果来看,普通程序—简易程序—速裁程序在统计学意义上对缓刑的适用呈递增性影响,即程序简化程度越高,法院适用缓刑的可能性越大。所以,在 2018 年至 2021 年的 2996 个样本范围内,上述假设 3 成立。

**表 8　缓刑适用的 Logistic 回归模型(模型 3)**

| 自变量 | B | 显著性 | Exp(B) | 标准 |
|---|---|---|---|---|
| 乙醇含量 | -0.017 | 0.000 | 0.983 | -0.480 |
| 预缴罚金 | 0.806 | 0.000 | 2.239 | 0.138 |
| 在快/高速路上行驶 | 0.568 | 0.046 | 1.765 | 0.058 |
| 发生交通事故 | -0.767 | 0.000 | 0.465 | -0.161 |
| 前科 | -1.462 | 0.000 | 0.232 | -0.157 |
| 曾受行政处罚 | -2.403 | 0.000 | 0.090 | -0.284 |
| 无证驾驶 | -0.277 | 0.050 | 0.758 | -0.047 |
| 普通程序(参照值) | 0.000 | 0.000 | 0.000 | 0.000 |
| 速裁程序 | 0.837 | 0.000 | 2.310 | 0.214 |
| 简易程序 | 0.570 | 0.003 | 1.768 | 0.136 |
| 常量 | 3.100 | 0.000 | 22.195 | — |
| 速裁程序(参照值) | 0.000 | 0.000 | 0.000 | 0.000 |
| 简易程序 | -0.278 | 0.007 | 0.757 | — |
| 普通程序 | -0.837 | 0.000 | 0.433 | — |

注:因变量:缓刑。自变量的回归方法为逐个进入模型("向前:有条件"),最终得到的回归模型中自动排除了对缓刑适用无显著影响的自变量。表中的"B"为回归系数,其与常量可用来构建回归方程。"Exp(B)"为 OR 值即优势比,用以显示对应自变量的影响作用。例如,自变量"前科"的 Exp(B)=0.232,意味着相对于没有前科的情况而言,存在前科的适用缓刑的概率是前者的 0.232 倍。表中的"标准"为标准化系数,可用以表示不同自变量对因变量影响作用的相对大小;通过 SPSS 使用二元 Logistic 回归无法直接得出各个自变量的标准化系数,但可通过一定的公式换算得出。

尽管上述关于程序简化程度与缓刑适用关系的假设成立,但有两方面的情况需要注意。其一,本文的观测对象城市即天津市的缓刑适用可能受到了重要非规范性因素的影响,①因而我们可能需对上述回归分析中程序类型变量对缓刑适用的显著影响持谨慎态度。从表 8 数据来看,自首、坦白等可能对缓刑适用具有正向效果的自变量被排除在模型之外,即这些重要量刑情节并未对缓刑的适用产生显著性影响。这与《量刑指导意见》的规定以及我们的普遍认识有所出入,其原因可能在于部分非规范性因素的影响。② 这些非规范性因素的存在可能会在一定程度上对上述回归模型的准确性有所削弱,但在客观层面不影响我们对程序类型变量对缓刑适用作用的判断。其二,在不同年份中程序简化程度对缓刑适用的影响不同,从 2018 年至 2021 年,这种影响程度呈现出一种递增态势。笔者按照年份进行了分组检验,表 9 回归分析结果显示,在 2018 年和 2019 年程序类型变量对缓刑适用的影响均无显著性。在 2020 年,上述假设部分成立,即简易程序和速裁程序对缓刑适用的显著性影响均是相对于普通程序而存在,但速裁程序相对于简易程序则对缓刑适用无显著影响。换言之,程序简化程度越高则适用缓刑的可能性越大这一假设只在简易程序和普通程序之间、速裁程序和普通程序之间成立。到 2021 年,上述假设则在普通程序—简易程序—速裁程序之间完全成立。

**表 9　程序类型对缓刑适用影响回归分析结果(按年份)**

| 参照值 | 自变量 | 2018 年 | 2019 年 | 2020 年 | | | 2021 年 | | |
|---|---|---|---|---|---|---|---|---|---|
| | | 显著性 | 显著性 | B | 显著性 | Exp(B) | B | 显著性 | Exp(B) |
| 普通程序 | 速裁程序 | 0.865 | 0.073 | 1.076 | 0.001 | 2.932 | 1.756 | 0.000 | 5.787 |
| | 简易程序 | 0.368 | 0.179 | 0.856 | 0.008 | 2.354 | 1.216 | 0.013 | 3.373 |
| 速裁程序 | 简易程序 | 0.172 | 0.370 | -0.219 | 0.245 | 0.803 | -0.540 | 0.044 | 0.583 |
| | 普通程序 | 0.865 | 0.073 | -1.076 | 0.001 | 0.341 | -1.756 | 0.000 | 0.173 |

① 所谓非规范性因素,是指法律规范层面并未规定,且裁判文书中亦未提及,但实际可能会对缓刑适用产生影响的因素。

② 如新冠疫情因素。接受笔者访谈的天津市某中级人民法院的法官表示,疫情防控压力使看守所、监狱等部门对羁押犯人持一定的排斥态度,这种压力在某种程度上传导给了法院,使法院在对缓刑的适用进行裁量时比以往把握得更加宽松。

### (四)程序简化对量刑从宽的影响机制

从上述拘役刑、罚金刑和缓刑适用的回归统计分析结果来看,在实践层面程序简化影响量刑从宽的机制如下。

第一,普通程序、简易程序和速裁程序的适用对拘役的刑期和罚金的数额并无显著影响,即在统计学意义上程序的简化并未带来拘役刑和罚金刑的从宽适用。由回归模型1(表2)和模型2(表5)的标准化回归系数可以得出,拘役刑期影响因素的相对重要性排序为:血液乙醇含量、自首、坦白、在快/高速路上行驶、交通事故、行政处罚、经济损失、认罪认罚、前科;罚金数额影响因素的相对重要性排序为:血液乙醇含量、自首、坦白、在快/高速路上行驶、经济损失。《天津试点细则》中"选择适用速裁程序的,可以再减少基准刑的15%以下;选择适用简易程序的,也可比照速裁程序酌情从宽"的规定,未能通过上述定量分析得到验证。

第二,普通程序、简易程序和速裁程序的适用对缓刑的裁判存在显著影响,即程序简化的程度越高,法院最终适用缓刑的概率越大。上述二元Logistic回归模型3(见表8)的标准化回归系数显示,按照相对重要性排序,适用缓刑的影响因素依次为:血液乙醇含量、行政处罚、速裁程序、交通事故、前科、预缴罚金、简易程序、无证驾驶、在快/高速路上行驶。标准化回归系数的绝对值越大,说明该自变量对因变量的影响越大。作为哑变量的速裁程序的该系数为0.214,仅低于乙醇含量的-0.480和行政处罚的-0.284,可见速裁程序的适用对于缓刑的适用在统计学意义上具有较为重要的影响。哑变量简易程序的标准化回归系数仅为0.136,尽管相对于速裁程序和普通程序而言亦对缓刑的适用存在显著影响,但其影响程度相对较小。

第三,程序简化对缓刑适用方面的从宽体现为一种定性影响机制。相对而言,拘役刑期和罚金数额的确定是一种定量计算,而是否适用缓刑则是一种定性判断,程序简化的程度仅对后者存在显著影响。从上述回归模型来看,案件适用简易程序或速裁程序可能并未成为计算拘役刑期和罚金数额的减让比例,这两种刑罚的确定仍然依赖于《量刑指导意见》明确规定的各种法定情节以及与危险驾驶罪相关的酌定情节。而缓刑的适用则是一种"是"与"否"的定性裁量。根据《刑法》第72条第1款之规定,对于被判处拘役、三年以下有期徒刑的犯罪分子,是否适用缓刑的考量条件包括:(1)犯罪情节较轻;(2)有悔罪表现;(3)没有再犯罪的危险;(4)宣告缓刑对所居住社区没有重大不良影响。从既有法律规范层面进行解释,程序简化对缓刑适用的影响机制可能源于速裁程序、简易程序与缓刑适用条件的重合性。以对缓刑适用具有较大影响的速裁程序为例,根据《刑事诉讼法》第222条第1款,速裁程序的适用条件如下:(1)基层人民法院管辖的可能判处三年有期徒刑以下刑罚的案件;(2)案件事实清楚,证据确实、充分;(3)被告人认罪认罚;(4)被告人同意适用速裁程序。其中,条件(3)基本与缓刑的"有悔罪表现"对等。根据《认罪认罚指导意见》第7条,"认罚"是指"犯罪嫌疑人、被告人真诚悔罪,愿意接受处罚","应当结合退赃退赔、赔偿损失、赔礼道歉等因素来考量"。而缓刑条件中的"有悔罪表现","是指犯罪后悔恨自己罪行的表现,如犯罪后积极退赃,真诚向被害人道歉,在羁押期间遵守监管法规等"。① 以"有悔罪表现"为媒介,条件(3)"被告人认罪认罚"就可进一步与适用缓刑的实质条件"没有再犯罪的危险"相匹配。综上,案件是否适用速裁程序和最终是否适用缓刑均为定性判断,符合速裁程序适用条件的案件很可能亦符合缓刑的适用条件。这也就解释了在上述回归模型3中速裁程序这一变量对缓刑适用具有较大影响的机制。但这种影响机制能否归为前文所述的诉讼效率提高与量刑结果从宽之间的直接因果关系,以及为何程序简化未对自由刑、罚金刑等产生显著影响,还需进一步结合前文中的相关理论预设进行反思。

## 四、程序简化与量刑从宽关系的理论反思

在认罪认罚从宽制度的整体语境下,被追诉人的认罪认罚行为通常会带来速裁程序、简易程序的适用,从而带来程序简化的效果。相对于以前,作为一个新的概念,"认罪认罚"的出现已对既往的量刑情节体系和理论话语体系产生了实质性影响。《认罪认罚指导意见》《量刑指导意见》等已将"认罪认罚"确定为一个新的独立的量刑情节,为了论证如此规定的正当性以及整个认罪认罚从宽制度的改革必要性,如前文所述,学界及顶层改革者提出了程序简化与量刑从宽之间的"互惠说"。该学说的理论假设可用以下关系式表示:认罪认罚→程序简化(速裁程序、简易程序)→诉讼效率→量刑从宽。对于该理

① 张明楷:《刑法学(上册)》(第6版),法律出版社2021年版,第790页。

论假设,我们须在实然层面去验证程序简化是否带来了量刑从宽。上述定量分析已在一定程度上做出了否定性的回答:(1)程序简化对具体刑罚(拘役、罚金)的确定不存在统计学意义上的显著影响;(2)程序简化是刑罚执行方式即缓刑适用的重要影响因素。在完成这种验证之后,我们还需进一步在应然层面对程序简化与量刑从宽的关系做出反思,对上述理论预设做出理论回应。由于笔者已在上文中对程序简化影响缓刑适用的机制做出了部分的理论分析,因此这里将重点反思程序简化与具体刑罚从宽之间的关系。

**(一)程序维度:程序类型的确定与量刑建议的形成存在时间冲突**

速裁程序、简易程序的适用并未实际成为拘役、缓刑等具体刑罚的影响因素,从认罪认罚案件量刑结果的整个形成过程来反思,检察机关量刑建议的形成时间在先,案件适用程序类型的确定时间在后,程序类型成为量刑要素在时空维度上存在障碍。《刑事诉讼法》第 201 条规定,“对于认罪认罚案件,人民法院依法作出判决时,一般应当采纳人民检察院指控的罪名和量刑建议”。在我国认罪认罚从宽制度背景下,检察机关扮演着十分重要的角色,[①]检察机关的量刑建议在某种意义上是被追诉人所能获得从宽量刑结果的关键载体和预示。[②] 若如《天津试点细则》第 6 条第 1 款所规定,“选择适用速裁程序的,可以再减少基准刑的 15% 以下;选择适用简易程序的,也可比照速裁程序酌情从宽”,检察机关在形成量刑建议时就需要考虑所适用程序类型的情况。但是,检察机关量刑建议的计算和确定是在审查起诉阶段,而被追诉人对程序类型的选择及确定却在审判阶段,两者存在着时空上的错位。这使检察机关在计算量刑建议时很难把“将来时”的案件程序类型作为量刑要素进行考量。

尽管依据《刑事诉讼法》第 174 条第 1 款以及《认罪认罚指导意见》第 31 条第 1 款,认罪认罚的犯罪嫌疑人与检察机关亦需在审查起诉阶段就“程序适用”问题达成合意并体现在认罪认罚具结书的内容之中,但这里的程序适用合意并不会最终决定速裁程序或简易程序的适用,而仅决定检察机关在提起公诉时是否向法院建议适用速裁程序或简易程序。《刑事诉讼法》第 214 条第 2 款和第 222 条第 2 款规定,人民检察院在提起公诉的时候,可以建议人民法院

---

① 有学者指出,“与认罪认罚从宽案件中法官‘一般应当’接受检察官的量刑建议相结合,构成了中国特色的‘检察官裁判’体系”。参见王戬:《我国起诉制度的完善及指标化问题》,载《法学》2023 年第 6 期。

② 参见陈国庆:《量刑建议的若干问题》,载《中国刑事法杂志》2019 年第 5 期。

适用简易程序或速裁程序。再结合《人民检察院刑事诉讼规则》第430条第3项和第437条第3项之规定来看,犯罪嫌疑人在审查起诉阶段同意适用简易程序或速裁程序是检察机关向法院提出相应建议的前提条件。因此,具结书中固定下来的程序适用合意,其实是控辩双方关于检察机关在下一个诉讼阶段向法院建议适用相应程序的合意,而非决定适用该程序的合意。而决定程序适用的是审判阶段法院与被告人之间的合意。依据《刑事诉讼法》第214条第1款和第222条第1款以及最高人民法院《关于适用〈中华人民共和国刑事诉讼法〉的解释》第359条和第369条,适用简易程序或速裁程序的决定机关是法院,其决定适用的前提之一是被告人在审判阶段作出同意适用程序的意思表示。

由此可见,假设把适用简易程序或速裁程序作为量刑减让的考量因素,检察机关无法把在审判阶段才能确认的程序适用要素纳入审查起诉阶段量刑建议的计算过程中,这在时间序列方面可能不具有可操作性。检察机关提出量刑建议的依据只能是在审查起诉阶段就已存在的量刑情节。最高人民检察院于2021年年底颁布的《人民检察院办理认罪认罚案件开展量刑建议工作的指导意见》第3条规定,"人民检察院对认罪认罚案件提出量刑建议,应当符合以下条件:……(二)提出量刑建议所依据的法定从重、从轻、减轻或者免除处罚等量刑情节已查清;(三)提出量刑建议所依据的酌定从重、从轻处罚等量刑情节已查清"。适用简易程序、速裁程序还是普通程序,案件程序类型待到审判阶段才能得以确定,检察机关何以在提出量刑建议时就能对此"已查清"?这也许能在动态的程序维度解释案件程序类型为何在实然层面未对量刑从宽产生统计学意义上的显著影响。

**(二)实体维度:将程序简化作为从宽情节缺乏刑罚理论支撑**

上述程序维度的反思是从实践的、动态的角度分析将适用速裁程序或简易程序这一程序类型要素作为认罪认罚案件量刑因素的可行性问题,该层面的反思内含的逻辑前提是把速裁程序或简易程序的适用假定为可予以考虑的量刑因素。笔者接下来将在这一逻辑链条上进一步往前追问:程序简化应否成为量刑从宽的情节?对这一问题的回答,我们须回到实体法层面,检视能否找到刑罚理论上的支撑。

其一,以诉讼效率的节省换得量刑上的优惠,这种"互惠说"目前可能难以在刑罚正当化根据方面获得支撑。"刑罚正当化根据"是刑法理论中的重要议题，其回答的问题不仅是“为什么”刑罚是正当的根据，也是“何种程度的”刑罚是正当的根据。① 以效率换刑罚的正当性目前在实体法理论上存在障碍：尽管在程序法维度上提升诉讼效率是认罪认罚从宽制度改革的功利主义根据，②但效率换刑罚却无法更进一步地通过实体法层面上的刑罚功利主义论的校验。报应主义论和功利主义论是阐释刑罚正当性根据的两大基础性学说，两者的有机结合进而形成目前较为主流的刑罚混合论或者说并合主义论。③ 刑罚正当性理论中的功利主义是与报应主义相对，其认为刑罚的正当性并非源自伦理或道义上犯罪人应得的谴责性，而是借助威慑、消除犯罪能力或潜在犯罪人的矫正等概念工具实现避免或预防未然犯罪这种更为实际的正当化理由。④ 然而，程序法意义上的“功利主义”考量不等同于刑罚正当性方面的“功利主义”根据。被追诉人同意选择适用更为简化的诉讼程序类型进而为国家节省了诉讼资源、提高了诉讼效率，因此其应获得刑罚上的减让，这种效率换刑罚的理由目前难以在功利主义下的各种主要学说中找到证成其正当性的根据。

其二，将被追诉人选择适用速裁程序、简易程序认为其人身危险性的降低，进而肯定其获得从宽量刑的正当性，该解释路径亦存在障碍。依据传统刑罚理论，犯罪人较低的人身危险性意味着特殊预防的必要性较低，所以犯罪人可能会在预防刑层面获得一定幅度的量刑从宽。这里主要涉及的是被追诉人同意适用速裁程序、简易程序与认罪认罚从宽制度语境下“认罚”之间的关系。有学者认为，“‘认罚’之‘罚’一般应当是指法院适用简化诉讼程序审理案件以后可能判处的刑罚，因而‘认罚’除了要求犯罪嫌疑人、被告人‘同意量刑建议’以外，还要求其同意适用速裁程序、简易程序或普通程序简化审程序”⑤。易言之，其认为同意适用简化诉讼程序是被追诉人“认罚”的必要条件之一。假设此解释成立，则同意适用简化诉讼程序可以内化为犯罪人的人身危险性的评价因素，进而为效率换量刑找到刑罚正当性的依据。但随后出台的《认罪认罚

---

① 平野龙一『刑法総論Ⅰ』（有斐阁，1972 年版）27 頁。

② 参见卢建平：《认罪认罚从宽：从政策到制度》，载《北京联合大学学报（人文社会科学版）》2017 年第 4 期。

③ 参见陈兴良主编：《刑法总论精释（下）》（第 3 版），人民法院出版社 2016 年版，第 722 页；［美］约书亚·德雷斯勒：《美国刑罚纲要》，姜敏译，中国法制出版社 2016 年版，第 110、112 页。

④ 参见［美］保罗·H. 罗宾逊：《进行中的刑罚理论革命：犯罪控制意义上的公正追求》，王志远译，载《当代法学》2012 年第 2 期。

⑤ 孙长永：《认罪认罚从宽制度的基本内涵》，载《中国法学》2019 年第 3 期。

指导意见》并非采用此种观点,其第7条第2款规定:“犯罪嫌疑人、被告人享有程序选择权,不同意适用速裁程序、简易程序的,不影响‘认罚’的认定。”可见,在法律规范层面,在程序上被追诉人选择适用简化程序与在实体上认定其“认罚”之间不存在关联。上述条款是从反面否定这种关系,若从正面对上述规定进行解释,意即被追诉人同意适用速裁程序、简易程序的,与认定其“认罚”与否无关。因此,将“认罚”及其内含的人身危险性作为中间要素的量刑从宽正当性的解释路径,即同意适用简化程序(提高诉讼效率)→认罚→人身危险性降低→量刑从宽,无法在法律规范层面得到支撑。进一步从理论层面审视,所谓“认罚”是指被追诉人的悔罪态度和悔罪表现,如积极退赃退赔,积极与被害人达成和解赔偿损失等。“悔罪从刑法的特别预防价值看,意味着犯罪嫌疑人、被告人意识到自己的行为是错的,内心对此感到悔恨,愿意认错服法,也表明其人身危险性降低”,①人身危险性指向的是犯罪人再犯罪的可能性。②然而,是否同意适用速裁程序、简易程序是被追诉人的一项诉讼权利,该程序性权利的行使应属于被追诉人的自由意志范畴,其与实体法层面的“悔罪”与否无关。若将此项程序选择权与作为刑罚评价因素的“悔罪”做绑定,一方面可能与无罪推定的精神相悖,另一方面可能会对被追诉人做出程序选择的自主意愿造成压制。

其三,即使在允许进行辩诉交易的美国,效率换刑罚也存在合法性及正当性方面的障碍。国内有学者指出:“如果仅仅出于提高办案效率的功利化需求就可以对犯罪人从宽处罚,等于一定程度上承认辩诉交易。”③但须注意的一个事实是,尽管美国承认辩诉交易,但上述实体从宽逻辑在美国亦存在正当性方面的挑战,以至于美国联邦和绝大多数州的量刑指南等实定法(statue)均未将被追诉人放弃陪审团审判而选择辩诉交易作为一个可以获得量刑减让结果(sentencing discount)的情节。④ 在美国的部分州,辩诉交易和陪审团审判之间的刑罚差异(differences between plea and jury trial sentences)得到了实证数据的

---

① 苗生明、周颖:《认罪认罚从宽制度适用的基本问题——〈关于适用认罪认罚从宽制度的指导意见〉的理解和适用》,载《中国刑事法杂志》2019年第6期。

② 参见张明楷:《刑法学(上册)》(第6版),法律出版社2021年版,第213页。

③ 王瑞君:《“认罪从宽”实体法视角的解读及司法适用研究》,载《政治与法律》2016年第5期。

④ 美国辩诉交易一般包括“指控交易”“量刑交易”等类型,但最终体现的结果一般都是量刑或刑罚结果上的减让,笔者在这里即是在结果层面使用“量刑减让”“刑罚减让”等表述。

验证，即“程序折扣”(process discounts)确实存在于司法实践之中。[①]“效率理论”(efficiency theory)是美国法学界和实务界对这种刑罚差异现象的重要解释，即被追诉人选择放弃陪审团审判节约了大量诉讼资源，刑罚减让是对此的一种回报。然而，这种刑罚减让逻辑并未在美国的法律规范以及判例层面得到明确的认可，其在合法性方面的主要障碍在于合宪性问题以及由此产生的社会接受度问题。在美国，接受陪审团审判属于被追诉人的宪法性权利，放弃(waiver)该权利转而选择辩诉交易进而因节省大量诉讼成本获得更大幅度的量刑优惠，这会被认定为违宪。[②] 此外，假如认可这种效率换刑罚的规则，被追诉人选择适用陪审团审判的宪法权利将可能受到检察机关或法院的威胁。因此，对于适用辩诉交易程序的被追诉人，检察机关、法院只被允许将被追诉人悔过(remorse)或认可承担刑事责任(acceptance of responsibility)作为刑罚减让的正当依据。[③]

### (三)程序简化与量刑从宽关系厘定：认罪认罚的两个平行效果

本文所指向的理论预设内含着一种因果关系：因为程序简化能够提高诉讼效率，所以对于同意适用速裁程序、简易程序的被追诉人应给予一定的量刑从宽。意即程序简化是因，量刑从宽是果，前者是后者的原因之一。笔者通过上文在经验和理论层面的论证，已在一定程度上证否了这种因果关系。进一步从证成的角度去追问，认罪认罚从宽制度语境下的程序简化和量刑从宽之间到底是何关系，两者孰因孰果？笔者认为，程序简化与量刑从宽是被追诉人认罪认罚后两个相互平行的可能效果，两者之间并无交叉。

被追诉人的认罪认罚行为会产生程序性和实体性的两种评价效果。程序性评价效果是指程序简化的实现，即认罪认罚可能带来速裁程序或简易程序的适用；实体性评价效果是指可能带来量刑上的从宽，即将认罪认罚作为从宽的量刑情节进行评价。依据《刑事诉讼法》第222条第1款和《认罪认罚指导意见》第46条第1款，基层人民法院管辖的被告人认罪认罚案件，可以适用速

---

① See Shi Yan & Shawn D. Bushway, *Plea Discounts or Trial Penalties? Making Sense of the Trial-Plea Sentence Disparities*, Justice Quarterly, Vol. 35, p. 1226 – 1245(2018).

② 比较典型的案件可参见 Gerald Ballard Smith v. State of Maryland, 825 A. 2d 1055 (Md. 2003)。

③ See Nancy J. King & David A. Soule et al., *When Process Affects Punishment: Differences in Sentences after Guilty Plea, Bench Trial, and Jury Trial in Five Guidelines States*, Columbia Law Review, Vol. 105, p. 959 – 967(2005).

裁程序或简易程序审判。可见,程序简化是法院在程序层面对被告人认罪认罚的一种评价结果。在实体层面,《认罪认罚指导意见》和《量刑指导意见》已将认罪认罚确立为区别于自首、坦白的独立量刑情节,①即被告人认罪认罚要作为决定量刑的因素接受评价,进而可能产生量刑从宽的效果。因此,程序简化和量刑从宽是被追诉人认罪认罚分别在程序和实体两个平行层面产生的两种效果(见图1),前者发生于诉讼过程之中,后者呈现为最终的裁判结果。

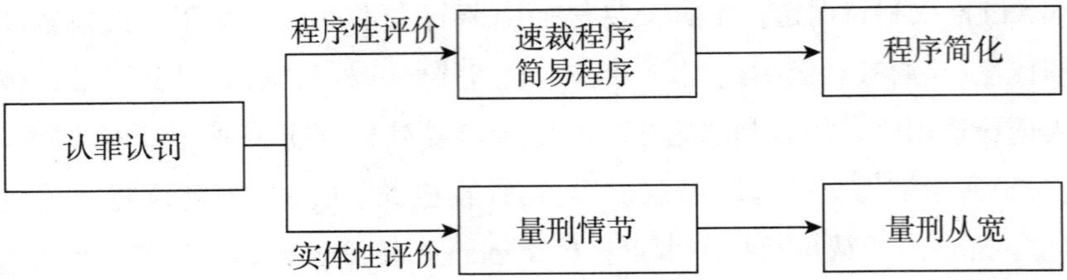


**图1　认罪认罚两个层面的评价效果**

基于上述由认罪认罚而带来的两种评价结果,若将程序简化作为量刑从宽的原因之一,可能导致量刑评价因素失当的情况。一方面,认罪认罚会被重复评价。程序简化是认罪认罚在程序面的评价结果,作为量刑情节的认罪认罚本身在实体面会获得量刑从宽的评价结果,若程序简化亦会换得量刑从宽的效果,那么在此逻辑链条中被追诉人的认罪认罚被评价了两次。这在某种意义上是对"禁止重复评价量刑情节"的违反。另一方面,被追诉人同意程序适用会被间接地转化为量刑情节进而接受实体面上的评价,进而导致量刑评价因素的溢出。依据《刑事诉讼法》第214条和第222条,被追诉人的同意是适用简易程序或速裁程序的必要条件。在程序简化可以换得量刑从宽的逻辑中,同意程序适用实质上成为量刑从宽的评价要素。被追诉人同意程序适用或者说被追诉人与国家之间达成的程序适用合意,是通过适用简易程序或速裁程序实现程序简化的正当性基础之一;②若程序选择权的行使与量刑结果挂钩,被追诉人此项权利的自由意志内核可能会受到冲击,进而减损程序简化本身的正当性。

综上所述,效率换量刑的逻辑链条(认罪认罚→程序简化→诉讼效率→量

① 参见樊崇义:《认罪认罚从宽与自首坦白》,载《人民法治》2019年第1期。

② 参见贾志强:《论"认罪认罚案件"中的有效辩护——以诉讼合意为视角》,载《政法论坛》2018年第2期。

刑从宽)在程序和实体维度均面临挑战。在程序维度,基于我国目前认罪认罚从宽制度框架,检察机关已包含既定从宽幅度且对法院有一定约束力的量刑建议形成于审查起诉阶段,而案件适用速裁程序或简易程序的确定时间则在审判阶段,将程序简化作为量刑从宽的考量因素,在程序实现机制方面存在时间上的冲突。在实体维度,将程序简化作为从宽量刑情节,难以获得目前刑罚理论的支撑,其在刑罚正当性根据、人身危险性勾连解释以及比较法等方面均存在着理论障碍。在我国的法律规范背景下,程序简化和量刑从宽并非因果关系,而是一种平行关系,即司法机关对被追诉人的认罪认罚行为分别在程序面和实体面的两种平行的评价效果。

## 五、结语

伴随着认罪认罚从宽制度的"成长",围绕此项制度的独立品格以及改革意义,学界一直存在争论。"实体从宽,程序从简"的二维定位,已使认罪认罚从宽制度具有了较为丰富的内涵。但相较于既有的实体从宽话语体系而言,认罪认罚从宽制度能够带来何种"增长点",是一个亟待解答的问题。将程序从简与实体从宽进行勾连,成为改革者及学界回应上述问题的一条路径。如上文所述,这条解释路径是:被追诉人认罪认罚能够带来速裁程序或简易程序的适用,程序简化带来诉讼效率的提升,作为一种互惠,国家应当给予更为宽缓的刑罚结果。但在经验层面是否实际如此?本文以此作为有待检验的理论假设,以醉酒型危险驾驶案件为切入点,对程序简化和量刑从宽的关系进行了实证研究。

本文以样本案件适用速裁程序、简易程序、普通程序的程序类型作为程序简化的测量刻度,定量研究结果表明,程序简化的程度对拘役的刑期和罚金的数额并无显著影响,即在统计学意义上程序简化并未带来拘役刑和罚金刑的从宽适用。在样本案件范围内,对拘役刑期和罚金数额发挥显著影响效果的仍然是血液乙醇含量、自首、坦白等传统意义上的情节要素。然而,样本案件的程序简化程度对于缓刑的适用具有统计学意义上的影响:程序简化的程度越高,法院最终适用缓刑的概率越大。缓刑的适用与否是一种定性判断,程序简化对缓刑适用的影响机制可能在于:相较于普通程序案件而言,简易程序、速裁程序的适用条件与缓刑适用条件的重合程度呈递增趋势,因而案件程序简化程度越高,其适用缓刑的可能性也越大。拘役刑期和罚金数额的确定属于定量计算,本文实证数据表明,程序简化的程度并未在实然层面对这种定量计算产生影响。进而回归到理论层面反思程序简化与量刑从宽的关系,无论是在程序维度还是实体维度,前者欲成为后者的影响因素都会面临程序空间抑或刑罚理论上的障碍。

回到本文的问题原点,学界将程序简化与量刑从宽勾连起来,希冀前者产生的效率收益能够解释认罪认罚带来更大的从宽幅度,但本文研究表明这一理论预设在经验层面仍缺乏实证支撑,在理论层面其实也面临着一定的挑战。归根结底,我们希望为这个问题寻求一个坚实有力的答案:“认罪认罚”何以成为一个独立的量刑情节?司法改革和法律规范已然走在前面,但目的的正当性不等于手段的正当性,是回到传统的刑罚理论探求认罪认罚带来的新的量刑价值,还是尝试拓展目前的理论边界进而将诉讼效率因素纳入量刑从宽的评价体系?这仍有待于我们进一步的探索和研究。

# 袭警行为"惩""治"并重体系构建研究*

张滋瀚**

**内容摘要**:袭警行为的遏制在过去主要沿着治罪惩处的路径前进。治罪思路固然能够通过袭警罪的设立和适用威慑袭警行为,但仍面临不少问题,尤其是袭警罪难以覆盖日常偶发性的轻微袭警行为。借助吉登斯的结构化理论,对一个典型的偶发袭警案例进行"解剖麻雀"式的分析,能够直观反映在袭警行为发生时警民互动中的结构二重性特征,以及意义、制裁、权力三要素的运转。未来在深入细化推进袭警行为惩处的同时应强调袭警行为的治理,构建"惩""治"并重的体系以遏制袭警行为的发生。重点是采取措施促进要素协调配合:意义层面运用知识、技术、权力对文化观念进行引导塑造,建立充分警民互信;制裁层面通过法的形式理性建构起互动时的稳定预期;权力层面摒弃只讲服务不讲权威的警务模式,为要素顺利运转建立稳固的权力支撑。

**关键词**:袭警行为　惩罚　治理　结构二重性

## 一、问题提出:袭警行为规制面临的挑战

以吴某平案为例。2019 年 12 月 2 日,吴某平的姐姐

---

* 本文受四川大学专职博士后研发基金"袭警行为的产生及若干问题研究"(SKBSH202 - 02)支持。

** 张滋瀚,四川大学法学院副教授。

和父亲向罗某某讨要其7年前所欠运输款。因过去多次要账不成功,且害怕要账过程中发生意外,吴父在去前电话报警,甲派出所两名民警出警。与此同时,吴父打电话告知儿子吴某平前来帮忙。在吴父的要求下,甲派出所的民警陪同吴父前往罗某某办公室。该地位于乙派出所辖区某小区二楼,甲所民警呼叫乙所民警前往现场。在甲所民警的主持下双方协商了一阵,未果。待乙所民警到达现场后,甲所警察因还有其他出警任务,遂离开了现场。在双方算账过程中,罗某某被吴某平话语激怒,扔笔表示不算了,吴某平立即将一把椅子隔着很远向罗某某扔了过去。现场警察立刻扑倒控制吴某平。待警察欲起身时,吴某平开始激烈挣扎,将手握拳挥向控制他的警察,用嘴紧咬民警手臂,同时脚也向民警乱蹬。警察此时试图给吴某平戴上手铐,但并没有成功。15分钟后,7名增援警员到达现场。吴某平被告知因涉嫌殴打他人需要接受传唤,在上铐时吴某平仍旧奋力挣脱,拒不配合。眼见替儿子拉着警察未果,吴父情绪激动地冲到阳台,骑上窗台大声呼喊:"快,警察打人喽……救命……"在距离吴家人到达事件现场一个半小时后,吴家父子被强制带离现场。吴父在被带出楼道走往警车的过程中,高声向小区内的围观群众反复喊话,说警察与罗某某一伙,是罗某某请的黑老大等。最终,吴某平因殴打警察被以妨害公务罪起诉,经历一审、二审被判实刑。在刑罚执行后父子二人仍在四处申诉。

暴力袭警行为不仅是对警察人身权的侵害,更是对一个社会法治权威和法律秩序的严重破坏。我国对袭警问题的关注和讨论也由来已久,贯穿了21世纪的前20年,主流思路集中在对袭警行为的犯罪化立法。[①] 这一思路逐步凸显暴力袭警行为的独特性,在《中华人民共和国刑法》(以下简称《刑法》)修正过程中最终将其从妨害公务罪的规制体系下剥离出来。理由立足于对暴力袭警行为形成有效震慑,而之前的妨害公务罪被认为尚不足以做

① 长期以来关于增设袭警罪的讨论就曾停歇,其主要理由就包括"法定最高刑过低,难以应对司法实践中大量出现的袭警行为,从而导致了有罪不能罚的困境"。李汝川:《关于袭警行为成因与对策的系统思考》,载《中国人民公安大学学报(社科科学版)》2008年第5期。2019年12月27日,公安部已会同最高人民法院、最高人民检察院联合印发《关于依法惩治袭警违法犯罪行为的指导意见》(以下简称《指导意见》),被认为是突出了实际操作性,在形式立法没有单独袭警罪名下通过明确归类罪名适用惩治袭警违法犯罪行为,"不妨称之为无奈之举下的智慧之举。"谯冉、吴广宇:《新时代维护警察执法权威视阈下袭警入刑问题探析》,载《中国刑警学院学报》2020年第4期。

到这一点。[①] 袭警罪确立后,大量研究也立即围绕其司法适用展开。[②] 然而,研究同时发现袭警罪对于实现刑法一般预防效果至少从目前看仍不明朗。袭警罪从制度上遏制袭警辱警的立法期待尚未完全实现,从罪数上看反而出现越打击越多的潜在趋势。袭警入刑一年后,检察机关共起诉袭警犯罪6530人。[③] 有学者预测,"按此趋势发展下去,袭警罪成为中国第二大罪绝非危言耸听"。[④] 这种现象,刑法学者认为是"人们对于袭警罪中'暴力'的理解和认定存在不规范、不统一的问题,在构成要件的定性上缺乏基本的标准,由此导致司法实务部门对该罪的认定存在过于随意与扩大化的倾向"。[⑤]

在袭警罪单独设立前,吴某平的行为以妨害公务罪定罪处罚;在设立后,其行为仍不能按袭警罪处理。根据刘艳红教授对袭警罪中"暴力"性质的分析,袭警罪的犯罪构成是"暴力袭击",对"暴力"的理解不能脱离"袭击"二字,应具有突发性、瞬时性和意外性。[⑥] 按照这个观点,吴某平第一次挥拳打向警察的行为发生在警察试图控制现场局面时,此时吴某平向罗某某扔完了椅子,警察对吴某平此人采取暴力的可能性应当具有一定预期,不符合意外性特征;吴某平第二次与警察撕扯发生在自己被采取强制措施的过程中,该暴力行为也不具有突发性。

吴某平案从一个侧面说明偶发的针对警察的肢体对抗这类袭警行为在日常生活中广泛存在。这是袭警罪数量激增的"基本盘",认定中存在的随意与扩大倾向只是推波助澜。相关研究也显示,袭警行为具有社会纠纷通常的

---

① 2020年8月10日,公安部部长赵克志在十三届全国人大常委会第二十一次会议上报告公安机关执法规范化建设工作时建议全国人大常委会在《刑法修正案(十一)》中单独规定袭警罪。赵克志表示:"近年来,一线公安民警在执法执勤中遭受阻挠执法、暴力抗法、造谣诽谤事件时有发生,多起性质恶劣的袭警案件引发广泛关注和强烈反响,社会各界纷纷呼吁严惩此类犯罪。暴力袭警严重冲击法律底线,损害党和政府权威,严重影响民众安全感,也严重伤害广大民警的职业荣誉感。虽然刑法中有妨害公务罪的规定,但尚不足以对暴力袭警行为形成有效震慑,建议全国人大常委会在《刑法修正案(十一)》中单独规定袭警罪,为严惩袭警行为提供强有力的法律武器,在全社会营造敬畏法律的良好氛围。"

② 参见张明楷:《袭警罪的基本问题》,载《比较法研究》2021年第6期;张开骏:《公务保护与人权保障平衡下的袭警罪教义学分析》,载《中外法学》2021年第6期;刘艳红:《袭警罪中"暴力"的法教义学分析》,载《法商研究》2022年第1期。

③ 参见《2022年最高人民检察院工作报告》。

④ 刘艳红:《袭警罪中"暴力"的法教义学分析》,载《法商研究》2022年第1期。

⑤ 刘艳红:《袭警罪中"暴力"的法教义学分析》,载《法商研究》2022年第1期。

⑥ 刘艳红:《袭警罪中"暴力"的法教义学分析》,载《法商研究》2022年第1期。

"金字塔"结构,[①]覆盖从恶性蓄谋杀害警察到与警察拉扯、推搡的各种程度。其大多是发生于现场接处警的过程中,尤其是警察现场执法中处理纠纷警情时,具有现场性、临时起意性、多与醉酒关联、后果轻微性等特征。[②]"袭警犯罪中,多数犯罪嫌疑人系临时起意实施犯罪行为,大部分行为人经历从情绪抵触演变至言语吵闹,再逐步发展为肢体对抗,甚至持械对抗的升级过程。"[③]

面对层次复杂的袭警行为,若回应社会需求只关注处于塔尖但是发生数量少的"高阶"袭警罪,甚至认为袭警罪的颁布就能震慑宵小,一蹴而就地消除袭警行为,无疑是一种"刑法浪漫主义"[④]或刑法万能主义。国家应尽可能将有限的司法资源"下沉"用于解决和应对出于社会纠纷"金字塔"体系底端的普通社会纠纷和细小违法行为,消除犯罪生成的土壤,达到对犯罪治理"事半功倍"之效。[⑤] 另外,吴某平案也反映出一些袭警行为完全属于"逐步升级"的偶发社会冲突,而根据冲突理论,冲突的广泛性和多样性决定了将一切冲突纳入法律处理的想法并不现实。[⑥] "对警民冲突的处理就不应该单纯依靠适用袭警罪来解决;否则,只会激化警民之间的矛盾,加剧政府与百姓之间的对立情绪。"[⑦]

本文通过解剖吴某平案这只"麻雀",借助吉登斯的结构双重性理论分析,从源头上探索袭警行为形成时的行动结构,明确意义、支配与制裁互动结构要素在袭警行为中的表现,反思过去袭警行为制裁中的内生问题,旨在最终构建起一套整体性的"惩""治"并重的袭警行为规制体系。

---

① 从司法资源角度来看,"任何社会,社会纠纷整体上呈现的都是'金字塔'结构,作为社会纠纷极端形态的犯罪虽然高居'金字塔'体系顶端,但其往往发源、形成处在'塔基'的民事经济纠纷或一般违法行为"。何荣功:《社会治理"过度刑法化"的法哲学批判》,载《中外法学》2015 年第 2 期。

② 研究显示现场执法中处理纠纷警情时出现袭警的概率远远高于交通管理、现场执勤、维持秩序与盘查等现场执法活动中出现的概率。公安大学报?"袭警犯罪案件有以下三个特点:一是多与醉酒有密切联系;二是轻微暴力袭警案件占比较大;三是认罪认罚适用比例较高。"孙风娟:《袭警罪入刑一月 405 人被批捕》,载《检察日报》2021 年 5 月 18 日,第 1 版。

③ 孙风娟:《袭警罪入刑一月 405 人被批捕》,载《检察日报》2021 年 5 月 18 日,第 1 版。

④ 何荣功:《社会治理"过度刑法化"的法哲学批判》,载《中外法学》2015 年第 2 期。

⑤ 何荣功:《社会治理"过度刑法化"的法哲学批判》,载《中外法学》2015 年第 2 期。

⑥ 吕明:《法律如何维稳——基于社会冲突理论的考察与分析》,载《云南社会科学》2011 年第 6 期。

⑦ 刘艳红:《袭警罪中"暴力"的法教义学分析》,载《法商研究》2022 年第 1 期。

## 二、案例分析：袭警行为的行动与结构

说到底，袭警行为是一种行动，除去不在本文讨论范围的蓄意伤警杀警恶性案件外，有大量袭警行为与现场执法中的警民互动密切关联。只要是“面对面互动”过程，空间与在场就会在社会关系中具有意义，会存在普遍或微妙的相互调节过程。按照吉登斯的观点：“所有社会存在本质上都涉及时空交汇（time-space intersections）……社会活动总是由三种相互交汇的延异时刻所组成：时间性的（temporally）、表达性的（paradigmatically）（只有在具体发挥作用时，结构才会在场）和空间性的（spatially）。无论从何种意义而言，所有社会实践都是情境性的。”①结构束集社会系统的时间和空间，可以看作社会系统再生产过程中反复使用到规则和资源。② 在此基础上，吉登斯提出了结构二重性，“即社会系统的结构性特征既是构成这些系统的实践的媒介，又是其结果”。③

“根据结构二重性的观点，行动者在互动的过程中使用规则和资源，同时它们也通过互动而得到再生产。”④所有社会实践都涉及三种互动要素：交流、权力与制裁，对应的结构类型分别是意义、支配与合法化。三者联系在一起的表现包括：一是互动中意义的沟通不会脱离权力关系的运作而单独发生，同时也不会发生在规范性制裁的背景之外。⑤ 二是由于规则在社会实践过程中有两副面孔，与意义的构成联系以及与社会行为中的制裁联系，那么“对行动的理解以各种重要的方式与规范性思考交织在一起（反之亦然）”。⑥ 三是

---

① ［英］安东尼·吉登斯：《社会理论的核心问题：社会分析中的行动、结构与矛盾》，郭忠华、徐法寅译，上海译文出版社 2015 年版，第 60 页。

② 参见［英］安东尼·吉登斯：《社会理论的核心问题：社会分析中的行动、结构与矛盾》，郭忠华、徐法寅译，上海译文出版社 2015 年版，第 71 页。

③ ［英］安东尼·吉登斯：《社会理论的核心问题：社会分析中的行动、结构与矛盾》，郭忠华、徐法寅译，上海译文出版社 2015 年版，第 77 页。

④ ［英］安东尼·吉登斯：《社会理论的核心问题：社会分析中的行动、结构与矛盾》，郭忠华、徐法寅译，上海译文出版社 2015 年版，第 78 页。

⑤ 参见［英］安东尼·吉登斯：《社会理论的核心问题：社会分析中的行动、结构与矛盾》，郭忠华、徐法寅译，上海译文出版社 2015 年版，第 90 页。

⑥ ［英］安东尼·吉登斯：《社会理论的核心问题：社会分析中的行动、结构与矛盾》，郭忠华、徐法寅译，上海译文出版社 2015 年版，第 91 页。

交流与制裁又反过来与权力的执行联系在一起。“权力表现在行动者有能力使特定的‘理由变得重要’上,表现在他能够实施或抵制某些制裁过程上,但这些能力是通过利用内嵌于社会系统中的支配模式而获得的。”①

将结构二重性作为理论工具运用到对吴某平案的分析中,能够直观地看出袭警行为发生时警民互动的过程中交流、制裁、权力三要素的运转机制。个案分析对于剖析袭警行为的行动和结构具有现实意义,也相应地能够为对袭警行为的规制提供较大启发。

**(一)交流要素**

在吴某平与罗某某以及在场民警互动的过程中,意义的生产过程体现了明显的结构二重性,体现了作为交往目的的意义与作为延异②意义的交织。③众所周知,人们需要共有知识在互动过程中利用,形成理解。而从结构二重性来看,情境并非只是语言使用的环境或背景,而以互动过程的内在组成部分得以形塑和组织。具体到吴某平案件,吴某平与罗某某发生的互动,其“当下”交流互动看上去就是关于还债问题的协商、争执,但吴某平当时的行为无疑代入了“往昔的情形”与“下一步预期”。吴某平对罗某某多年不结清运输费早有不满,其父前往要债前主动联系警察和吴某平,也反映了吴某平一家对罗某某当日不会还债甚至为躲债会做出于己不利之事的潜在担忧。而现场警察因管辖产生的“换人”举动,恰恰激发了吴某平对于罗某某“有钱有势”可能买通警察的这一符合普通人茶余饭后闲谈的想象。吴某平在后来面对公安机关的口供中也有相应表述,他认为是警察换了人,感觉罗某某气焰此后就变得嚣张了起来。而事实上,罗某某是被吴某平冷不丁插的一句话“你赚了好多钱你自己心里头晓得”所激怒,才将笔扔出弹起来老高:“我赚××(脏话)了我赚!”但吴某平在自身偏见之下,立刻怒不可遏地向罗某某远远地扔出了椅子。假设在现场警察并未更换的情况下,罗某某做出同样的举动,则

① [英]安东尼·吉登斯:《社会理论的核心问题:社会分析中的行动、结构与矛盾》,郭忠华、徐法寅译,上海译文出版社2015年版,第92页。

② 延异是德里达的观点,其指出差异也就是延搁,表明了整合“空间”与“时间”的差异。“一旦共时与历时的对比遭到摈弃,差异也就仅仅存在于延搁的时间过程中,即现在持续遁入将来和过去的过程中。”参见[英]安东尼·吉登斯:《社会理论的核心问题:社会分析中的行动、结构与矛盾》,郭忠华、徐法寅译,上海译文出版社2015年版,第34页。

③ 参见[英]安东尼·吉登斯:《社会理论的核心问题:社会分析中的行动、结构与矛盾》,郭忠华、徐法寅译,上海译文出版社2015年版,第94页。

很可能不会触发吴某平对警察处理不公的恐惧之弦。

而就吴某平与现场警察之间的意义互动来讲,双方冲突主要产生于吴某平及其家人对警察按倒自己和之后要对其上手铐的解读。警察在吴某平作出隔空扔椅子的突发性暴力行为时,第一时间控制现场,使吴某平没有条件再做出危险行为。此举放在客观公正立场上,无疑是正确的反应与处置。然而在吴某平当时已经对执法公正性产生疑虑的情况下,按倒行为对吴某平的意义就从中立变为警察对其自身具有针对性的打压。而要给他戴上手铐带往派出所,则更是意味着更大规模的后续打击报复,和具有极大不确定性的负面后果。吴父当时也对吴某平说,"又没犯法,不要让他拷",并一直大声斥责"这么黑暗……什么社会哦……我们来要钱的……我是犯了什么法,杀人了还是怎么……"见斥责没有效果,吴父继续质疑为何不一起铐走罗某某:"有钱的人就不带走,欺负我们这样的老百姓。"由于吴某平及吴父可能潜意识中对贫富差距及其带来的社会不公具有一定程度的不满,这些"往昔的情形"自然而然地促成了吴某平的反抗行为,以及吴父对警察作出袒护富人的质疑。另外,吴父在被带出楼道走往警车的过程中,向小区围观群众反复喊话:"我们来要钱,这公司的老板、罗某某跟他们派出所的一伙的,还把我们这些要钱的人逮来拷起……这个世道不公平哦,不公平……这派出所的人是他们请的黑老大,把我们整来拷起……"这种喊话是典型的个人对当时情境的利用,与此同时又再创造了涉及警民交往情境的一些其他因素,在不明真相的旁观群众心中再建构起关于警察执法不公的"共有知识",滋养着未来潜在的"吴某平"。这些"知识"在下一次警民互动中又会构成另外的"往昔情形"。而对现场警察来讲,在警察共享的意义体系中吴某平及吴父的行为很难被理解成对警察执法不公的恐惧与抗争,相反这一系列行动在警察话语体系中的"可说明性"无疑是现场执法中的暴力风险、秩序失控风险、警察权威维护风险等,一旦出现就会激发起警察对于某些"刁民"不好好说话,"不听招呼"的不良联想。① 在这样的背景之下,对现场警察来讲理性的处理方式就是将执法对象"带离现场",②以避免现场的不确定性。

① "那些平时没事报警处理纠纷的老百姓都不是什么好说话的",那些敢与警察起冲突的老百姓更是被归入刁民行列。摘自 L 市 Z 区公安分局法制大队 LC 访谈笔录,2020 年 9 月 1 日。

② 参见潘鑫、张溦瀚:《带离现场:警察现场执法中裁量行为的目标与逻辑》,载《甘肃政法大学学报》2022 年第 3 期。

## (二)制裁要素

转向对吴某平与罗某某以及在场民警互动的过程中的制裁要素进行分析时,需要首先意识到意义交流凭借的各种惯例也具有规范面孔。“互动的规范性构成可以被看作是权利的现实应用和义务的落实。”①而制裁要有效果,体现在它们从某种意义上会抑制行动者采取某种行动的欲望。但是行动者在进行特定社会活动时不是机械对待规范及其制裁,而是会进行“风险计算”,考虑制裁实际降临的可能性,甚至也可以为了实现特定目标而以接受制裁为代价。这种制裁的谈判性质联系起了意义和规范秩序的生产。②

从事后分析的角度,吴某平在现场做出的行为背后的规范看似很明确:首先是吴某平向罗某某扔椅子的行为,是一种对他人人身进行暴力攻击的行为,一旦产生伤害后果,就属于故意伤害罪处理的范围。接下来是吴某平在警察按倒自己时挥拳打向警察的行为。这一行为从规范层面看可能属于需要《刑法》规制的妨害公务的行为,也可能属于阻碍执法职务的行政违法行为。但对这些行为所面临的制裁进行实质性分析,就会发现其面目实际上相当模糊。扔椅子的行为究竟如何归类取决于行为的后果,若导致罗某某受伤就应当受到《刑法》故意伤害罪处罚,若并未导致伤害行为的发生,这一行为并不一定需要受到惩处。而被按倒时向警察挥拳的行为,从当时的判断来看,吴某平面临的行政或刑事评价也并不甚明确。这种由现场执法的特殊复杂性所决定的天然模糊性和不确定性很难被明确化。模糊性和不确定性会进一步影响行动者的风险计算。

具体到吴某平案,影响行动者行动欲望和风险计算的制裁不是写在纸上,而必须要被行动者纳入认知范围内。这样的制裁才能产生效果。在吴某平及吴家相关人员的知识体系中,根本不存在对他们行为所面临制裁的认识。吴某平并不认为自己扔椅子及被按倒在地时,本能的反抗举动已经违反了法律,所以他一直呼喊着“我没有犯法你们凭什么拷我”。而吴父的在场及其助威式的对警察的斥责更是助长了吴某平对戴上手铐的抵触。吴家父子认为自身当时只是在从事天经地义的要债行为,而制裁只能施加到犯了“杀

① [英]安东尼·吉登斯:《社会理论的核心问题:社会分析中的行动、结构与矛盾》,郭忠华、徐法寅译,上海译文出版社2015年版,第95页。

② 参见[英]安东尼·吉登斯:《社会理论的核心问题:社会分析中的行动、结构与矛盾》,郭忠华、徐法寅译,上海译文出版社2015年版,第96页。

人罪”这样天大的事的行为人身上。正是由于对制裁后果的无知，在这个互动过程中，规范及其制裁并未成功对吴某平想要实施任意一种行为的欲望产生足够抑制。

此时意义的沟通就显得尤为重要了。吴家父子将强制性的约束措施“妖魔化”，认为被戴上手铐带往派出所就是当时最大的“制裁”。而将吴某平带离现场决定的性质对警察来说，可能只是一个既符合法律规范又属于例行公事的工作选择，毕竟研究显示有约一半现场执法案件的当事人会被带离现场到公安机关接受处理。① 在规范层面，面对无正当理由不接受传唤或者逃避传唤的违反治安管理的行为人，上手铐带离符合行政强制措施中强制传唤规定，但由于现场警察在吴某平不愿意戴上手铐被带离时，并未与其进行充分的意义交流，并未将传唤的详细原因和法律依据告知被传唤人吴某平，也未充分说明戴手铐是符合哪条执法规范，只是简单表明吴某平因殴打他人需要被传唤到派出所，由此导致吴某平并未将自身对警察的拒绝行为与制裁联系在一起，于是其后续针对强行戴手铐带离现场的反抗行为又反过来影响了他所直面的制裁。②

### （三）权力要素

吉登斯把权力看作一种“转换能力”，是“行动者在互动过程中能够使其他人服从其想法的能力”。③ 理解互动过程中的权力可以从功能资源角度进行，资源既是权力得以行使的媒介，又是社会系统的结构要素，通过在互动过程中的应用而不断重构。因此，行动者给过程带来和动员的各种要素会影响互动的过程，且权力关系总是双向的。④ 从中可以看出互动中权力的几个特点：权力即支配能力，权力需要借助资源，权力不断重构，权力是双向的。

吴某平案最引人注目的一点是权力关系的转移。本来在一开始，矛盾的

---

① 参见潘鑫、张潋瀚：《带离现场：警察现场执法中裁量行为的目标与逻辑》，载《甘肃政法大学学报》2022 年第 3 期。

② 根据《中华人民共和国治安管理处罚法》（以下简称《治安管理处罚法》）第 82 条的规定，公安机关对现场发现的违反治安管理行为人，经出示工作证件可以口头传唤，应当将传唤的原因和依据告知被传唤人，对无正当理由不接受传唤或者逃避传唤的人，可以强制传唤。

③ ［英］安东尼·吉登斯：《社会理论的核心问题：社会分析中的行动、结构与矛盾》，郭忠华、徐法寅译，上海译文出版社 2015 年版，第 102 页。

④ 参见［英］安东尼·吉登斯：《社会理论的核心问题：社会分析中的行动、结构与矛盾》，郭忠华、徐法寅译，上海译文出版社 2015 年版，第 101 ~ 103 页。

双方是吴某平与罗某某,权力关系也集中在这两者之间。罗某某因为受到吴某平语言的挑衅做出扔笔的行为,以此展示自己的力量。而吴某平扔椅子的行为可以看作对罗某某力量的反制措施,可以想见如果没有警察在现场的情况下,罗某某要么屈从于这种权力展示而示弱,要么采取其他方式继续增强能力展示,双方冲突愈演愈烈。但与通常两个人闹矛盾纠纷不同,本案由于警察在场,纠纷双方权力关系的展示处于代表国家权力的警权的严密监控之下。通常警察在处理一个普通纠纷时,是作为中立调停人的身份出现,实际上其作为国家暴力机器的权力处于隐而不发的状态,甚至在很多民事家事纠纷的出警现场,警察许多时候都不发一言地待着,只是控制现场的秩序避免失控,等待纠纷双方自行解决问题。但是一旦纠纷一方或双方,如本案中的吴某平,采取了暴力行为使现场场面可能失控,警察所具有的权力就会立刻予以回应,这源自警察具有维护社会秩序、制止不法行为的坚定理由和坚强能力。这种控制局面的行动就会立即打破原本纠纷双方的权力角力过程,于是现场互动的双方从吴家与罗某某的对峙一举转移到了吴某平与警察之间。

在警察与吴某平此刻的权力关系中,规范性的制裁成为被警察利用的主要资源。虽然警察将吴某平按压倒地时不知其是有意还是无意的袭击行为,但按照阻碍执行公务或者是妨害公务罪的条款,警察当时完全可以根据合法理由采用行政强制性措施,将吴某平强制传唤带离现场。“以一种特定的话语命名一个行为或事件,从而解释该事件的意义并确定其背后的动机是一个行使权力的过程。”①警察通过在现场以法律话语将吴某平的行为命名为违法行为,从而行使了权力。而在此时,吴某平可以凭借的主要资源只能是自身的体能。作为一名退伍军人,吴某平身体受过一定训练,在企图抵制他所认为的“制裁”(被带离和上铐)时,吴某平充分展示了由自身体力体能带来的资源。而在吴某平体力反抗不能的情况下,吴父也加入了争执过程,老人可凭借的资源更加有限,体力用不上,于是吴父以跳楼相威胁,即以自身生命为资源筹码来对抗警察的强制传唤行为。另外,吴父还多次运用道德语言对警察的行为予以谴责,通过向群众大呼“不公平”的方式,尝试利用外部舆论资

① 参见[美]萨利·安格尔·梅丽:《诉讼的话语:生活在美国社会底层人的法律意识》,郭星华等译,北京大学出版社 2007 年版,第 151 页。

源来压制现场警察的力量。

权力关系不是固定的,也会随着互动的进行不断重构。在吴某平与警察最初遭遇的过程中,吴某平的权力相对于现场警察来讲占据绝对弱势。但吴某平凭借自身体力保证了自己不被强制戴上手铐,现场警察因为吴某平倒地时做出的挥拳动作,忌惮场面暴力程度升级而不敢采取进一步措施,此时权力关系进入拉锯状态。在警察寻求引入更多资源——向外部呼叫增援,增援力量赶到后现场权力关系又回归到警察占据优势的状态。

## 三、现状反思:袭警行为单一制裁要素的内生问题

借助理论工具,吴某平袭警行为的产生及行为过程中警民双方的逻辑已清晰显现。可以说,从理论上讲,互动过程的沟通、制裁和权力三大要素缺一不可,只关注单一要素从提升整体效果来讲肯定会存在缺陷。再加上本土经验材料也显示,我国在过去一以贯之的加强制裁要素的同时仍面临着单一制裁要素自身内生性的问题,对于遏制实践中的袭警行为存在相当大的局限。针对大量诸如吴某平案这样不能纳入袭警罪处置的,并非恶性的蓄意暴力杀伤警察的偶发性袭警行为,妨害公务罪和阻碍执行职务的行政处罚仍然需要承担主要的惩处任务。① 笔者于2020年至2021年深入调研位于西部地区的C市J区和L市Z区(也是吴某平案发地)②两地公安机关,详细分析了2017～2021年5年相关刑事、行政案件,发现了针对偶发性袭警行为的惩处存在的

① 在对袭警行为进行制裁的立法进路中,早在袭警罪确立之前就已形成针对袭警行为的有梯次的制裁体系:第一层级是蓄意杀害、杀伤警察的恶性案件造成民警重伤、死亡的,属于法条竞合择一重罪处罚的情形,以故意杀人罪、故意伤害罪处罚。但偶发性警民冲突绝大多数以妨害公务罪来处理,属于第二层级。第二层级法定条件又可以分为两阶:第一阶是如果实施暴力袭击,以妨害公务罪定罪从重处罚;第二阶是未实施暴力袭击,但以实施暴力相威胁,以妨害公务罪定罪处罚。第三层级是行政处罚,如果执法对象只是辱骂民警,或是实施暴力袭击行为以外的轻微推搡、拉扯、冲卡等行为,或是检察院决定法定不起诉的妨害公务案件,就以《治安管理处罚法》规定的阻碍执行职务违法行为处理。这一惩处体系对于吴某平这类案件来说并不会随着袭警罪的确立而发生太大改变,这也就使得探究长期以来的实践规律仍具有现实意义。

② 两个地区位于中国西部同一省份,前者位于省会城市C市的中心区域,经济发达、人口众多,2018年C市人均GDP为94,782元;后者是地级市L市的市中区,辖区具有较典型的城区和农村区分,2018年L市人均GDP为49,397元。对两个地区公安机关的调研包括法制、督查、刑侦、经侦等部门和10个各具代表性的派出所。另外,对近50名民、辅警及少量检察官进行了深度访谈。

问题。

### (一)针对袭警行为的制裁随意性强

针对袭警行为的制裁体系长期在刑事、行政双轨制下运行,在过去一直存在标准不统一,执行混乱、随意性强的问题。即使我们可以期待随着袭警罪这一新法条的确立、相关解释的出台,以及判决的梳理等,能够带来新的制度结构的生长,一定程度上纠正过去制裁体系所存在的混乱状况,但双轨制不改变,短期内这种混乱状况将难以得到快速改善。

其一,袭警行为制裁的力度受政策影响较大。近年来,在强调民警执法权威保障的大背景下,C市J区公安机关法制部门掌握的刚性立案标准是,只要执法对象有针对民警的攻击行为,一律以妨害公务罪立案。L市Z区检察院出于"支持公安工作,通过办案达到良好社会效果"的目的,尽可能地推进案件公诉,且尽可能地建议判实刑。① L市Z区在2018年之后针对袭警型妨害公务罪就未再出现过缓刑判决,原因也是2018年年底《公安机关维护民警执法权威工作规定》出台后,L市Z区整个政法口开始从严打击暴力袭警型妨害公务行为。

其二,对袭警行为进行制裁时,办案人员享有较强的自由裁量空间。"对攻击行为的认定没有绝对标准,遵循经验法则。假设民警面对两个执法对象,一个人躺在地上脚蹬民警,那么此人的行为就是攻击行为,而另一个人站在后面抱住民警,抱住的行为就不算攻击行为。每个审核人员的标准有细微区别。"②除此之外,民警的人身伤害后果不是立案的必要条件,但"因为检察院比较看重",所以也是重要考量因素。③ 实际上,轻微伤标准很低,"任何形式的伤害痕迹,比如红肿等,都可以算轻微伤"。④ 进入审查起诉阶段,由于暴力攻击行为"主观恶性"判断困难,检察院就是否起诉享有较大的自由裁量空间。各地检察院的裁量并不相同。如前所述,L市Z区检察院起诉较多,而C市J区不予起诉案件比例则较高,5年间71起移送起诉的妨害公务案件中24起不起诉(绝大多数为情节轻微不起诉),不起诉率还呈逐年上升趋势。⑤

---

① L市Z区检察院公诉科WY访谈笔录,2020年9月2日。

② C市J区公安分局法制大队ZQ访谈笔录,2021年3月11日。

③ C市J区公安分局法制大队PC访谈笔录,2020年11月17日。

④ C市J区公安分局法制大队ZQ访谈笔录,2021年3月9日。

⑤ 这可能与公安机关近年来维护民警权威的力度加大,移送案件更为宽泛有关。也可能是"我们检察院标准把控比较严"。C市J区公安分局法制大队PC访谈笔录,2020年11月17日。

其三，妨害公务罪尽管刑期普遍较短，但存在的地区差异已明显超出量刑均衡的范围。地处同一省份的调研两地，量刑结果却有明显差距。L 市 Z 区 5 年内 43 人因妨害公务被判刑，只有 1 人被判拘役 3 个月，其余均为有期徒刑，期限为 6 个月到 1 年 6 个月不等，中位数 8 个月。刑期明显高于非涉警类妨害公务罪的刑期，符合“从重”要求。[①] 缓刑人数 14 人，缓刑 1 年到 1 年 6 个月不等。C 市 J 区与之相比，刑罚后果则轻缓许多。拘役率较高，60 人中有 28 人被判拘役，期限为 1 个月到 6 个月不等，中位数 5 个月，其中缓刑 11 人。32 人被判有期徒刑，刑期为 6 个月到 2 年 6 个月不等，中位数 7.5 个月，其中缓刑 12 人。位于副省级城市核心城区的 C 市 J 区，其情况与 2018 年北京地区的相关结果较为一致。拘役“集中了一半以上的宣告刑结果，反映了基层审判机关对暴力袭警型妨害公务罪量刑的保守”。[②] 这种相似性在微观层面体现了白建军大样本量化研究发现的规律，“政府透明度越低的地方，妨害公务犯罪越重，量刑偏重的概率也越大”。[③]

其四，行政处罚由公安机关自行决定，相比刑事与行政处罚中二选一的裁量，是否进行行政处罚以及处罚的幅度，随意性更大。同一辖区阻碍执行职务违法案件数量与妨害公务罪案件数量呈现同增同减趋势。由于同一个地区今年同去年相比，大环境很难发生激烈变化，那么同步增减现象可以解释为同一刑事和行政案件启动追诉机关在标准把握时的一致性。与追究时刑事—行政同步不同，在进行处罚时刑事—行政结果的规律则背向而行——刑事处罚结果越重的地方，其行政处罚结果反而越轻微。前文已述及，C 市 J 区相较于 L 市 Z 区，针对妨害公务行为的刑罚后果明显轻缓，然而针对阻碍执行职务行为的行政处罚后果则明显更为严厉。[④] 这说明由公安机关自行决定的行政处罚，因为没有硬性法律规定，处罚幅度相对自由。

---

① 5 年内 L 市 Z 区只有两起非涉警妨害公务罪案件，所判刑期为有期徒刑的下限，6 个月。

② 李文、弯美娜：《暴力袭警型妨害公务罪量刑实证研究——基于北京 C 法院 2016 年部分判决文书的分析》，载《江西警察学院学报》2018 年第 6 期。

③ 白建军：《法秩序代偿现象及其治理——从妨害公务罪切入》，载《中外法学》2020 年第 2 期。

④ C 市 J 区近 5 年内因阻碍执行职务受到行政处罚共 95 人，其中执行拘留为 86 人，占比为 90.5%。拘留期限单项从 5 日至 10 日均有出现，中位数为 10 日；合并执行最长可达 20 日，中位数 17 日。另外警告 1 人，单处罚款 2 人，不执行 6 人。L 市 Z 区近 5 年为 77 人，其中执行拘留 50 人，占比为 66.7%。拘留期限中位数 6 日；合并执行中位数 17 日。另外，警告 18 人，单处罚款 9 人。

### (二)针对袭警行为的制裁必然性弱

因刑事诉讼流程推进过程中诸多因素的影响,袭警行为制裁面临必定性缺失的问题。其一,民警对于是否启动对袭警行为的制裁追究享有极大的裁量空间。由于现场执法的特殊性,民警在现场面对做出袭警行为的执法对象,可能主动选择“教放”(现场教育后放人)。虽然按照规范要求,任何此类冲突都应当上报督察部门,但“现场”外在于执法机关的特性决定了民警完全可以自行选择上报冲突或是选择“大事化小小事化了”。访谈中有派出所民警就表示自己就曾遭遇过被醉酒的女性执法对象扇耳光的事,“还要上来咬我,我将她摔倒带回派出所后,就当没这回事。(追究)我自己决定还是算了,懒得麻烦,(办案)要给别的兄弟单位添麻烦”。①

其二,民警现场执法行为的合法性和规范性以及证据收集的完备与否,均会成为案件是否继续推进办理的影响因素。一旦案件进入公安机关内部科层审核体系中,法制部门就会对案件进行把关,从而客观上实现案件的筛选。并非民警呈报的所有疑似袭警行为都会被认定为需要追诉的案件。例如,C市J区曾出现民警因为试图拉住发酒疯的醉汉而被其带倒在地的;或是民警在对方配合的情况下用力拉扯噪声扰民的装修工人,让其跟自己回派出所而指甲盖掀翻受伤的。这些事件法制部门最终认定不构成案件。如若确实存在应当制裁的袭警行为,法制部门会进一步关注民警的执法行为,如执法中存在违法违规问题,公安机关通常就不会自揭其短将“带伤”的案件呈现到检察院、法院面前。② 这种对民警执法过程中过错或瑕疵的包容③体现了公安机关为保障“实”的组织利益,而牺牲“虚”的国家追诉权。当然,追诉所需的证据材料是否充分也是重要的考量因素,如执法记录仪拍摄到的视频。如果因为某种原因没有视频,如执法记录仪不曾打开,那么通常就不会追诉。C市J区曾有案件中家庭纠纷一方挥舞刀子刺向警察未造成伤害后果,检察

---

① 出于回避目的,妨害公务罪的办案规则是AB两个所互相办理。L市J区公安分局Y派出所民警DM访谈笔录,2021年1月22日。

② 笔者调研中发现过一起公安机关内部部门对是否推进案件激烈争执的情况,就是典型一例。督查部门基于保障民警权利、维护执法权威坚决要求追究执法对象刑事责任,而法制部门因发现了民警执法过错而坚决反对将案件移送起诉的情况。

③ 按理说,对于执法行为的过程性监督,至少是回溯性的监督如今在技术层面很容易实现。执法记录仪的记录通常都可以直观地判断民警执法的规范程度,但公安机关目前并没有建立相应的制度化的现场执法质量内部监督体系。

院以不构成犯罪论。其中一个最重要的因素就是缺乏现场执法记录仪的记录。“民警很多时候在现场并不会意识到需要找证人问材料，事后再找证人就很麻烦。都是先看执法记录仪，如果没有的就只能吃哑巴亏。”①

其三，谅解的存在也会削弱制裁的必然性。虽然理论中争议很大，②在《指导意见》中又从规范层面确认了民警谅解行为的正当性。③实践中，两地公安机关在话语层面绝不提倡谅解，无论是督察还是法制部门提供的理由均与理论中的国家公权力受害论一致；但在操作层面对谅解却态度暧昧，“虽不支持，但也不过问”。④“毕竟民警受了伤受了委屈，如果谅解还能得些实惠。如果不准，那民警啥也得不到。”⑤“单位也没明确说不准出（谅解书）。”⑥从民警个人层面，谅解也有其存在的深厚土壤，它不仅会给民警带来实实在在的经济利益，也包含着中国社会中常见的传统伦理人情、乡土关系纽带等因素。出警现场执法过程中针对警察的暴力行为，造成民警的人身伤害后果往往较为轻微，对于伤害后果的善后问题也保障充分。公安机关承担民警的医疗费用，也会有制度性的慰问金发放，多则数千元，少则几百元。与之相比较，执法对象入刑带来的“前科效应”则显得过于严厉。受伤警察容易原谅侵害者，觉得执法对象如果因一时冲动而丢掉工作，全家陷入人生困境有些不值。“对方可能被判刑6个月，当事民警还觉得有点不好意思。”⑦另外，从更深层的法益侵害理论层面，国家公务行为的法益受损与民警个人的身体损害

---

① L市Z区公安分局法制大队LC访谈笔录，2020年9月1日。

② 针对妨害公务的谅解过去在理论中就一直存在争论，在实践中也有反复。理论一般认为由于妨害公务罪受害的是国家机关的权威性，警察只是本罪物质性损害的承担人。其谅解行为仅能针对自己损伤结果，而无法谅解国家公务行为未得到正常履行的后果，因此提倡对谅解持非常审慎的态度。参见李文、弯美娜：《暴力袭警型妨害公务罪量刑实证研究——基于北京C法院2016年部分判决文书的分析》，载《江西警察学院学报》2018年第6期。

③ 提到“对于构成犯罪，但具有初犯、偶犯、给予民事赔偿并取得被害人谅解等情节的，在酌情从宽时，应当从严把握从宽幅度”。

④ C市J区公安分局督察大队WDD访谈笔录，2020年11月12日。

⑤ L市Z区公安分局法制大队ZQ访谈笔录，2020年9月2日。

⑥ C市J区在2018年之前的案件中极少出现谅解书，近三年明显增多。而L市Z区也有类似趋势。是否允许出具谅解书与单位领导的态度有很大关系。C市J区更换了主管领导，2018年前后谅解数量出现急剧变化。C市J区公安分局CXL派出所多名警官集体访谈笔录，2020年11月19日。

⑦ L市Z区公安分局法制大队LC访谈笔录，2020年9月2日。

之间存在张力,①受损的国家公权力缺乏实际的代言人,可能被民警个人遭受的损害所遮蔽,从而最终在一定程度上消解了刑法的威慑效应。在这个过程中,作为隐性“受害人”的国家公权力在对袭警行为的追诉过程中缺乏代言人。公安机关作为组织本身,很难期待其能积极承担起比较“务虚”的受损警权的代言人角色。

## 四、连锁反应:袭警行为单一制裁对行动结构的影响

三要素体系中制裁要素会影响意义沟通和权力关系要素。一旦制裁要素本身出现问题,那么则会牵一发而动全身,引起互动过程中的连锁反应。制裁要素非常容易渗透到意义沟通因素中。行为人对自身行为的规范性意义认知将影响互动过程中各方行动者是否具有可供沟通的“共同知识”。例如,吴某平和吴父对于吴某平扔椅子试图伤害他人以及吴某平击打警察的认识就是如此。他们并不认为自身的行为是需要招致制裁的袭警行为,在“要债”的正当理由之下,认为自身才是现场代表正义的一方,即使有些肢体抓扯也是小节,够不上什么“杀人放火”之类的大罪,而只有这类大罪才需要承受来自公权力的介入制裁。另外制裁的谈判性质也会影响权力关系。谈判性质是有些人明知会招致制裁,也出于风险计算,考虑制裁实际降临的可能性低,或者相信可以通过其他手段和途径避免或减轻制裁后果,由此为实现特定目标而接受制裁。在吴某平案中,现场的警察借助规范性制裁这一资源(涉嫌殴打他人)意图实现自己催生预期实践的“转化能力”(通过强制传唤将人带离现场)。如若制裁的随意性很强必然性很弱,社会认知普遍认为对警察指令置若罔闻并不必然会招致制裁或是制裁随时可能因为其他介入因

① 袭警行为侵害的法益是国家公务行为的正当实施,警察受到的人身损伤只是国家公务不能正当实施的外在结果,这点虽早已达成共识,但实践中核心受害人依然是警察个体。承受伤痛、恢复疗养的都是警察个体,这个个体的态度在日常生活的场中,正如普通伤害案件中的被害人一样,必然会对刑事司法中的决定产生显性或隐性、或大或小的影响。比如受伤警察伤情大小是检察官对量刑判断的重要因素,再如受伤警察个人可以出于自身利益或是人情而选择“谅解”,并对案件的走向会产生实质影响。因而,警察个人的选择完全可能导致对袭警行为实施人减轻、免除处罚,从而消解依靠刑罚严厉性带来的对袭警行为的威慑效应。例如,C市J区某派出所的一个民警,一年“被打”五六次,但都私下赔偿了事,一开始就没有启动以妨害公务处理的流程。

素而改变时，被指令者就会以各种方式试图逃避指令。比如吴某平就千方百计地拒绝戴上手铐，吴父也是多次扑到警察和吴某平之间以劝解的形式阻挠警察的行动。

此外，单纯加强制裁要素的权重不注重其他要素的协调配合，还可能适得其反，对现场执法过程中的警民互动产生一定的负面影响。例如，在意义交流要素中，互动双方要通过共有知识构成相互理解的平台，如果双方根本不在一个“频道”上，无疑是鸡同鸭讲。而“往昔情形”和“下一步预期”对于当时行动者理解互动中对方行为来讲非常重要，这涉及更大范围内的警民关系和构建执法公信力的问题。斯科尼克曾提出警民之间天然存在“我们”与“他们”的区隔，是因为警察职业所面临的危险将警察凝聚为一个团体并与普通人区别开来。① 另外，民众可能出于自己与警察的直接遭遇的经验或是身边社群传播的意见，而形成对警察的负面偏见，②并在互动中轻易将警察套入想象的窠臼，归入对立的“他们”范围。在偏见下，有意义的交流就难以实现。而在这样的互动中又再生产出加剧警民互相区隔和不信任的材料将来会成为其他人的“二手经验”。各自基于自身群体的知识体系将对方“妖魔化”的状况如果长期得不到解决，那么越是在纸面上严厉的制裁规定越可能促成互动双方情绪上的对立。

又如互动中的微观权力关系，除了制度上的权威差异（警—民）外，还包括许多微妙的隐含的权力行使过程，如互动双方的话语体系③、说话方式、装备差异等。这些微观的权力关系随着时间又是不断在调整变化的。现场执法环境具有的开放特征会导致各类环境不确定性因素客观上造成现场执法的风险提升，增加执法者现场执法的实施难度。④ 在这种情况下，具有事后回溯性处置特征的刑事制裁因果链条过长，在现场显得过于不确定和遥远，因

---

① See Jerome H. Skolnick, *Justice Without Trial*, *Law Enforcement in Democratic Society*, Quid Pro Books, 2011.

② 参见邱雅娴：《“镜头下执法”现象的生成逻辑与警务应对策略》，载《中国人民公安大学学报（社会科学版）》2019 年第 2 期。

③ 福柯对话语行使权力的关注相当透彻：如果没有话语的生成、积累、循环和运作，这些权力关系自身就无法建立和巩固，同时也无法实现。See Foucault, Michel, *Power/knowledge*, *Selected Interviews and Other Writings*, Vintage, 1980, p. 1972 – 1977.

④ 参见韩志明：《街头官僚的空间阐释——基于工作界面的比较分析》，载《武汉大学学报（哲学社会科学版）》2010 年第 4 期。

此无法完全发挥相应的行为抑制功能。因此，现场的执法者只有敏锐地察觉到权力关系变化，并且在关键时刻坚决果断地运用权力，凭借各种资源产生的支配力量，才能控制场面，将潜在的冲突扼杀在萌芽状态。这种权力关系此消彼长的动态性特征如果不受到重视，一旦执法的权威性被削弱甚至丧失，具有高度复杂性和风险的现场执法就可能酝酿出更大危机。

总而言之，只关注制裁单一要素，甚至是只针对警民互动双方中执法对象一方的制裁，则一定会忽视整个袭警行为产生的情境结构。要想从根源上实现对袭警行为的有效治理，就需要从整体性的视角出发，系统性地向互动过程其他因素倾注资源，改善警民互动过程，才能迈向整体性的袭警问题治理。

## 五、整体构建："惩""治"结合的袭警行为规制体系

迈向整体性的袭警行为治理，首先要认识到袭警行为通常产生于现场执法这一具有复杂情境的警民互动过程中。这个过程具有一定的社会结构，"结构性要素贯穿于整个人类行为"。① 不能用一种错误的"抽离时间"的静态方式来思考袭警行为的发生，单一适用制裁方式来实现事后治理将会产生诸多在实践中难以克服的问题。必须认识到结构是社会再生产过程中"联结时间"的规则和资源。② 因此要想实现袭警行为的有效治理，必须重点关注袭警行为发生时"时空交汇"的互动过程，并对这一过程进行整体性的治理，在充分理解警民互动中的结构二重性的基础上，注重意义、制裁、权力三大要素的整体协调和统一配合。

第一，从意义要素入手，通过知识、技术和权力的配合建立起充分的警民互信。文化人类学家关注人们在意义框架之下如何理解自己的行动，如何依照框架行动并维持它们。③ 吉尔兹在《地方性知识：从比较的观点看事实和法

---

① ［英］安东尼 · 吉登斯：《社会理论的核心问题：社会分析中的行动、结构与矛盾》，郭忠华、徐法寅译，上海译文出版社 2015 年版，第 69 页。

② 参见［英］安东尼 · 吉登斯：《社会理论的核心问题：社会分析中的行动、结构与矛盾》，郭忠华、徐法寅译，上海译文出版社 2015 年版，第 71 页。

③ 参见芦坚强：《从内容到方法的地方性知识》，载《西南边疆民族研究》2018 年第 2 期。

律》一文中曾指出他们"目光牢系于意义,通过将其放置在更大的意义框架之中,牢系于巴厘岛人(或任何人)如何理解自己在事实层面、道德层面、表达层面……法律层面行为方式的意义,他们如何在地方中维持,或者试图通过组织其在框架中的行为以维持这些更大的框架"。① 在吴某平案中,警民双方所具有的法律知识存在巨大的差异,吴家每名成员都是根据对事实而非法律的认识来行动的。虽然他们强调的事实也具有一定的规范性,如欠债还钱、杀人才犯法等,这些可以通过日常生活实践"习得",但是他们对于向他人暴力扔凳子、对民警拳脚交加等行为缺乏明确的法律规范认识。吴家人的这套知识体系作为也同样来自普通人的警察其实可以理解,但是警察具有的法律知识体系吴家父子无法理解。这就导致了在互动交流过程中存在的巨大障碍。要想打破这种障碍,就需要注重事前、事中、事后的多维度沟通。事前营造警民融洽的社会氛围,不能仅停留在单向的警察服务人民宣传以及违法犯罪行为面临制裁后果的普法之上,还应当创造条件促使老百姓习得如何正确合法地与警察打交道。加强针对袭警问题的普法宣传与舆论引导,无论从话语还是实践层面加强老百姓对袭警行为及其后果的认识,并对日常执法中民众在面对警察执法时的正确行为进行大力宣传和进行适当的社会演练,培养执法对象的理性人特征。增加办案机关表现形式上的亲民性,消除针对某些工作举措的"制裁化"污名,可以通过派出所开放日、警察执法过程用语及措施普法宣传等方式,消除民众对于"被带往派出所""被采取约束性或保护性措施"的制裁恐惧。在互动过程中通过及时和充分的沟通打破警民信任壁垒。尽量消除双方带入互动过程中对某一群体的偏见,防止过去的泛泛认知对现场交流模式产生的影响。充分运用法律话语,建立警民初遭遇时的信息充分交换机制,在当时条件允许的情况下尽可能充分地向执法对象讲解具体情况下合法合理的执法流程与方式,建立对执法者专业性和公正性的信赖。在事后一手抓对袭警行为制裁的必然性,从而将互动中的行动预期纳入规范轨道;另一手抓执法监督,通过提高民众的主体性和参与性来扼制官僚主义和形式主义。② 可以借助技术手段构建执法对象能够便捷运用的执法问题反

---

① Clifford Geertz, *Local Knowledge, Further Essays in Interpretive Anthropology*, Basic Books, 1983, p. 180.

② 参见黄宗智:《民主主义与群众主义之间:中国民众与国家关系的历史回顾与前瞻愿想》,载《文史哲》2021年第2期。

馈、评价和处理体系,建立完善便捷的接受外界查询的执法过程音视频记录和查询系统,建立执法行为异议反馈机制等。

第二,从制裁要素入手,需要摒弃唯刑法论的思路,而注重运用更加广泛的法律能力,通过更为抽象的法律技术手段来巧妙地解决问题。① 其中重点是通过法的形式理性建构起警民互动时的稳定预期。首先要解决制裁体系混乱、随意性大等问题,将刑事制裁、行政制裁、过程性制裁等梳理清楚,规范行政裁量权,对法律法规中的原则性规定或是具有一定弹性的执法权限和裁量幅度进行相应的细化量化,同时做好刑事司法与行政执法的双向衔接。② 还必须强调制定针对执法者违法或不规范执法行为的制裁后果,使互动双方都有可以凭借的权力资源。从近期来看,可以加强培养公安机关内部的制衡监督力量,充分发挥公安机关内部法律素养更高的法制部门在案件把关中的作用,及时纠正民警在现场可能出现的过度违规用权或判断失误。③ 从中远期来看,应当建立中立公允的执法行为评价机构并建立与之配套的评价机制与标准,及时回应警察执法责任的认定争议。当然对现场执法相关行为的审查与评判,也需要注意现场的结构二重性,引入"情景审查"要素,④依据现场执法的客观条件推定警察执法的责任程度,建立一套科学合理的现场执法容错、纠错机制,在对执法行为产生制裁威慑的同时也适当为现场执法民警松绑,解决其可能承受不当指控的后顾之忧。

第三,从权力要素入手,明确警民互动中的权利义务关系,确保基于执法需要的支配有效性,强化执法能力和增加执法资源,树立更为果决坚定的执法形象与执法权威。首先,建立一种全民对于警民遭遇时应当如何互动的"规则"或"规范",规定进入这一场域的互动双方必须遵循一套特定的制度逻辑以维护自身利益。通过规范和相应的宣传演练,引导民众在执法现场尊重民警的权威遵循民警指令。特别要明确面对警察的哪些指令时民众应当

---

① "法律能力是一套完整的抽象化能力,可以把一个具体的东西变成一个抽象的东西。"强世功:《国家法治能力建构:法律治理能力和法治技艺》,载《经济导刊》2019 年第 8 期。

② 参见周佑勇:《行政执法与刑事司法的双向衔接——以食品安全案件移送为视角》,载《中国刑事法杂志》2022 年第 4 期。

③ 例如,C 市 J 区的法制部门就曾在审核执法记录仪视频时仔细分辨出执法对象骂民警的脏话实际为"乱七八糟整",从而避免了对执法对象的行政处罚。

④ 相关论述参见李文姝:《警察执法裁量情境审查的建构与实践》,载《甘肃政法大学学报》2021 年第 2 期。

令行禁止，但同时也告知其允许事后救济。其次，加强对民警执法能力的培训：一方面，要加强现场执法领域内法律、操作规范的培训、学习，促进民警熟练掌握现场执法常见的场景、规范及制裁后果；另一方面，要培养民警对权力技术的运用。[①] 例如，要通过充分运用法律话语争得现场话语控制权，展示执法的正当性合法性，展现公权力的威严，而不是像在吴某平案中现场民警运用道德性话语回应吴父的道德性指责——“随便你说”“会给你公道的”“我们就是这样执法，你可以去告，执法记录仪都录着的”。又如，要强调说服教育和强制性措施的合法并用，对于凭借各种非法方式追求自身利益实现的执法对象，罔顾警察现场指令的行为，要敢于“稳、准”地迅速出手，果断处置。再如，要强化对执法技战术的训练，总结提炼更有利于现场执法的经验。例如，带离现场措施的运用，通过非强制甚至强制地将执法对象从现场执法的“街头空间”转向派出所或执法办公地点的“窗口空间”，以增强执法者占据知识和信息资源方面的绝对优势，加强对执法过程具有的支配力量，更好地控制执法的节奏与进程。[②] 假设吴某平在第一次对罗某某采取暴力行为后就被现场警察成功制服，采取强制措施迅速带离现场，那么该案或许就止步为一场纠纷，或者吴某平至多因为扔凳子受到行政处罚，根本不会发展成刑事案件。

---

① 参见强世功：《乡村社会的司法实践：知识、技术与权力——一起乡村民事调解案》，载《战略与管理》1997 年第 4 期。

② 参见陈柏峰：《基层社会的弹性执法及其后果》，载《法制与社会发展》2015 年第 5 期。

# 实务透视

# 检察机关集中管辖知识产权刑事案件的实证研究

林健星*

**内容摘要:**检察机关集中管辖改革是我国管辖制度的重要变化。关于A区检察院2016年至2021年的实证研究显示,检察机关集中管辖的举措一定程度上能提高知识产权刑事案件办理质量,但“审判管辖中心+绝对集中型”模式也给现有刑事管辖制度带来挑战,且存在专业化优势无法有效带动侦查,整体运行效率较低等问题。未来改革需要进一步调整思路,应认识到检察机关集中管辖不具有普适性,仍应以法定管辖为原则,以专业化需求为正当性基础,同时在立法上对集中管辖作独立规定,以转向“案件数量导向+相对集中型”模式。对满足集中管辖条件的地区,应因地制宜地实行贯穿侦查、起诉、审判等环节的全流程集中管辖。

**关键词:**知识产权刑事案件　检察集中管辖　司法专业化　全流程　实证研究

## 一、问题的提出

知识产权是我国迈向创新型大国所要特别关注的权

* 林健星,四川大学法学院博士研究生。

利,而良好的知识产权秩序总体包括两个方面:其一,创新的不断涌现;其二,创新成果被很好地保护。[①] 其中,通过刑事诉讼维护知识产权的观念逐渐普及,我国知识产权刑事案件数量正处于快速上升的阶段。[②] 为了统一法律适用标准以保障司法公正,各地检察机关广泛开展了知识产权刑事案件集中管辖的司法实践,并逐渐形成了一些集中管辖模式。相关试点改革经验得到了最高人民检察院的认同。例如,2019年通过的《人民检察院刑事诉讼规则》(以下简称《检察规则》)在其指定管辖条款内首次规定了“集中管辖”,[③]结束了集中管辖实践于法无据的情况。又如,2022年最高人民检察院《关于全面加强新时代知识产权检察工作的意见》(以下简称《知识产权检察工作意见》)也强调探索建立知识产权刑事案件批捕、起诉工作集中管辖制度,推进知识产权检察职能集中统一履行。

具体而言,集中管辖是对法定地域管辖或级别管辖进行变通,将某一类案件集中到特定司法机关进行管辖的特殊管辖制度。[④] 对刑事诉讼中的检察机关而言,集中管辖是将一定区域内的某一类刑事案件集中到特定的基层检察院或市级检察院进行管辖。应当指出,集中管辖依据案件类型来划分管辖权限,其本质上是一种法律授权的预定管辖与确定管辖,是对法定管辖权的例外规定,应属于组织法上的专门管辖。在实践中,所谓的“集中”体现在管辖权集中与人员机构集中两个方面:第一,管辖权上的集中,即规定特定检察院对一定区域内的知识产权刑事案件进行集中管辖,但大部分集中管辖案件只在审查起诉阶段集中到特定检察院。第二,机构与人员上的集中,即遵循“专业的人做专业的事”的基本逻辑,在集中管辖检察院的内部机构设置上专门成立处理知识产权刑事案件的内设机构,如知识产权检察处等,并培养专业办案团队和人员。

但如果说知识产权刑事案件集中管辖在司法实践中表现为“热”,那么其

---

① 参见吴汉东:《中国知识产权法制建设的评价与反思》,载《中国法学》2009年第1期。

② 根据《2021年中国知识产权保护状况》白皮书的统计,全国检察机关共受理审查逮捕侵犯知识产权案件6924件13,485人,批捕4590件7835人,批捕案件和人数同比分别上升16.8%和9.2%。共受理审查起诉侵犯知识产权案件9611件22,011人,起诉6565件14,020人,起诉案件和人数同比分别上升12.3%和15.4%。全国地方各级人民法院共新收侵犯知识产权刑事一审案件6276件,审结6046件。

③ 《人民检察院刑事诉讼规则》第22条。

④ 参见史立梅、杨超:《跨行政区划法院刑事案件管辖问题研究》,载《法律适用》2017年第21期。

在学术研究上却表现为“冷”。笔者发现其并未引起学术界的广泛关注和讨论，且相关学术研究多从法院的角度出发，一般性地介绍刑事案件集中管辖的概念、原理、功能等基础理论，讨论制度的必要性，并主要是在应然层面上基于法理和制度原则作出制度利弊和改革对策等方面的价值分析。① 现有研究既未充分调查我国集中管辖制度在实践中的运行模式与现实困境，也基本没有关注检察机关在集中管辖制度中扮演的角色与发挥的作用，②更没有针对知识产权刑事案件进行深入探究。因此，本文希望通过考察具有代表性的改革实践，回应如下三个问题：第一，检察机关集中管辖知识产权刑事案件在实践中的真实面貌、基本特征、运行模式和整体效果是什么？第二，当前改革对于办理知识产权刑事案件的公正性与效率性等方面有何影响以及存在哪些问题？第三，如何进一步优化改革？

## 二、A 区检察机关集中管辖知识产权刑事案件的实践状况

本文所关注的 A 区检察院，是全国范围内率先探索与开展知识产权刑事案件集中管辖工作的检察院，有充足的实践经验，且已经形成具有代表性的集中管辖模式，因此以之作为研究对象能够较为典型地反映当前检察机关在集中管辖制度下的实践情况。本文所研究的样本为 A 区检察院于 2016 年至 2021 年③办理的涉嫌犯《中华人民共和国刑法》（以下简称《刑法》）第 213 条至第 219 条的七类侵犯知识产权罪的案件，总案件数为 98 件，涉案人数为 211 人，其罪名具体包括假冒注册商标罪，销售假冒注册商标的商品罪，非法制作、销售非法制作的注册商标标识罪，假冒专利罪，侵犯著作权罪，销售侵

---

① 例如，张曙：《刑事诉讼集中管辖：一个反思性评论》，载《政法论坛》2014 年第 5 期；史立梅、杨超：《跨行政区划法院刑事案件管辖问题研究》，载《法律适用》2017 年第 21 期；贺志军：《知识产权案件审判改革中的刑事管辖集中化问题研究》，载《法商研究》2023 年第 2 期。

② 研究检察机关集中管辖制度的论文非常有限，相关讨论可参见周甲准、朱昕怡：《刑事案件集中管辖对检察机关的影响及应对》，载《人民检察》2020 年第 10 期；万毅：《论检察机关集中管辖制度》，载《社会科学》2021 年第 11 期。

③ A 区检察院从 2010 年开始探索知识产权刑事案件集中管辖改革，其间经历了多轮调整，其中包括办案组织形式、案件办理流程、与相应行政、司法机关的衔接等内容。自 2016 年后已经形成较为成型、稳定的集中管辖案件办理模式，故笔者选择以 A 区检察院 2016 年至 2021 年的相关案件作为研究样本。

权复制品罪和侵犯商业秘密罪。

尽管A区检察院集中管辖案件数量平均每年仅20件左右,相较于反映全国范围实践情况的“大数据”而言属于“小数据”,但这并不影响样本的代表性。一方面,知识产权刑事案件的数量本就较少。例如,基于《2021年全国法院司法统计公报》的数据统计可知,在2021年此类案件仅占全部刑事案件总数的1.68%,且集中管辖改革尚未全面铺开,适用范围有限,该领域尚无官方公布的大数据作为支撑。另一方面,大数据本身也可能存在真实性与针对性不足等弊端。① 事实上,针对有代表性的检察机关实践做出的细致科学的小数据分析,能反映出类似模式地区的实践情况,具有较强的代表性,对未来的制度纠偏、改进与推行有一定指导意义。

因此,笔者对A区检察院的集中管辖实践情况进行了调研,收集整理了A区检察院有关集中管辖的相关数据与各类规范性文件,跟踪了十余件集中管辖案件的具体办理全过程,对A区检察院的相关人员作了针对性的访谈。同时,笔者在全国范围内随机抽取了数个有开展知识产权刑事案件集中管辖实践的其他检察机关,进行对比分析,以验证相关结论的普适性。依据上述材料,笔者考察了实践中检察机关集中管辖知识产权刑事案件的基本模式,制度运行中公、检、法三机关的衔接关系,制度运行的效率性与公正性等内容,从中发现可着力突破的问题点以求优化现有模式。

### (一)案件来源:绝大多数案件属于跨行政区域案件

从案件来源上看,2016年至2021年,A区检察院受理的本辖区移送案件占全部案件的平均比值仅为7.92%(见表1)。这说明只有极少数的知识产权刑事案件发生在A区,绝大多数案件都属于跨行政区域的集中管辖案件。

**表1　2016~2021年A区检察院受理案件来源基本情况统计**

| 类型 | 2016年 | 2017年 | 2018年 | 2019年 | 2020年 | 2021年 |
|---|---|---|---|---|---|---|
| 本辖区移送案件数/件 | 1 | 0 | 2 | 1 | 1 | 3 |
| 跨行政区域移送案件数/件 | 11 | 18 | 17 | 14 | 12 | 18 |
| 本辖区移送案件数占总案件数的比值/% | 8.33 | 0 | 10.53 | 6.67 | 7.69 | 14.29 |

① 参见左卫民:《一场新的范式革命?——解读中国法律实证研究》,载《清华法学》2017年第3期。

这一现象与当前选择特定集中管辖检察机关的模式密切相关。A 区检察院的集中管辖设置过程如下:经最高人民法院同意,A 区法院自 2010 年起开始集中管辖全市的知识产权民事、行政和刑事案件。后经市委政法委协调,上级检察机关自 2010 年起将全市知识产权刑事案件的审查起诉案件指定由 A 区检察院集中管辖。这一过程能反映我国选择特定集中管辖检察机关的一般规律,即检察机关的集中管辖是以审判管辖为核心进行制度设计的。具体表现为在最高人民法院确定了特定法院对知识产权刑事案件的集中管辖后,为了方便审判环节与前端环节进行高效对接,而将同一行政区划的同级检察机关配套设置为具有集中管辖权的特定司法机关。可见,检察机关的集中管辖改革是相对被动的,主要是为了知识产权"三合一"审判体制改革的需要而进行的配套改革。①

**(二)捕、诉情况:跨行政区域案件的审查逮捕不适用集中管辖**

在审查逮捕案件方面,共计受理 5 件,审结 5 件,案件绝对数较少,这是因为 A 区检察院只能受理本辖区内发生的审查逮捕案件,而发生在辖区外的审查逮捕案件仍依据法定管辖由当地的检察机关进行管辖。在审查起诉案件方面,普遍出现当年受理数高于审结数的情况,侧面证明此类案件办理耗时较长,平均每年有 5 件案件无法在当年审结,占比为 31.25%(见表 2)。

**表 2　2016~2021 年 A 区检察院办理捕、诉案件基本情况统计**

单位:件

| 类型 | 2016 年 | 2017 年 | 2018 年 | 2019 年 | 2020 年 | 2021 年 |
|---|---|---|---|---|---|---|
| 受理审查逮捕案件数 | 0 | 0 | 2 | 1 | 0 | 2 |
| 审结审查逮捕案件数 | 0 | 0 | 2 | 1 | 0 | 2 |

① 2008 年的《国家知识产权战略纲要》首次提出要研究设置统一受理知识产权民事、行政和刑事案件的专门知识产权法庭,此后最高人民法院批复同意多个地方法院开展"三审合一"改革试点。截至 2021 年,全国已有 21 个高级人民法院、164 个中级人民法院和 134 个基层人民法院有序开展知识产权民事、行政和刑事案件审判"三合一"改革。可参见周强:《最高人民法院关于人民法院知识产权审判工作情况的报告——2021 年 10 月 21 日在第十三届全国人民代表大会常务委员会第三十一次会议上》,载《中华人民共和国全国人民代表大会常务委员会公报》2021 年第 7 期。而且在"三合一"审判体制改革的同时,实务中往往将集中管辖改革配套进行,即将一定区域内的知识产权民事、行政、刑事案件都统一集中于一个法院的一个审判庭进行处理。

续表

| 类型 | 2016年 | 2017年 | 2018年 | 2019年 | 2020年 | 2021年 |
|---|---|---|---|---|---|---|
| 受理审查起诉案件数 | 12 | 18 | 19 | 15 | 13 | 21 |
| 审结审查起诉案件数 | 6 | 13 | 16 | 6 | 9 | 16 |

注:此处统计的"审结审查起诉案件数"是指当年度受理审查起诉的案件于当年度审结的数量。

### (三)运行效率:集中管辖案件的办理效率总体较低

1. 审查起诉时间较长

2016年至2020年A区检察院审查起诉案件办结平均时间为99天,说明此类案件客观上案情复杂,且耗时长、效率低,平均办结时间高达3个月。若再加上审查起诉之前的侦查阶段和审查逮捕阶段,可以预计在起诉至法院之前,相关案件的犯罪嫌疑人可能被羁押超过4个月。

且2016年至2019年审查起诉案件的办结时间总体增加,于2019年达到峰值,2020年则同比下降11.45%,2021年更是同比大幅下降52.59%(见表3),这与2020年最高人民检察院正式印发《检察机关案件质量主要评价指标》建立以"案-件比"①为核心的案件质量评价指标体系有直接关系。该考核指标要求严格限制检察机关对退回补充侦查和延长审查起诉期限程序的使用,以防止程序空转,从而也显著地缩短了案件办结时间。

**表3 2016~2021年A区检察院审查起诉时间统计**

| 类型 | 2016年 | 2017年 | 2018年 | 2019年 | 2020年 | 2021年 | 平均 |
|---|---|---|---|---|---|---|---|
| 审查起诉案件办结平均时间/天 | 95 | 91 | 103 | 131 | 116 | 55 | 99 |
| 同比/% | — | -4.21 | 13.19 | 27.18 | -11.45 | -52.59 | — |

2. 一次、二次延长审查起诉程序使用率高

2016年至2021年A区检察院审查起诉案件中使用过一次、二次、三次延长审查起诉期限程序的案件数分别占当年受理审查起诉案件总数的66.97%、32.68%和16.35%。② 其中由于自2020年起"案-件比"指标体系的大力推

① "案-件比"的数值越大,说明该案经历的环节多、时间长,占用的司法资源越多,在考评上对承办人的评价越不利。

② 该比例的计算方式为:比例=当年受理审查起诉案件中进行过一次/二次/三次延长审查起诉期限程序的案件数÷当年受理审查起诉案件总数×100%。

行,2021 年使用延长审查起诉期限程序的案件数全部清零。若排除 2021 年数据的影响,则 2016 年至 2020 年 A 区检察院审查起诉案件中使用过一次、二次、三次延长审查起诉期限程序的案件数平均占当年受理审查起诉案件总数的 80.36%、39.22% 和 19.62%。可见,绝大多数案件都需要使用一次延长审查起诉期限程序,超过 1/3 的案件要使用二次延长审查起诉期限程序,需要使用三次延长审查起诉期限程序的案件较少。

3. 补充侦查程序使用率高

2016 年至 2021 年 A 区检察院审查起诉案件中使用过一次、二次退回补充侦查程序的案件数平均占当年受理审查起诉案件总数的 68.83% 和 40.31%,[①] 且退查案件的数量总体呈下降的趋势。其中由于"案－件比"指标体系的大力推行,2021 年使用退回补充侦查程序的案件数全部清零。若排除 2021 年数据的影响,则 2016 年至 2020 年 A 区检察院审查起诉案件中使用过一次、二次退回补充侦查程序的案件数平均占当年受理审查起诉案件总数的 82.59% 和 48.37%。可见,退回补充侦查程序在此类案件的办理过程中使用频率较高,一次退查甚至成为案件办理的必须流程。

4. 检察机关提前介入率低

2016 年至 2021 年,A 区检察院仅在 2020 年(8 件)与 2021 年(1 件)对相关案件进行了提前介入,全部是在审查起诉阶段介入,以提前阅卷和参与预审为主要介入方式,且主要为主动介入的。可见检察机关的提前介入率低,检察官提前介入引导侦查取证工作的覆盖程度较低,侦、诉程序之间协调程度不足,存在衔接不顺畅的情况,专业化办理的带动作用不足。

**(四)运行效果:审查起诉质量和正确性较高,总体较为公正**

1. 审查起诉质量:集中管辖案件的量刑建议采纳率高

从量刑建议采纳率来看,2016 年至 2021 年 A 区检察院量刑建议采纳率平均值为 82.73%,采纳率较高,说明在很大程度上法院接受了检察院的量刑建议,也体现审查起诉阶段工作完成度高,案件办理质量高。

其中,量刑建议采纳率在 2021 年出现了较大幅度的下降,仅为 76.67%(见表 4)。在其他办案因素没有发生变化的前提下,笔者认为,这与"案－件

① 该比例的计算方式为:比例＝当年受理审查起诉案件中进行过一次/二次退回补充侦查程序的案件数÷当年受理审查起诉案件总数×100%。

比"改革在2021年全面推行后导致延长审查起诉期限程序和退回补充侦查程序的使用在知识产权刑事案件中被清零有关。这也表明,为了满足考核指标的要求而强行省去某些必要程序环节,会使审查起诉的质量和正确性下降。

**表4 2016~2021年A区检察院量刑建议采纳情况统计**

| 类型 | 2016年 | 2017年 | 2018年 | 2019年 | 2020年 | 2021年 |
|---|---|---|---|---|---|---|
| 提出量刑建议/人 | 30 | 30 | 48 | 47 | 23 | 30 |
| 量刑建议被法院采纳/人 | 27 | 28 | 44 | 21 | 23 | 23 |
| 量刑建议采纳率/% | 90.00 | 93.33 | 91.67 | 44.68 | 100.00 | 76.67 |

注:2019年的量刑建议采纳率仅为44.68%,与其他年份有较大差距。究其原因,笔者认为是在某一涉案人员众多的案件中,在少数人员要求上诉后,且该案件被要求发回重审,因此基于我国《刑事诉讼法》的全案重审原则,出现了较大数量的量刑建议未被采纳的情形,这也在表5中得到印证。

2.审查起诉正确性:集中管辖案件的上诉率低,且上诉后维持原判率高

从上诉率来看,2016年至2021年A区检察院审查起诉案件的平均上诉率为16.87%,上诉率较低,且于2017年达到峰值,总体呈下降趋势,说明审查起诉案件正确性较高,涉案人员对相应判决的接受度较高(见表5)。

**表5 2016~2021年A区检察院审查起诉案件上诉情况统计**

| 类型 | 2016年 | 2017年 | 2018年 | 2019年 | 2020年 | 2021年 | 平均 |
|---|---|---|---|---|---|---|---|
| 一审起诉/人 | 30 | 38 | 47 | 36 | 44 | 30 | 38 |
| 一审上诉/人 | 4 | 11 | 9 | 5 | 7 | 3 | 7 |
| 上诉率/% | 13.33 | 28.95 | 19.15 | 13.89 | 15.91 | 10.00 | 16.87 |
| 同比/% | — | 117.18 | -33.85 | -27.47 | 14.54 | -37.15 | — |
| 二审不开庭/人 | 4 | 11 | 9 | 5 | 7 | 3 | — |
| 维持原判/人 | 4 | 10 | 9 | 2 | 7 | 3 | — |
| 减轻刑罚/人 | 0 | 1 | 0 | 0 | 0 | 0 | — |
| 发回重审/人 | 0 | 0 | 0 | 3 | 0 | 0 | — |

注:该表中的"上诉率"计算方式为:上诉率=当年检察院起诉至法院的被告人中于一审判决后提起上诉的人数÷当年检察院起诉至法院的被告人人数×100%。

从上诉后的处理方式与结果来看,全部上诉案件都按二审不开庭的方式进行审理,其中维持原判的平均比例占89.74%,减轻刑罚的平均比例占2.50%,发回重审的平均比例占7.69%,可见在上诉后绝大部分案件是维持原判的,减轻刑

罚和发回重审的比例都很低,说明案件的审理质量较高,判决较为公正。

### (五)模式总结:只适用于审查起诉阶段的"审判管辖中心+绝对集中型"检察集中管辖模式

前文已经提及当前我国知识产权刑事案件集中管辖都是以审判管辖为核心展开制度设计的。笔者调研发现,就审判管辖而言,主要有两种知识产权刑事案件集中管辖模式:第一,"一审集中型",该模式分为两种类型。其一,是以福州、沈阳、成都等地为代表的"基层院集中型",即由特定基层法院集中管辖一定区域内的第一审知识产权刑事案件,此类型在所有类型中占比最高;其二,是以郑州、昆明等地为代表的"中院集中型",即以提级管辖的方式达到集中管辖的效果。也就是说,第一审知识产权刑事案件统一由中级人民法院集中审判。第二,以上海为代表的"二审集中型",即由各基层人民法院、专门法院管辖本辖区内的第一审知识产权刑事案件,由特定中级人民法院集中管辖不服各基层人民法院、专门法院作出的一审判决、裁定提起上诉的案件以及提起抗诉的知识产权刑事案件。

而在检察机关的集中管辖模式上,基本上只有"审判管辖中心型"一种,即先确定集中管辖法院,再相应地赋予同一行政区域的同级检察院集中管辖权。因此,各地检察机关在集中管辖知识产权刑事案件的实践中存在着许多普遍性的做法和特征,如绝大多数集中管辖案件属于跨行政区域案件,案件办理时间普遍较长,对延长审查起诉期限程序和退回补充侦查程序的使用需求较高等。但在具体机制设计上也存在审查逮捕与审查起诉是否都适用集中管辖,集中管辖的地域范围大小、一定行政区域内享有集中管辖权的检察机关数量、侦查环节是否相应地进行集中管辖等区别。再结合前文对A区检察院2016年至2021年集中管辖知识产权刑事案件实践的实证调研,笔者将其模式总结为:只在审查起诉阶段适用,在全市范围内唯一行使集中管辖权,并与"基层院集中型"审判集中管辖相配套的"绝对集中型"检察集中管辖模式。①

① 绝对集中管辖,表现为在一定区域内(市级以上)只设置一个集中管辖司法机构,以统一办理该区域内所有类型的知识产权刑事案件。

## 三、现有模式有待解决的问题

### (一)检察集中管辖与指定管辖相混淆,未能形成独立的程序与规则

《刑事诉讼法》第 27 条、《公安机关办理刑事案件程序规定》第 22 条以及《检察规则》第 22 条都对指定管辖作了规定,其存在主要是为了应对司法实践中出现的管辖权不明或不宜行使管辖权的情况,具有较强的灵活性,是对案件管辖权的事后分配,究其本质就是法律赋予上级司法机关在特殊情况下确定和变更案件管辖法院的权力。[①] 但是这种管辖权的变化只是一种个案式的调整,需要满足"一案一指定"的程序要求,其设置目的主要是达成司法的公正价值,减少地方保护等案外因素对于案件公正审理的影响。而集中管辖属于专门管辖,即上级司法机关在具体案件受理之前便基于领导或监督地位通过相关规则将某类案件的管辖权分配给特定的司法机关,而其他司法机关无管辖权,是对类案管辖权的事先确定。二者存在本质的差异,不可混为一谈。但在相关实践中,上级司法机关在没有法律授权的情况下预先改变下级司法机关对某类案件的管辖权,突破了程序法定对司法机关行使公权力的约束。为了避免违法风险,上级司法机关只能扩大"指定管辖"的概念范围,勉强将集中管辖涵摄在内,并借用指定管辖的形式与程序为集中管辖披上一层合法的外衣。可以说,这种做法是在集中管辖于法无据情况下的变通处理。

但这一变通处理却被《检察规则》第 22 条以司法解释的方式赋予了法律效力,且完全套用指定管辖的既有规则和程序。这一规定显然缺乏正当性,会进一步恶化我国当前刑事司法中滥用指定管辖的不良现状,且指定管辖的规则和程序不符合集中管辖的内在运行原理和机制,必然导致集中管辖的效率低下、权责不清等问题。

### (二)运行效率经常较低

1."审判管辖中心 + 绝对集中型"模式具有以效率置换公正的特征

根据前文表 1 可知,"审判管辖中心型"模式在具体检察院的选择上最主

① 参见张曙:《刑事诉讼集中管辖:一个反思性评论》,载《政法论坛》2014 年第 5 期。

要考虑的是与特定法院的衔接便利性,而忽视了案件数量。这就导致绝大多数的集中管辖案件都属于跨区域案件,也使检察机关之间以及集中管辖检察院与各地侦查机关之间的衔接效率降低,而只便利了集中管辖法院与检察院之间的衔接。

而绝对集中管辖表现为在市级以上的行政区域内只设置一个集中管辖检察机关,这一方面减少了案件管辖的地域点,能有效削弱地方保护主义和行政力量对司法的干预,而且将所有相关案件集中于一处也更能提高专业化办案水平;另一方面能够回应不同区域之间现实存在的司法能力差异问题,避免了不同检察机关就同一法律关系或相同的案件事实作出冲突性认定和处理。应当说,“绝对集中型”模式下检察机关以统一的起诉标准来审查案件,能够保证较大区域内法律适用的统一性和刑事司法的公正性。但由单一的检察机关对较大地域范围内的所有知识产权刑事案件进行统一处理,存在地域管辖点过少的问题。这不可避免地会增加衔接难度和交流成本,在客观上必然会延长办案期限,从而降低诉讼效率。

2. 检察集中管辖只适用于审查起诉阶段,影响审查连贯性

在现有集中管辖模式下,大量案件的审查逮捕环节仍由案发当地的检察机关负责,而审查起诉才由集中管辖的检察机关负责。这使大部分案件的审查逮捕、审查起诉等各环节工作分散在两个检察机关,无法由同一检察官或者同一办案组完成。因此,负责审查起诉的检察官需要再花费大量时间和精力阅读案卷、熟悉案情、核实证据材料,且不能提前知晓案件信息,无法在起诉前主动提前介入侦查,对侦查取证提出指导意见,最终造成捕、诉脱节,影响连贯审查。

同时,由于审查逮捕与审查起诉分别在两个检察院进行,但最终统一由集中管辖检察院起诉,存在权责分离的问题。这就导致负责审查逮捕阶段的检察院因无须对案件负最终责任,可能在证据固定、事实认定、法律适用、文书制作等工作上存在一定的懈怠。在客观上,非集中管辖检察院的知识产权刑事案件专业化办案能力不足,也会导致无法有效指导侦查机关以及时全面地收集证据,未能准确评估犯罪嫌疑人的情况从而降低羁押必要性审查的正确性,难以正确适用法律等问题。而且审查逮捕阶段形成的证据与文书会对后续审查起诉阶段起主要的参照作用。也就是说,集中管辖检察机关对于案件的办理实质上是基于前一个不具有专业团队的检察机关所制作形成的文书进行

的,这样一种“两张皮”的状态极不利于对案件的正确办理。

以A区检察院为例,2016年至2021年A区检察院审查起诉案件中的平均案件逮捕率和人数逮捕率[①]分别为56.99%和50.89%,可见有超过一半的案件和犯罪嫌疑人需要经过审查逮捕程序。所以,审查逮捕阶段不适用集中管辖会对案件办理的效率有相当程度的负面影响。

3.集中管辖检察机关的专业化办案优势对侦查阶段的带动性不足

首先,知识产权刑事案件的办理关键和难点并不在于法律的适用,而主要在于证据的固定、技术的鉴定和权属的认定等内容,其中侦查取证的难点主要在于取证数量巨大、取证类型多样且需具备针对性的专业素质与技术。其一,知识产权刑事案件中涉及的诸如专利、计算机软件著作权、商业秘密等内容都具有高技术性和专业性的特点,在认定这些内容的性质和权属时,往往需要与主管行政机关进行衔接取证,且需要对固定的证据进行专业鉴定。其二,基于《刑法》及相关司法解释的规定,知识产权犯罪都采取结果犯的立法模式。这些法定结果一类以犯罪数额为要件,另一类以“情节严重”或“造成重大损失”为要件。[②] 后者内涵模糊,因此司法机构往往以犯罪数额的多少来认定情节严重程度,但没有明确规定犯罪数额的计算范围、计算标准和计算方法等,且认定部分罪名所需的犯罪数额证据在实践中难以取得。

而且,我国刑事诉讼存在着一种“流水作业的纵向构造模式”,[③]加之我国刑事司法中的“案卷笔录中心主义”倾向,使检察机关和法院的办理主要表现为对侦查结论的审查和确认,而一定程度上缺乏对案件事实的重新探究能力。[④] 以2022年的全国刑事案件数据为例,捕后不诉和无罪判决率为1.1%,起诉案件有罪判决率为99.98%。这说明我国刑事诉讼中审前阶段过滤了绝大多数不符合法律标准的犯罪嫌疑人和案件,而一旦提起公诉,审判环节便无太大过滤空间。由此可见,侦查环节与审查起诉环节在此类案件的正确办理

---

① 该逮捕率计算方式为:案件逮捕率=当年受理审查起诉案件中被批准逮捕的案件数÷当年受理审查起诉案件总数×100%;人数逮捕率=当年受理审查起诉案件中被批准逮捕的犯罪嫌疑人人数÷当年受理审查的犯罪嫌疑人人数×100%。

② 参见唐稷尧:《知识产权犯罪:利益背景与刑事控制》,载《中国刑事法杂志》2002年第3期。

③ 关于该模式的具体论述,可参见陈瑞华:《刑事诉讼的前沿问题(上册)》,中国人民大学出版社2016年版,第277页。

④ 参见陈瑞华:《论侦查中心主义》,载《政法论坛》2017年第2期。

过程中起着关键作用,在此阶段固定的证据、形成的司法文书将直接影响甚至很大程度上决定了后续的审判结果。

但从前文的数据来看,集中管辖检察机关的提前介入情况极差,专业性的辐射带动作用极低。[①] 这主要是因为在知识产权刑事案件的办理过程中,侦查机关仍是按照法定管辖对相关案件进行管辖的,基本上没有设置侦查集中管辖,所有案件的侦查环节都是在案件发生地进行的。而跨区域办案会极大地增加沟通交流的成本和提前介入的难度,导致集中管辖检察院主动介入的意愿不强。当然,这也与各侦查机关没有建立起提请集中管辖检察院提前介入侦查的机制,以及缺乏邀请提前介入的动力等因素有关。在当前模式下,集中管辖检察机关难以及时掌握侦查机关在办的知识产权刑事案件信息,无法充分发挥引导侦查机关收集证据的作用,使相关案件办理过程中存在取证不完全、关键证据未提取、取证程序不规范、鉴定程序未进行、取证不及时导致重要证据灭失等问题,从而导致侦查机关提供的证据和材料无法达到"事实清楚,证据确实、充分"的程度,需要在后续不断通过退回补充侦查来完善证据链条。然而由于相同的原因,补充侦查的效果也不佳,且所需的证据收集时间较长,往往不能在法定期限内补充并送达涉案证据材料,导致案件需要经历多次退补、延期才能办结,这样的办案方式极大地降低了办案效率。

需要指出的是,在当前模式下,专业化办理是从审查起诉阶段才开始的,相关侦查机关不具有知识产权刑事案件办理的专业性,在"侦查中心"的刑事司法接力中,必然会给检察机关和审判机关正确办理案件增加难度。这样迟到的专业化难以解决知识产权刑事案件的根本痛点,无异于隔靴搔痒,无益于发挥专业化办理的作用。总而言之,笔者认为当前集中管辖模式存在严重的资源错配问题,改革设计者没有意识到破局的关键在于提高侦查阶段的专业能力,其中包括发挥集中管辖检察机关对于侦查阶段的指导作用。如果在这一阶段无法实现高质量的专业化办理,集中管辖制度的价值将大打折扣。

---

① 虽然有实证研究指出,当前我国提前介入引导侦查案件数量比重较小是普遍现象,大多数检察机关提前介入引导侦查案件数量比重不足10%,部分地区甚至流于形式。参见卞建林、谢澍:《刑事检察制度改革实证研究》,载《中国刑事法杂志》2018 年第 6 期。但知识产权刑事案件因其技术复杂性与专业性更有进行提前介入的必要性,且部分地区高度重视提前介入的适用并显著提升了办案质量。例如,遵义市检察院制定了《知识产权刑事案件引导侦查证据收集指引》,并制定下发了《关于办理侵犯知识产权刑事犯罪案件适用〈重大刑事犯罪案件提前介入侦查工作规定〉》,实现了知识产权案件提前介入率 100%。

## (三)未能充分实现案件的公正办理

1. 囿于“案－件比”考核,未针对特殊类型案件设置合理的考核指标

“案－件比”考评指标作为当前检察机关案件考评体系的风向标,具有挤出知识产权刑事案件办理过程中程序空转的水分,避免由于办案人员的技术性操作过分拉长审理期限、降低案件办理效率的积极作用。该指标的切实降低直接关系到当事人对司法办案活动的实际感受,且有助于保障犯罪嫌疑人包括人身自由在内的诸多权利。但知识产权刑事案件客观上具有相当的复杂性,从相关案件所适用的审判程序即可见一斑。以 A 区检察院为例,2016 年至 2021 年 A 区检察院提起公诉的知识产权刑事案件适用普通程序的占全部案件的平均比值为 97.54%,说明绝大多数案件都是适用普通程序审理的。可见,此类案件都较为复杂,不满足《刑事诉讼法》第 214 条和第 222 条的规定,基本不适用简易程序与速裁程序。而且,知识产权刑事案件集中管辖制度以公正性作为主要价值追求,前文的相关数据也证明了其客观上需要一定的退回补充侦查、延长审查起诉期限程序的使用,才能保证案件办理质量以达到较好的社会效果。

如果错误地认为最高人民检察院降低“案－件比”的要求是在“一刀切”地下指标,便盲目追求考核指标的好看性,无视现实中案件办理的客观司法规律,不针对不同类型、难度的案件设置合理的“案－件比”指标,反而过分限制“两退三延”等程序的使用。这最终将使案件办理的负担和压力落在一线检察官的身上,更会打击专业化人才加入知识产权办案团队的积极性。且在实施集中管辖之后,由于此类案件统一归集中管辖检察院办理,缺乏对“案－件比”的正确认识就会导致这一区域内知识产权刑事案件办理质量的普遍下降,从而加大法院审理相关案件的难度。从前文表 5 可知,实践中已经出现由于相关必要程序被强行清零后导致办案质量骤降的不良后果。

2. 效率低下导致公正性下降

《刑法》第 213 条至第 219 条规定的七类侵犯知识产权罪,其在自由刑的刑期上的规定都为“情节严重的,处三年以下有期徒刑或者拘役;情节特别严重的,处三年以上七年以下有期徒刑”,其中假冒专利罪与销售侵权复制品罪的最高刑期即为 3 年。由此可见知识产权犯罪作为一类经济犯罪,涉案的犯罪人社会危害性较低,依据“罪责刑相适应”原则,立法者设定的刑期也较为宽缓。且根据相关法律与司法解释的规定,“情节严重”与“情节特别严重”有较高的

认定标准,如设置了较高的金额限制。① 而且从轻刑判决和缓刑判决的适用情况来看,以2020年上海市知识产权犯罪为例,其中已生效判决407件816人,均获有罪判决,判处3年以下有期徒刑或者拘役的轻刑率达90.2%,缓刑率为34.4%。可见,知识产权犯罪在司法判决中具有轻刑率、缓刑率较高的特征。

一方面,审查起诉时间过长使未被羁押的犯罪嫌疑人相关权利长期处于不确定状态。以A区检察院除逮捕外的其他强制措施的适用情况为例,其中有将近一半的案件和犯罪嫌疑人未达到逮捕的要求。根据现行《刑事诉讼法》中关于逮捕的适用条件②以及实务中较高的未决羁押率,可知我国的逮捕程序在当前刑事诉讼实践中一定程度上发挥着预先判定罪刑轻重的作用。③ 故在当前的强制措施格局下,适用非逮捕的其他强制措施说明相关案件最终可能被判处的罪刑较轻。那么集中管辖会拉长相关案件的审理期限,从而导致犯罪嫌疑人的相关权利长期处于未定状态,会相当程度地影响其正常生活,如取保候审的犯罪嫌疑人在此期间不得离开一定的区域,从而在公正性层面存在问题。

另一方面,存在因羁押期过长导致量刑过重进而出现审判不公的现象。在实行知识产权刑事案件集中管辖的地区,审查起诉时间普遍较长,如A区检察院平均每个案件在审查起诉阶段的办理时间超过3个月。且此类案件的批准逮捕率较高,目前呈现逐年上涨的趋势,说明未来此类案件的未决羁押率还将持续上升。显然,过于繁杂与低效的程序,导致案件办理的进程被延缓,使在审判中大概率会判处轻刑和缓刑的犯罪嫌疑人反而遭受长时间的未决羁押,加大了侵害犯罪嫌疑人人身自由的可能性。而且,笔者发现在司法实践中存在被告人实际应被判处的有期徒刑刑期低于被羁押时间的情况,而此时法院为了避免承担国家赔偿责任的"风险",往往会作出和被羁押时间相同的判决,甚至作出更长的有期徒刑判决,出现量刑结果受羁押期限影响的怪异现象。从而可能导致审判不公的恶果,严重不利于司法公信力的建设,而且这也与建立集中管辖制度的初衷背道而驰。这也再度证明,刑事司法的效率性和公正性并非完全独立的,而是相互影响的,如果一方缺陷明显势必拖累另一个

---

① 例如,最高人民法院、最高人民检察院《关于办理侵犯知识产权刑事案件具体应用法律若干问题的解释》将商业秘密罪中的"重大损失"规定为给商业秘密的权利人造成损失数额在五十万元以上,将"造成特别严重后果"规定为给商业秘密的权利人造成损失数额在250万元以上。

② 《刑事诉讼法》第81条。

③ 参见孙长永:《少捕慎诉慎押刑事司法政策与人身强制措施制度的完善》,载《中国刑事法杂志》2022年第2期。

价值的实现。

## 四、改革反思与建议

### (一)原理反思:检察机关集中管辖不具有普适性

在集中管辖改革正全面推进之时,应当总结过往实践的模式与经验,同时认识到错误与教训,其中最首要的就是要反思集中管辖的必要性与普适性。这与集中管辖的正当性基础以及合理性范围有关。如果不能有效地回应这一本质问题,集中管辖改革将继续保持野蛮生长的状态,在缺乏充分论证的情况下随意铺开,这会导致诸多悖反现象。为此,笔者提出以下四点检察机关集中管辖的原则。

第一,以专业化需求为正当性基础。基于检察一体原则,上下级检察机关属于领导与被领导的关系,检察体系是上命下从、上下一体的整体,上级检察院对下级检察院承办的案件享有指挥、监督权。[①] 而《检察规则》第22条所规定的上级检察院可以对需要集中管辖的特定类型案件进行指定管辖,正是将集中管辖特定类型案件的指定管辖权明确为上级检察院可以行使指挥权的一种具体方式。故集中管辖权本质上就是基于上级机关的行政管理权而产生的,体现为上级司法机关对于下级司法机关的管辖具有突破法定限制进行灵活变通的决定权。上级司法机关对集中管辖具有决定权,显示出一种行政化的倾向。因此,必须坚持以办案专业化为首要目标来分配类案的专门管辖权,要避免因行政化的需求而随意设置集中管辖。现行知识产权刑事案件集中管辖改革,在根本上是基于办案能力的客观差异而适应匹配需求所作出的裁量管辖,必须考虑此类案件确实具有“刑事专门化办理”的迫切需求才可以设置集中管辖,不具有这种迫切需求则丧失了制度的正当性基础。[②] 例如,A区检察机关为了扩充专业团队的办案量而将涉及知识产权的其他犯罪(“涉知型”案件,如销售假冒伪劣产品罪、非法经营罪等)也归入集中管辖的案件范围,但由于这类案件与《刑法》规定的侵犯知识产权犯罪(“侵知型”案件)在案件数量和专业化办理需求上存在

① 参见万毅:《检察改革“三忌”》,载《政法论坛》2015年第1期。

② 参见贺志军:《知识产权案件审判改革中的刑事管辖集中化问题研究》,载《法商研究》2023年第2期。

巨大差异,故对于“涉知型”案件便没有进行集中管辖的正当性。

第二,以法定管辖为原则。其一,在正当性方面,集中管辖制度明显地体现了上级司法机关的管理权与法定管辖之间的冲突,如果没有足够强的理由支撑管辖制度改革,便不应当随意突破法定管辖的限制,否则就如打开潘多拉魔盒,可能使行政权能够超越法律的规定对案件管辖进行操控。而且集中管辖是超越地域管辖的管辖权分配,也会造成权力的集中,增加了相关司法机关滋生腐败的可能性。其二,在可行性方面,事实证明,在我国刑事司法语境下,集中管辖必然导致的异地办案所引发的三机关衔接不畅、效率下降与管辖冲突基本上难以有效解决,且要想实现真正的专业化办理效果就要推行贯穿侦查、起诉、审判等环节的全流程集中管辖。但要实现这一理想图景的限制性条件极多,①故此根本性制度缺陷决定了该制度不具有普遍推行的可行性。因此,对于不具有全流程集中管辖条件的地区,应当以法定管辖为原则,维护法官法定和程序法定的原则。如果各地不加详细论证而盲目推行,则所带来的制度效益必然低于其负面影响。

第三,因地制宜。司法专业化本身就是不同动机多元融合的产物,只能在特定时刻迎合形势发展或政治需要,凑足天时地利人和,才得以设立。② 不同地区需要综合考虑该区域内的案件数量、案件类型、办理难度、实施集中的收益成本以及法理上的可行性等要素,根据本辖区对特定案件办理的需求和实际情况,从而针对性地调整集中管辖策略。③ 应当注意到,知识产权发展水平与经济、商业、科技、人才等要素的聚集高度相关,通过司法行为来推动知识产权保护的前提是当地存在科技中心、商业中心、创新中心和支撑产业。④ 特别

① 以侦查环节为例,侦查环节强调要高效率进行,依据法定管辖进行分散型地域管辖具有合理性,而集中侦查带来经常性的跨行政区域侦查对区域警务协作效率的要求提高,以及诸如逮捕证如何签发等具体程序问题都需要配套解决。

② 参见[美]劳伦斯·鲍姆:《从专业化审判到专门法院:专门法院发展史》,何帆、方斯远译,北京大学出版社2019年版,第7页。

③ 例如,昆明市人民检察院集中管辖昆明市、昭通市、曲靖市、楚雄州辖区范围内的知识产权刑事一审案件,是因为其案件绝对数量较小。而上海市规定知识产权刑事案件的一审案件由各基层人民法院管辖,而由特定中级法院集中管辖二审案件,是因为司法审判能力较为均等、地域跨度较小且案件数量较大。

④ 关于知识产权保护水平与经济发展水平的相关性等问题的考察,可参见贺京同、万志华:《知识产权保护力度与经济发展的关系研究》,载《社会科学辑刊》2008年第1期;姚利民、饶艳:《中国知识产权保护的水平测量和地区差异》,载《国际贸易问题》2009年第1期。

是经济不发达地区更不能期望仅通过设置集中管辖等知识产权保障措施就能推动知识产权实践和发展,应避免因果颠倒而盲目进行制度创新。

第四,以全流程的相对集中管辖为基本模式。为了真正实现专业化办案目标,对于满足集中管辖条件的地区,应当推行知识产权刑事案件的全流程集中管辖。但由于各地的地理跨度、人口分布、犯罪情况、经济发展水平、司法机构协作密切程度等因素都存在许多差异,需要兼顾案件办理的公正与效率两大价值。故在具体进行知识产权刑事案件的全流程集中管辖制度改革时,应当借鉴最高人民法院《关于第一审知识产权民事、行政案件管辖的若干规定》的管辖设置策略,对知识产权刑事案件按不同的罪名进行更加细致且专业化的管辖设置,如可以将假冒专利罪、侵犯商业秘密罪等专业技术性较强的犯罪与其他侵犯知识产权犯罪相区分,以设置更具针对性和合理性的管辖机制。同时,应采用相对集中管辖的思路,[①]在市级以上行政区域内,确定多个具有知识产权刑事案件集中管辖权的检察机关,并划定各个具有集中管辖权的检察机关所对应的管辖区域及其衔接机关和程序,以降低单个机关的办案数量,兼顾案件办理的专业性与效率。部分地区已经开始了相关实践,如成都市根据案件数量、地理跨度等因素针对性地设计了相对集中管辖方案。[②]

### (二)制度构建:在立法上对检察机关集中管辖作独立规定

#### 1. 通过修改组织法对最高人民检察院作特别授权或由全国人大常委会对检察集中管辖作专门决定

集中管辖制度应当是制定法律和政策阶段重点完成的制度架构,而不应当是在法律制度实施层面的临时性政策应对。[③] 根据我国《宪法》《法院组织法》《检察院组织法》的相关规定,[④]专门管辖的设置是需要由立法机关制定法律作出明确规定才可行的。而当前集中管辖在制度层面最大的问题在于,虽

---

① 相对集中管辖,表现为在一定区域内(市级以上)设置多个集中管辖司法机构,以分别办理部分区域或者部分类型的刑事案件。

② 2022年《关于成都两级法院第一审知识产权案件管辖范围调整的公告》规定:四川天府新区成都片区人民法院(四川自由贸易试验区人民法院)、成都高新技术产业开发区人民法院、锦江区人民法院、武侯区人民法院、郫都区人民法院管辖本辖区内的第一审知识产权刑事案件;四川天府新区成都片区人民法院(四川自由贸易试验区人民法院)根据"一案一指"的方式相对集中管辖天府检察院(四川自贸检察院)提起的其他行政区域的第一审知识产权刑事案件。

③ 参见杨建顺:《行政诉讼集中管辖的悖论及其克服》,载《行政法学研究》2014年第4期。

④ 《宪法》第3条第3款、《法院组织法》第15条、《检察院组织法》第15条。

有规定,但与指定管辖制度混淆。因此,应当在《检察规则》中将“集中管辖”的相关表述从指定管辖条款中删去,并依据集中管辖为专门管辖的性质,通过修改组织法来对最高人民检察院予以授权。

具体而言,对于需要集中审理但又不宜设立专门检察院的地区,应当在《检察院组织法》中作出关于集中管辖的授权性规定,由最高人民检察院根据各地具体情况批准集中管辖的具体检察院。① 从而改变当前最高人民法院通过政策文件进行类案指定,然后具有集中管辖权的法院在地方通过协商确定配套的集中管辖检察院,并套用指定管辖程序来实现集中管辖的做法。如果通过修改组织法对最高人民检察院进行特别授权存在争议,还可以在各有关部门审慎调研后,由最高人民检察院将拟实行集中管辖的检察机关名单及其管辖的案件类型和受案范围上报全国人大常委会,并由全国人大常委会来对检察机关集中管辖制度作出专门决定。②

2. 在具体集中管辖机关的选择上,采取“案件数量导向型”模式

从立法上看,刑事诉讼管辖制度是以审判管辖为中心而建立的,仅规定了公安机关、检察院和法院的职责分工,而涉及具体案件在侦查、起诉阶段的管辖则是参照审判管辖的模式设计的,不再对检察管辖和侦查管辖作出具体规定。③ 就刑事诉讼管辖制度的一般原则而言,因为审判中心主义将审判环节视为刑事诉讼的中心环节,其他活动都从属于审判活动,故检察机关对具体案件的管辖依从于审判管辖并与之相对应。

但实际上,我国始终奉行公检法三机关“分工负责、互相配合、互相制约”的刑事诉讼原则。这种流水作业的诉讼阶段论使得侦查、起诉阶段之于审判阶段有相当的独立性,而并未采纳西方式的审判中心主义,以将刑事诉讼整体上划分为审前阶段(侦查、起诉仅被视为审判的准备活动)与审判阶段。因此,在进行集中管辖的设计时必须要以中国现行的流水作业式的诉讼结构为基础,否则相关实践将面对结构性的阻力。④ 而且,在集中管辖案件中三机关的

① 孙长永主编:《中国刑事诉讼法制四十年:回顾、反思与展望》,中国政法大学出版社2021年版,第40页。

② 参见万毅:《论检察机关集中管辖制度》,载《社会科学》2021年第11期。

③ 参见熊秋红、余鹏文:《我国刑事诉讼管辖体系之完善》,载《法学杂志》2022年第4期。

④ 关于以审判地域管辖为中心设计刑事管辖制度所存在的价值局限、理论困境和实践障碍,可参见林雪标:《我国侦查地域管辖制度的反思与重构》,载《山东大学学报(哲学社会科学版)》2023年第2期。

不一致性是不可避免的,故管辖权的对应性要求并不合理。其不合理性主要体现在以下两方面:一方面,刑事诉讼各阶段按顺序推进,以后端的审判阶段管辖权倒推约束在先的立案、侦查和审查起诉阶段的“管辖权”,不符合我国刑事诉讼的结构和规律。[①] 另一方面,没有关注到审前阶段的“管辖”与审判管辖的不同性质,即审判管辖旨在追求确定性,侦查阶段确定“管辖”以提高侦查效率为本质要求,而我国将审查起诉作为一个独立的诉讼阶段则是为了慎重起诉。[②] 综上所述,从制度原理上来看,当前以审判管辖为依据沿着程序顺序倒推确定起诉管辖和侦查管辖的理论和制度设计存在缺陷,且无法有效回应集中管辖的实践。所以,审前的“管辖”在地域上并不必须与审判管辖一一对应,当前“审判中心型”模式并不具有合理性。最高人民检察院在具体集中管辖检察机关的选择上,可以根据具体情况选择与集中管辖法院不属于同一区域的同级检察机关。

在此基础上,笔者建议,应以知识产权刑事案件的案件数量作为设定审前阶段集中管辖的首要标准,在全面、准确、真实地统计相应地区内历年来相关案件数量的基础上,在案件数量较多的地区设立一个或多个集中管辖侦查机关和集中管辖检察机关。这种“案件数量导向型”模式相比于当前检察机关集中管辖的“审判管辖中心型”模式,不再仅仅考虑与集中管辖法院的衔接,而是强调了审前的侦查、起诉阶段的重要性与独立性,更符合我国刑事诉讼阶段、模式理论,适应侦查、起诉规律,有助于侦查机关和检察机关及时准确收集证据、认定事实、适用法律以公正且高效地办理知识产权刑事案件。而且,这一模式也与最高人民检察院于 2022 年发布的《知识产权检察工作意见》中“在案件较多的地方适时推开知识产权检察职能集中统一履行”的要求相呼应。

**(三)操作调整:构建“侦捕诉一体化”办案模式**

本文所谓的“侦捕诉一体化”办案模式,是指由同一个检察机关集中管辖知识产权刑事案件的审查逮捕和审查起诉环节,且该集中管辖检察机关全程介入、指导、监督相应的(集中管辖)侦查机关的侦查活动。

---

① 参见李忠诚:《刑事诉讼指定管辖研究——兼谈职务犯罪侦查管辖预决原则的确立》,载《人民检察》2012 年第 11 期。

② 参见王一超:《刑事诉讼管辖的“不确定”危机及矫正——兼对管辖制度价值的检讨》,载《财经法学》2016 年第 1 期。

1. 由同一个检察机关集中管辖知识产权刑事案件的审查逮捕和审查起诉阶段

随着知识产权刑事案件的审查逮捕与审查起诉阶段分别适用法定管辖和集中管辖的弊端被揭示，未来应当探索适应知识产权刑事案件办案特征的办案机制，创新捕、诉机制，将检察集中管辖的适用范围扩大到审查逮捕阶段。具体而言，应将审查逮捕案件也集中于特定检察院进行统一受理，即当地侦查机关或者集中侦查机关直接将审查逮捕案件移送集中管辖检察院办理，其中不需要经过当地检察院，也无须上一级检察院指定管辖。而且审查逮捕阶段和审查起诉阶段的证据标准是不一致的，①实现审查逮捕和审查起诉一体化，也能使后续程序中的证据转换更为流畅。例如，广州市已经实现由黄埔区人民检察院对知识产权刑事案件的捕诉案件进行集中管辖，并取得了较好的办案效果。

2. 探索设立集中管辖的侦查机关

刑事案件办理高度依赖侦查，并不是在法院和检察院拥有了专业化团队就能正确办理知识产权刑事案件的，也需要有专业的侦查团队，应当重视公安机关刑侦队伍在知识产权犯罪领域的专业化建设。但由于相关案件绝对数量小，主要集中发生在经济发展水平较高的地区，且侦查人员需要较高的知识素养和专业水平，如果要求各基层侦查机关都设置专门团队，一方面很多基层侦查机关没有相应的人才资源和技术能力支持，另一方面将使有限的警务资源被过分分割，从而影响基础工作的办理水平，这样的专业化建设显然难以持续发展且最终会因缺乏动力而不了了之。而且知识产权犯罪多呈现跨区域现象，需要多地公安机关协作办案，但由于没有明确的协作规范、程序，缺少利益补偿机制和激励机制，缺乏不协作的督促机制和责任追究机制以及难以形成统一的领导组织，长期存在不同地区、不同级别的公安机关协作办案不顺畅的问题。②

可见，当前分散侦查而集中起诉的案件办理方式，必然存在专业化侦查能力不足、衔接效率低下、检察机关介入指导程度低等弊端。因此，笔者认为，可

---

① 批准逮捕主要是为了保障刑事诉讼顺利进行，防止犯罪嫌疑人妨碍刑事诉讼的正常进行或继续危害社会，其证据要求是“有证据证明有犯罪事实”。而审查起诉阶段的工作是围绕定罪量刑而开展的对案件事实进行实质性的全面审查，而且提起公诉的案件的标准是“犯罪事实已经查清，证据确实、充分”。

② 参见刘为军：《打击犯罪新机制背景下的区域警务合作》，载《中国人民公安大学学报（社会科学版）》2015 年第 6 期。

以创新侦查管辖制度,在有条件的情况下设立集中管辖的侦查机关,将知识产权案件的侦查活动由统一的侦查部门负责,该集中管辖侦查机关最好与集中管辖检察院处于同一地域,以便与集中管辖检察院对接,使侦、捕、诉紧密衔接,提高侦查质量,从而减少"两退三延"程序的使用。并且应当将集中侦查的权力分配、运行模式、具体程序、协调机制等内容以法律文件的形式确定下来,避免相关改革在实践操作中难以落地,甚至出现明显的违法行为。

需要说明的是,笔者建议要推行贯穿侦查、起诉、审判等环节的全流程集中管辖,但本文中对于审判阶段的集中管辖着墨不多,主要理由在于当前的集中管辖制度改革就是以审判集中管辖为起点展开推行的,相关实践较为充分且形成较为成熟的模式,而侦查集中管辖目前基本处于理论构想阶段而尚未开展实践,故有必要对侦查集中管辖作特别强调。

3. 提高检察机关提前介入程度

当前,我国正在推进以审判为中心的诉讼制度改革,要求进入审判的案件证据确实、充分,收集证据的程序正当、合法,主张调整侦、诉关系,加强检察机关对侦查环节的指导与监督,相应地便要求检察机关积极介入侦查环节,希望建立起"检察引导侦查"的新型模式。① 其中指导与监督的主要手段分为事前的提前介入制度与事后的退回补充侦查制度,而提前介入制度更有利于效率的提高。因此,提高检察机关提前介入侦查的程度,是实现检察机关专业化办理优势对侦查阶段的带动作用的主要手段。

笔者认为,目前集中管辖检察院可以开展全程介入知识产权刑事案件侦查活动的试点工作,探索建立"侦捕诉一体化"的办案模式。为此,需要做如下几点努力:首先,应当加强检察机关主动介入的积极性,采取包括提前阅卷、参加预审、案件讨论、现场勘验等方式在内的多元介入手段。其次,应将介入时间延伸至立案前,避免当前模式下只有到了审查起诉阶段才介入的情况。最后,要以证据为核心设计提前介入程序。一方面,检察机关应按照立案、逮捕、起诉的不同标准对侦查机关在不同阶段提出具体的取证意见,但应以起诉标准为主来总结出统一的证据引导标准,力争在案件侦查初期就将证据搜集水平达到起诉标准,避免因不同程序间的时间间隔而错过对证据进行完整收集、固定和保全的关键期。另一方面,检察机关还应引导侦查机关完善证据链条

① 参见张小玲:《审判中心背景下审前侦诉关系之重塑》,载《政法论坛》2016 年第 3 期。

和证明体系,以强化证据收集、证据固定、事实认定和法律适用的效果。①

## 五、结语

基于A区检察院集中管辖知识产权刑事案件的实践,笔者总结出当前典型的“审判管辖中心+绝对集中型”模式,并期待未来检察机关集中管辖转向“案件数量导向+相对集中型”的理想模式,使其更符合我国现实的刑事诉讼结构以克服当前模式的弊端。更进一步,笔者认为,为了真正实现专业化办理的制度目标,知识产权刑事案件集中管辖制度应当迈向贯穿侦查、起诉、审判等环节的全流程集中管辖。但要实现这种全流程集中管辖的限制条件极多,故而真正最有效的集中管辖模式并不具有普遍推行的正当性与可行性,而更主要是适用于有切实需求且符合条件的部分地区。这就警示我们应当关注并反思当前有扩大化趋势的司法专业化改革,一些理念性和根本性的问题值得我们更深入地研究和思考。例如,司法专业化的本质、目的和限制条件是什么?对具有特殊性的案件动辄通过设置专门司法机关或集中管辖等方式来应对是不是对司法专业化的滥用?正全面铺开的司法专业化改革的底层逻辑到底是“专业化办案”的司法逻辑,还是“集中力量办大事”“多个单位多些岗位”的行政逻辑?总而言之,在面对新型犯罪频发且技术专业性不断提高的未来刑事司法格局时,立法者和司法机关仍应当保持足够的定力,原则上相信不同地域的司法机关对同一类型的刑事案件有大致均等的司法能力,以保证法定管辖制度的稳定。仅在确有必要且经充分论证的情况下,才能对部分符合条件的区域采取设立专门司法机关、授权集中管辖等司法专业化手段,以满足知识产权刑事案件等特定类型案件的办理需求。

---

① 参见崔凯、彭魏倬加、魏建文:《检察机关“介入侦查引导取证”的理论重塑——兼论制度的可行性》,载《湘潭大学学报(哲学社会科学版)》2017年第2期。

# 执业壁垒：欠发达地区律师数量与收入关系的新解释

卓裕春*

**内容摘要**：我国律师地域分布不均衡的重要特征之一是欠发达地区的律师数量少。既有研究中，大多数学者将欠发达地区律师数量少归因于律师的经济理性选择。然而，对我国西部欠发达地区C市D县律师群体的实证研究显示，仅用经济理性选择解释县域律师数量少还不够充分。D县律师数量少，但律师年均收入并不低，甚至部分头部律师年度总创收已过百万元。究其原因，在县域法律服务市场总体有限的现实情况下，县域律师通过社会资本的长期积累与维护，继承社会资本，将经济资本、文化资本转换为社会资本等方式垄断了法律服务市场。长此以往，构筑起较高的执业壁垒，在为县域律师带来充足案源的同时，却使社会资本匮乏的新进律师几乎没有生存空间。因此，执业壁垒才是导致D县律师数量少的根本原因。该解释不仅在一定程度上为促进我国欠发达地区律师行业良性发展提供了新的解题思路，还启发我们在建设覆盖城乡的现代公共法律服务体系的过程中不应忽视欠发达地区律师业存在的执业壁垒现象。

**关键词**：律师地域分布　县域律师　法律服务市场　社会资本　执业壁垒

* 卓裕春，四川大学法学院博士研究生。

## 一、问题的提出

我国律师业发展的一个重要特征是律师地域分布不均衡，即大量律师聚集在经济发达地区，经济欠发达地区的律师数量较少。① 经济欠发达地区律师数量少问题历来是理论界与司法实务部门共同关注的热门话题。② 2021年12月司法部发布的《全国公共法律服务体系建设规划（2021—2025）》指出，"发挥律师在公共法律服务中的主力军作用……加强欠发达地区公共法律服务建设"。党的二十大报告进一步指出，要建设覆盖城乡的现代公共法律服务体系。因此，深入探究欠发达地区律师数量少的原因，进而提出合理化建议，对构建覆盖城乡、便捷高效、均等普惠的现代公共法律服务体系尤为重要。

既有大多数研究将欠发达地区律师数量少归因于律师自身的经济理性选择，即由于欠发达地区经济发展水平较低，法律服务市场较为有限，律师收入较少，因此绝大部分律师选择从欠发达地区向经济发达地区流动。从宏观角度，有学者基于官方公布的零星统计数据，比较全国、上海、北京、深圳的律师总收入和律师数量之间的关系，验证了律师群体出于理性人或经济人的利益最大化的原因，更倾向于往东部发达地区、大城市流动的理论假设；③有学者运用《中国律师年鉴》等官方统计资料所提供的2007～2009年的律师业务

---

① 例如，据朱景文及其研究团队统计分析，31个省（自治区、直辖市）人均GDP与律师的相关系数为0.80，可见经济发展程度与律师拥有率之间具有较强的相关性，即经济发达的省份律师数量较多，经济不发达地区律师数量较少，参见朱景文主编：《中国法律发展报告：数据库和指标体系》，中国人民大学出版社2007年版，第67页；又如，邹小华、薛德升、黄颖敏通过分析2011年中国排名前50位的律师事务所的总部及其分支机构在289个城市的分布，揭示了我国主要的法律服务机构分布在大约20%经济发达的城市，参见邹小华、薛德升、黄颖敏：《等级化、网络化与区域化：基于律师事务所空间分布的中国城市体系研究》，载《华南师范大学学报（自然科学版）》2015年第2期。

② 典型文献如郑效军：《中国律师30年分化与流动》，载《中国律师》2009年第6期；张永咏：《律师流动问题实证分析》，载《中国律师》2010年第3期；刘耀堂：《律师行业多方合力 破解县域律师事务所发展困境》，载《中国律师》2015年第1期；曹扬文、宫照军、刘潇：《江苏省县域律师发展研究——县域律师业发展三年行动计划实施监测分析》，载《中国司法》2020年第4期。

③ 参见冉井富：《律师地区分布的非均衡性——一个描述和解释》，载《法哲学与社会学论丛》2007年第1期。

收费数据,将全国及30个省级区域的律师年人均收费情况进行对比,证实了中国律师基于择业经济理性,在执业地选择上,优先考虑的是东部经济发达地区,其次才是中西部地区;[①]有学者则依据2004～2010年在中国12个省份的访谈、2009年的问卷调查及相关文献资料,认为收入和工作机会上的差距是促使中国律师由经济欠发达地区向经济发达地区迁移的最根本原因。[②] 另外,从微观视角,有学者基于山西省某贫困县的个案调查,发现贫困县律师数量较少的直接原因是律师收入低,而律师收入低的原因是律师业务少和收费标准低;[③]有学者基于对"法律边疆地区"法律服务状况的访谈和参与观察,发现律师在法律职业层级系统中的弱势地位才是导致律师业在"法律边疆地区"发展缓慢的根本原因,而律师摆脱这一弱势地位的选择之一便是从相对不发达地区流向大城市。[④] 虽然上述研究有一定的科学性、合理性,但在宏观层面,其研究对象是全国范围内各省市的律师数量及其年收入情况,且运用的研究数据较为零星、笼统;在微观层面,其研究对象主要以贫困县或边疆地区的法律服务状况为主,而这些地区律师业市场化程度较低,律所组织形式主要为"国办所",以经济发展相对较好,且律师业已完全实现市场化运行的欠发达地区律师群体为研究对象的学术成果还较少。

鉴于此,本文选择经济发展相对较好的某西部地区欠发达地区——C市D县的律师作为实证研究对象,通过定性与定量研究相结合的方式,深入探寻该地区律师数量少的真实原因。根据世界银行的定义,欠发达地区是指当年人均GDP低于全国人均GDP的地级市,包括地级市市辖区、城市下设县、建制镇等在内的行政区域。[⑤] 位于西部地区的D县,是C市管辖范围内的一个小县城,截至2021年底,D县全年人均GDP为77,337元,同年全国人均GDP为80,976元。

① 参见程金华:《中国律师择业理性分析——以业务收费为核心的实证研究》,载《法学》2012年第11期。

② 参见刘思达、梁丽丽、麦宜生:《中国律师的跨地域流动》,载《法律和社会科学》2014年第1期。

③ 参见冉井富:《律师地区分布的非均衡性——一个描述和解释》,载《法哲学与社会学论丛》2007年第1期。

④ 所谓"法律边疆地区",并不只是地理意义上的边疆,而是指那些没有律师事务所或只有一个国办律师事务所的地区,其至少包括遍布全国各地的近千个区县。参见刘思达、吴洪淇:《法律边疆地区的纠纷解决与职业系统》,载《社会学研究》2010年第1期。

⑤ 参见熊玲、龚勤林:《统筹城乡发展带动欠发达地区经济发展效应评估》,载《经济问题》2022年第3期。

参考世界银行的衡量标准,D 县属于欠发达地区。① 此外,截至 2021 年年底,D 县常住人口为 64.99 万人,近 20 年约有 11.54 万常住人口流失,且仍属于“财政转移支付县”。因此,以 D 县律师群体为样本的研究,对与 D 县经济发展程度相近、法律服务市场生态相似的欠发达地区律师业而言具有较强代表性。

## 二、现状:县域律师数量少但收入不低

### (一)县域法律服务市场总体有限

一个地域的律师数量的多少与当地法律服务市场需求息息相关,即法律服务市场需求愈大,则律师数量越多;法律服务市场需求愈小,则律师数量愈少。而一个区域法律服务市场需求的大小又与当地经济发展程度呈现出较强的相关性,即经济发展程度越高,则法律服务市场需求越大;经济发展程度越低,则法律服务市场越小。② 进而通过该区域的经济发展水平我们可以大致推断出其法律服务市场情况。本文选取“地区生产总值”“人均地区生产总值”作为衡量 C 市全市、C 市主城都会区以及 C 市 D 县的经济发展水平指标。根据《C 市统计年鉴 2022》,2021 年 C 市全市生产总值为 27,894.02 亿元,人均生产总值为 86,879 元;主城都会区生产总值为 21,455.64 亿元,人均生产总值为 101,350 元。而根据《D 县统计年鉴 2022》,2021 年 D 县全县生产总值为 502.58 亿元,人均生产总值为 77,337 元。可见,D 县经济发展水平不仅显著低于主城都会区,还低于全市平均水平,一定程度映射出 D 县县域法律服务需求较为有限的现实情况。

此外,一个区域的经济发展情况除了对该地的法律服务需求大小产生影响外,亦很大程度上决定了该地区因经济活动而产生的纠纷种类。这无疑会对当地所需要的法律服务提出有所区别的要求。③ 调研发现,受经济发展水平影响,D 县的法律服务市场以传统诉讼业务为主,如民间借贷纠纷、婚姻家庭纠

---

① D 县坐落在四川盆地东部长江之阳的平行山岭间,距离 C 市主城都市区 120 公里,全境面积 1516.3 平方千米,辖 2 个街道、22 个镇;2021 年全县 GDP 总量达 502.58 亿元,全县常住人口 64.99 万人,地方财政收入 43.32 亿元,地方财政支出 93.59 亿元,经济发展水平居于 C 市所辖 12 个县中上水平,但仍需依靠财政转移支付,同年 C 市对 D 县转移支付补助 31.90 亿元,中央直达资金补助 7.20 亿元。

② 参见程金华、李学尧:《法律变迁的结构性制约——国家、市场与社会互动中的中国律师职业》,载《中国社会科学》2012 年第 7 期。

③ 参见傅郁林主编:《农村基层法律服务研究》,中国政法大学出版社 2006 年版,第 16 页。

纷、侵权纠纷、劳动争议等;少有的非诉业务主要是提供民事调解服务、简单法律咨询以及为县或乡镇政府、企业提供法律顾问服务;而企业并购、破产、外商投资、企业上市等收费较高的非诉业务在县域法律服务市场罕见。即便有投融资、并购、破产重组等类型的高端法律业务,当事人也会选择委托主城都会区或北京、上海等经济发达地区专门从事此类业务的律师代理。关于D县的法律服务市场整体情况,可以从D县一家律师事务所的主任律师口中窥见一二:

> D县的法律服务市场主要以传统的诉讼业务为主,像投融资、上市并购、破产重组、证券这些业务我们都没有做,即使给我们做,由于我们没有这方面的经验,也做不下来,可以说是"心有余而力不足"。并且,D县律师几乎都是"单打独斗",很少有律师能够团队作战,这也决定了我们做不了"非诉"这种需要大量律师合作的业务。为什么我们不采用团队合作办案的方式呢?因为D县地方太小了,蛋糕只有这么一点,如果团队合作,很可能会抢占案源,所以平时我也不愿意带律师,一个案子基本上是我一个人全程接触,当然对于案件标的额比较小的案件,或者我自己忙不过来的案件,我会介绍给律师事务所里面的其他律师做。

那么,以传统诉讼业务为主的D县法律服务市场对律师的需求量究竟有多大。本文根据《D县年鉴》以及D县人民法院公布的历年《D县法院年度工作报告》统计了2017年至2021年D县法院受理的刑事案件、民商事案件、行政案件以及执行案件情况,发现近五年来,D县每年的诉讼案件体量大约维持在1万件,且民事案件与执行案件居多,刑事案件和行政案件较少(见表1)。

**表1 2017~2021年D县民事、刑事、行政、执行案件受理数量统计**

单位:件

| 年份 | 民事案件受理量 | 刑事案件受理量 | 行政案件受理量 | 执行案件受理量 |
|---|---|---|---|---|
| 2017 | 7350 | 451 | 147 | 3284 |
| 2018 | 6762 | 400 | 421 | 4132 |
| 2019 | 5372 | 398 | 183 | 4609 |
| 2020 | 6578 | 334 | 279 | 4549 |
| 2021 | 8674 | 408 | 288 | 6210 |

由于并不是每一个案件均有律师代理，因此上述案件体量仅能代表D县的潜在法律服务需求。本文以中国裁判文书网上公布的2021年D县法院作出的285份刑事判决书、1511份民事判决书为研究样本，探究其实际法律服务需求。① 分析发现，中国裁判文书网上公布的285件刑事案件共有被告387人，其中有111名被告人委托了刑事辩护律师，刑事案件委托辩护率为28.68%。此外，笔者以裁判文书网上公布的1511份民事判决书为研究样本，其中共有1603名原告、2348名被告，1603名原告中有813名委托了律师代理，原告律师委托率为50.72%；而2348名被告中有528名委托了律师代理，被告律师委托率仅为22.49%。综合来看，刑事案件被告人与民事案件当事人选择委托律师代理的概率并不高，2021年刑事与民事案件中仅有1452人委托律师代理，律师委托率仅为33.47%。可见，以传统诉讼业务为主的县域法律服务市场的实际法律服务需求较为有限。

**（二）县域律师少且数量增长缓慢**

受县域总体发展有限的法律服务市场影响，C市绝大部分律师聚集于主城都会区，县域律师数量最少。根据行政区划，C市分为主城都会区、市辖区和县。② 根据C市公共法律服务网公布的律师信息，截至2023年1月底，C市全市共有律师12,818人，其中主城都会区的律师数量为10,277人，占比为80.18%；市辖区律师数量为1888人，占比为14.73%；县域律师数量为653人，占比为5.09%。此外，结合C市统计局公布的《2022年C市人口发展概况》，③ C市主城都会区、市辖区、县域每万人拥有的律师数量存在明显差异。具体而言，主城都会区常住人口所占比例为31.62%，却集中了全市80.18%的律师，高于其常住人口所占比例；市辖区和县域的常住人口所占比例分别为48.32%和20.06%，而律师所占比例分别仅占全市律师的14.73%和5.09%，低于其常住人口所占比例。另外，以"每万人口拥有的律师数"进行考察，C市每万人拥

---

① 中国裁判文书网未公布2021年D县法院审理的行政案件判决书。

② 其中，主城都会区包括Ⅰ区、Ⅱ区、Ⅲ区、Ⅳ区、Ⅴ区、Ⅵ区、Ⅶ区、Ⅷ区、Ⅸ区、Ⅹ区、Ⅺ区；市辖区包括a区、b区、c区、d区、e区、f区、g区、h区、i区、j区、k区、l区、m区、n区、o区、p区；县包括A县、B县、C县、D县、E县、F县、G县、H县、I县、J县、K县、L县。其中I县、J县、K县、L县是少数民族自治县。

③ C市统计局尚未公布《2023年C市人口发展概况》，因此，以截至2022年年底的常住人口数作为统计依据。此外，由于本文对C市律师数量统计时间节点为2023年1月，与2022年12月的常住人口数量统计时间节点仅相差一个月，误差较小。

有律师数为 3.87 人，主城都会区每万人拥有的律师数为 9.81 人，高于全市平均水平，而市辖区和县域每万人拥有的律师数分别仅有 1.18 人和 0.98 人，显著低于全市平均水平（见表 2）。

**表 2　C 市主城都会区、市辖区和县域律师数量及其每万人拥有律师数**

| 地区范围 | 执业律师 | | 2022 年年底常住人口 | | 每万人拥有律师数/人 |
|---|---|---|---|---|---|
| | 人数/人 | 所占比例/% | 人数/万人 | 所占比例/% | |
| 主城都会区 | 10,277 | 80.18 | 1047.76 | 31.62 | 9.81 |
| 市辖区 | 1888 | 14.73 | 1601.30 | 48.32 | 1.18 |
| 县 | 653 | 5.09 | 664.94 | 20.06 | 0.98 |
| 全市 | 12,818 | 100 | 3314.00 | 100 | 3.87 |

此外，D 县律师数量少并非孤例。根据 C 市公共法律服务网上公布的各县域律师情况（见图 1），截至 2023 年 1 月底，全市 12 个县的平均律师数量为 54.42 人，其中，律师数量最多的县有 95 人，律师数量最少的县仅有 13 人。本文所调研的 D 县，其律师数量为 61 名，在 C 市县域范围内居于中上水平。

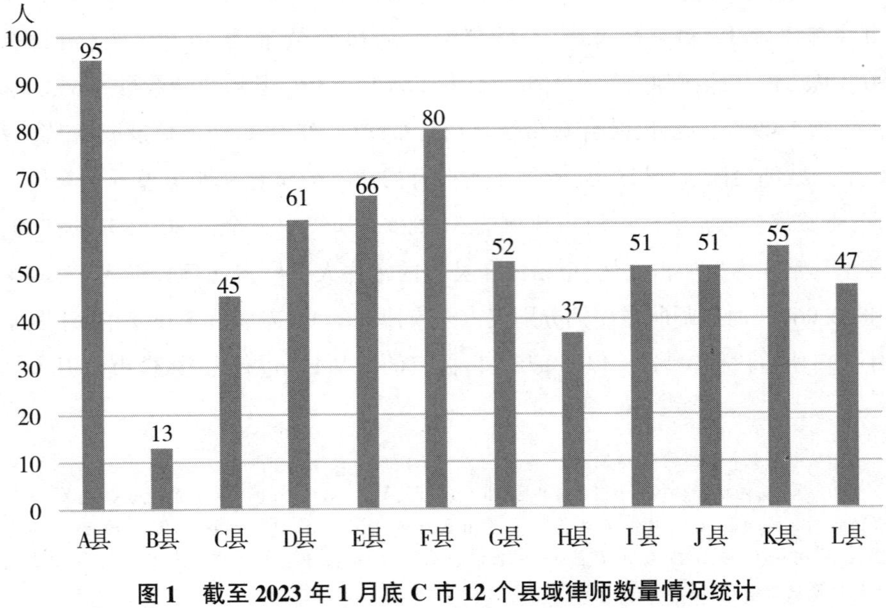


**图 1　截至 2023 年 1 月底 C 市 12 个县域律师数量情况统计**

值得一提的是，D 县律师除数量少外，其年增长数量亦十分缓慢。自 2001

年D县律师事务所完成“脱钩改制”至今，①D县律师从拥有事业编制的“铁饭碗”到自负盈亏的“个体户”已经过去了20余年。诧异的是，D县律师数量从“脱钩改制”时期的18名，发展至2021年的56名，在这长达20年的时间里，其律师数量一共仅增加了38名，平均下来每年仅增长1.90名律师。根据《D县县志》《D县统计年鉴》记载，在早些年份，D县甚至出现律师数量下滑的现象，且直到2019年D县律师数量才首次超过该县的基层法律服务工作者（见图2）。②

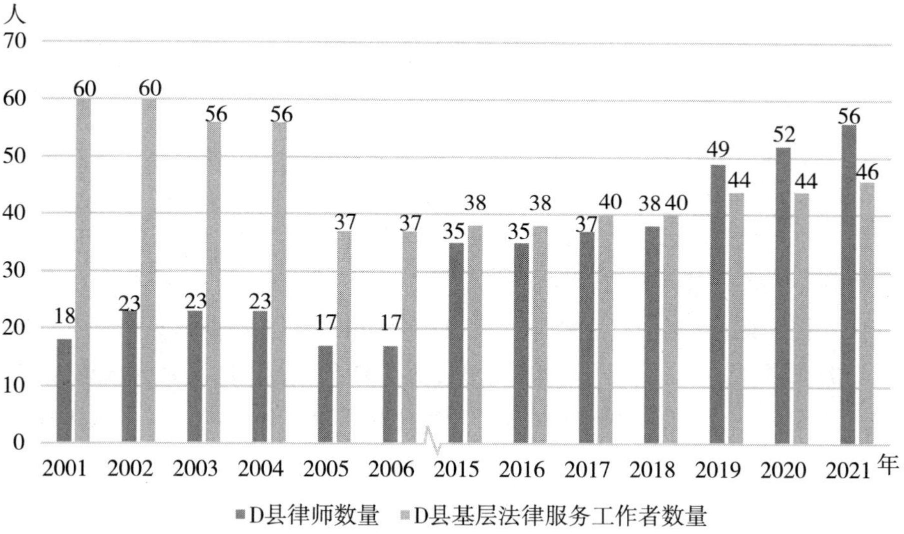


**图2　2001～2021年D县律师、基层法律服务工作者数量对比**

### （三）县域律师收入不低

尽管D县律师数量较少，但其年均收入并不低，且与主城都会区律师相

---

① 2000年7月，根据国务院办公厅发布《国务院办公厅转发国务院清理整顿经济鉴证类社会中介机构领导小组关于经济鉴证类社会中介机构与政府部门实行脱钩改制意见的通知》规定，要求中介机构的人员、财务、业务和名称等方面与挂靠单位彻底脱钩，并指出中介机构的“脱钩改制”应于2000年10月31日前完成。实际上，D县律师事务所于2001年才完全完成“脱钩改制”，失去事业编制的18名律师分别创立了三个普通合伙所，这三个普通合伙所也成为D县迄今为止最老牌的三个律师事务所。

② 在D县的法律服务市场上，除了律师这种“正规军”外，还存在扎根于乡镇或者街道，为老百姓提供价格较为低廉法律服务的基层法律服务工作者。基层法律服务工作者的诞生与改革开放之初我国律师资源短缺有很大的关系。基层法律服务工作者最早于1980年年底出现在广东、福建、辽宁等地，主要是面向广大农民群众，调解生产经营性纠纷，并从事代书、解答法律咨询等简单的法律服务工作。2012年《民事诉讼法》修改了关于诉讼代理的规定，把基层法律服务工作者与律师并列为诉讼代理人，赋予了基层法律服务工作者代理民事案件的权限。

比,二者收入差距并不悬殊。以2021年为例,D县全县56名律师共计创收约1700万元,律师人均创收为30.36万元。① 从横向比较,这在县域范围内已是一笔相当可观的收入。根据《2021年D县统计年鉴》,D县城镇常住居民人均可支配收入为4.33万元。农村常住居民人均可支配收入仅2.05万元。从纵向比较,D县律师人均创收额并不明显低于全市律师人均创收水平。根据C市律协公布的数据,2021年全市14,580名律师共计创收41.88亿元,律师人均创收37.8万元。并且,由于主城都会区法律服务市场的“二八定律”十分明显,即将近20%的律师占有了80%的市场,剩下的80%的律师分享20%的法律服务市场。② 因此,可以推断,对于收入排在后80%的主城都会区律师而言,其收入并不一定高于D县律师。

此外,调研还发现,D县部分头部律师年收入已过百万,且绝大多数律师对目前的收入较为满意。在笔者随机访谈的不同年龄层次的14名律师中,有4名律师年收入已过百万,其年收入甚至可以和主城都会区的一些律师事务所合伙人相媲美。另外,14名律师中,仅有2名律师表达了将来有往主城都会区流动的意愿,剩余12名律师均表示,对目前在D县执业的状况较为满意,没有往主城都会区流动的打算。这种满意程度用接受笔者访谈的一名县域律师的话来说,“如果你想在县城过上‘中产阶级’的生活,选择当律师也还是可以”。而这2名律师打算往主城都会区流动的原因亦不同,仅1名律师是出于经济压力,另1名律师是出于子女教育问题,而表示有经济压力的律师属于刚回到县域执业的新晋律师。

## 三、缘何如此:社会资本构筑的执业壁垒阻碍了新进律师的流入

与大多数研究认为县域律师数量少是因为其经济收入低相背离的是,尽

① 根据D县司法局《关于律师事务所2021年度检查考核等次公示信息》,2021年D县律师数量为56名;此外,关于2021年D县律师的总创收数据来源于笔者对在D县司法局工作的同学的访谈。

② 刘思达、梁丽丽、麦宜生通过实证研究发现,一线城市、二线城市、三线城市的律师收入排在前20%的差距较大,而对于收入排在后80%律师而言,三个级别城市之间的律师收入中位数差距则要小得多。参见刘思达、梁丽丽、麦宜生:《中国律师的跨地域流动》,载《法律和社会科学》2014年第1期。

管县域法律服务市场总体较为有限，但是其律师收入却不低，甚至部分律师收入和主城都会区部分合伙人律师收入水平相差不大。究其原因，基于皮埃尔·布迪厄(Pierre Bourdieu)的社会资本理论，并结合笔者的实地调研，本人对县域律师数量较少提出一种新的解释。布迪厄突破了经济资本理论，将资本分为经济资本、文化资本与社会资本。其中，经济资本是包括金钱、股票、不动产等在内的能立即转化为金钱的财物；文化资本是指人们从小到大接受的教育，习得的知识技能、文化气质等；而社会资本是实际的或潜在的资源的集合体，那些资源是对某种持久性的网络的占有密不可分的，这一网络是大家共同熟悉的、得到公认的，而且是一种体制化关系的网络。① 并且，三种资本之间可以有限度地进行转换。例如通过将经济资本转换为社会资本，可以实现社会资本的再生产。又如，文化资本可以转为经济资本，但是这个过程往往比较漫长。以布迪厄的社会资本理论作为解释视角，在一定程度上可以帮助我们理解县域律师数量少但收入不低这一“意料之外，情理之中”的现象。在总体有限的法律服务市场中，D县律师通过积累和维护社会资本，继承社会资本，以及将经济资本、文化资本转换为社会资本的方式，获得了较为充足案源，同时社会资本的长期集中亦构筑起了一道执业壁垒，使社会资本匮乏的新进律师案源匮乏，进而难以在县域法律服务市场立足。

**(一)头部律师通过积累和维护社会资本占有了大部分法律服务市场**

部分头部律师依靠社会资本的“原始”积累和维护，获取了县域法律服务市场的大部分案源。“二八定律”除在主城都会区法律服务市场存在外，在县域依然存在。“社会世界是一部积累的历史，而资本是积累的劳动，当这种劳动在私人性，即排他的基础上被行动者或行动者小团体占有时，这种劳动就使得他们能够以具体化的或活的劳动的形式占有社会资源。”②通过对社会资本长时间的积累和维护，D县部分头部律师占有了80%的法律服务市场。这些头部律师的共同特征在于他们均成长于“脱钩改制”时期，是律师行业市场化后县域的第一批执业律师，执业年限较长，且在其执业早期D县律师行业尚未出现职业分化。D县头部律师在20多年的执业经历中建立起来的“关系网

① 布迪厄：《文化资本与社会炼金术：布尔迪厄访谈录》，包亚明译，上海人民出版社1997年版，第189~211页。

② 布迪厄：《文化资本与社会炼金术：布尔迪厄访谈录》，包亚明译，上海人民出版社1997年版，第189页。

络”,为其占据80%的法律服务市场奠定了基础。这种“关系网络”优质、丰富且复杂,不仅包括与各个机关等体制内人员的“关系网络”,还包括与当事人的、与其他提供法律服务竞争者的“关系网络”等。笔者所访谈的两位普通合伙所的创始合伙人和两位个人律师事务所的主任均是县域头部律师的典型代表。其中,甲律师、乙律师经历了律师从编内人员到编外人员的转变,在体制内的工作经历不仅为其积累了丰富的办案经验,还积累了大量来自体制内的优质人脉关系;丙律师、丁律师早年均为基层法律服务工作者,后来通过了法考,获取了律师执业证,成功转型为律师,早年基层法律服务工作者的经历,使他们累积了较为丰富的社会资本。并且,对于丁律师而言,为县政府、乡镇政府、企事业单位提供法律顾问服务,此类在县域范围内相对来说较为高端的法律业务,已占据了其收入的1/3。根据丁律师的个人执业经历,我们可以对更加深刻地理解早年的“关系网络”搭建和维护对其律师职业生涯的影响:

> 我是1993年就开始从事法律服务工作,那时我还是法律服务工作者。在乡镇做了十多年后,我的业务越来越多,有的业务已经做到城里,甚至县国土局都成了我的客户,聘请我担任他们的法律顾问。随着业务量的扩张,后来我就干脆从乡下搬到了城里。到了县城后我就不得不逼自己向律师转型了,因为我如果再不转型的话,业务类型就受限了,而且基层法律服务工作者的身份对我个人的竞争力也有影响。因此,我在2008年参加了法考,考取了C证,实习一年之后就拿到律师执业资格证了。目前来说,诉讼业务只占我业务类型的1/3,剩下的2/3的业务类型是调解业务和法律顾问服务,其中的法律顾问服务主要是为县政府、乡镇政府、企事业单位等提供法律顾问服务。

### (二)部分律师通过继承社会资本获得了丰富的案件资源

社会资本具有传承性,部分县域律师通过继承其父辈的社会资本可以获得丰富的案源。在县城,律师职业成为家族传承并不罕见,就笔者所访谈的5名执业年限较长的律师而言,其中3名的子女在大学所学的专业为法律专业,1名律师的子女本科所学虽非法律专业,但目前正在跨考法律专业的研究生。此外,笔者还观察到法律职业成为家族传承的一个典型例证。在D县北城区,有一位于2020年通过法律职业资格考试的高龄(52岁)基层法律服务工作者,当事人都尊称他为“戊律师”,[①]其早年是乡中学外语教授,后来辞职考了乡镇治安巡防员,由于转不了正式编制,于2008年辞职,进入法律服务工作者行业,其二子一女均系从事法律服务工作:大儿子大学本科毕业后,通过了法律职业资格考试,以律师身份执业;二儿子和女儿由于是专科学历,因此以基层法律服务工作者身份执业。家族四人在D县北城区开设了工作室,属于不愁案源的职业群体,笔者在他们位于城北的个人工作室进行访谈时,过来咨询的当事人较多,且需要排队。此外,以2021年D县法院公布的判决书为检索对象,经统计发现,民事案件中共有256名原告、151名被告委托的代理人系基层法律服务工作者,而其中共有22个原告、25个被告委托了“戊律师”,其案件代理量占据了全县基层法律服务工作者案件代理量的1/10有余。诚如布迪厄所言:“一个继承性的社会资本的占有者,通过由一个伟大名字构成的象征手段,有能力把所有的关系转变为持久的联系。”[②]通过继承父辈积累的社会资本,D县部分青年律师得以在县域法律服务市场的激烈竞争中立足。值得一提的是,笔者随机访谈的5名青年律师中,有2位律师的父亲是基层法律服务工作者,2位律师的父亲是律师,1位律师虽未告诉笔者其父辈职业,但其在当律师之前有长达8年的D县法院书记员的经历。以今年34岁的己律师为例,其父亲是一名执业年限超过20年的基层法律服务工作者,在是否回县城当律师这件事上,己律师也经过一段迷茫时期,但后期的职业发展让他觉得选择回到县城当一名律师似乎是一个较为正确的职业选择。他告诉笔者:

> 我一开始并没有想要从事律师职业,中途也没有用心考取A证,勉强考了个C证。毕业后也很迷茫,最终选择回到县城第一个原因是在主城做律师,竞争压力太大了,第二个原因是我只考了C证,按照规定只能回到户籍所在地执业。回到县城后,在父亲帮助下,业务

---

① 在县域普通老百姓大多分不清基层法律服务工作者和律师的区别,都将基层法律服务工作者统称为“律师”。按照《律师法》等相关规定,申请律师执业资格证需要到律师事务所实习一年,由于戊律师业务繁忙,且律师身份对他影响不大,即基层法律服务工作者除了刑事案件不能代理之外,其他案件均可以代理,因此其仍以基层法律服务工作者身份从事法律服务工作,未到律师事务所实习挂证。

② 参见布迪厄:《文化资本与社会炼金术:布尔迪厄访谈录》,包亚明译,上海人民出版社1997年版,第205页。

能力慢慢得到了提升,办案过程中也得到当事人的欣赏和认可。我的案源逐渐增多,现在我周一到周五都很忙,基本上周天也要加班,有一些案子我做都做不赢(忙不过来),这两年在考虑将我手头的一些案子转手给其他律师做。

**(三)部分律师通过转经济资本为社会资本方式在法律服务市场立足**

通过将经济资本转换为社会资本,少数律师得以在县域法律服务市场立足。布迪厄认为资本之间具有可转换性,不同类型的资本都可以从经济资本中获得,但只有以极大变革的努力为代价才能获得。也就是说,通过一定程度的努力,经济资本在一定程度上可以转换为社会资本。① 通过笔者的观察,发现 D 县律师除了通过时间积累、继承获得社会资本外,还存在小部分律师是通过经济资本的转换获得一定的社会资本。此类型律师的共同点是家里属于在县域经商比较成功的,有一定社会资源、人脉。通过对社交活动长期的投资,无偿花费时间、注意力、关心和关注,“经过时间上的推延,纯粹的、简单的负债,才会转变为对非特殊债务的承认”,②进而实现其将所拥有的经济资本转化为社会资本的目的。而这种“转换”在律师执业过程中将会以金钱或其他形式表现出来。早年有学者在甘肃 G 县调研时,便发现了当地律师事务所 1 位主要是做古董生意的律师。③ 而笔者在 D 县的调研也发现存在经商家庭的孩子在县城当律师的情况。为何选择回到县城当律师,他向笔者解释了其中的缘由:

我大学学的不是法律专业,是在成都学的计算机专业。2016 年我本科毕业,那个时候我父亲的企业出现了一些纠纷,卖出去很多货收不到钱,起诉了十几、二十个官司,所以就叫我回来帮忙。我父亲一直有自己的法律顾问,那一两年我的主要工作就是配合律师,他需要什么材料,我就给他拿什么材料。那个时候就接触了很多法官、律师,学到了很多法律知识,因此,我就走上当律师这条路。在没有通

---

① 参见布迪厄:《文化资本与社会炼金术:布尔迪厄访谈录》,包亚明译,上海人民出版社 1997 年版,第 207 ~ 211 页。

② 参见布迪厄:《文化资本与社会炼金术:布尔迪厄访谈录》,包亚明译,上海人民出版社 1997 年版,第 208 页。

③ 参见刘思达:《割据的逻辑:中国法律服务市场的生态分析》,上海三联书店 2011 年版,第 46 页。

过司法考试的时候就在法律服务所当基层法律服务工作者,从2017年开始做,一直做到2019年,2019年的时候我就考上了法律职业资格证,就开始转型做律师。

### (四)部分律师将文化资本作为"敲门砖"进入法律服务市场

布迪厄认为,文化资本可以以三种形式存在:(1)具体的状态,以精神和身体的持久"性情"的形式;(2)客观的状态,以文化商品的形式(书籍、图片、词典等);(3)体制的状态,即个人所持有的文化资本在制定上被广泛认可,如学业证书或执照。个人可以通过展示自己的学识、教育背景和文化修养等,获得他人的认可和尊重,从而获得社会资本,建立起属于自己的社会关系网络。曾有一位中国政法大学本科毕业生,通过校友力量获得了家乡律所面试机会,由于两位合伙人对其学历的认可,其最终获得进入小城法律服务市场的机会。① 根据其自述,尽管前两年,该律师半年收入不到2万元,只能帮律师们打下手,但依靠其后期努力,实现年度创收四五十万元。在D县也存在与上述执业经历相似的律师。庚律师于2016年毕业于西南地区某知名政法院校,法学本科学历,考取了C证,毕业后在C市主城都会区从事保险业务,因为工作的不理想,他最终于2019年选择回到自己的家乡D县执业。虽然其资历不足,父母均为农民,且家里亦没有从事法律职业的亲戚、朋友,但凭借其获得的社会上被广泛认可的学历证书,得以顺利进入县城一家律师事务所。该律师事务所的主任曾于2002年在庚律师所就读的政法院校"专升本"。凭借校友关系以及个人努力,庚律师得以进入县域法律服务市场,且年度总创收在10万~20万元:

我回到D县执业是与我们律所的主任有关,三年前我通过校友介绍,认识了我现在执业律所的主任律师。最开始我是和主任律师合作办案,但是现在已经独立出来了。我主要的案件来源除了主任律师介绍之外,还有律所里面以及其他律师介绍的一些案件,比如说我们律所里面有些律师忙不过来的案件,他们会交给我处理。还有部分案件来源是县司法局指派的法律援助案件,主要以劳动争议案

① 参见职问旗下:《法大毕业,我在四线小城当律师》,载澎湃网2020年5月9日,https://www.thepaper.cn/newsDetail_forward_7313775。

> 件为主。还有些案源是之前服务过的当事人介绍的一些案件,包括离婚纠纷、交通事故纠纷、民间借贷纠纷等。除此之外,是一些亲戚、朋友得知我回来做律师会介绍一些案件给我,但是这类型案件比较少。

综上,社会资本构筑的执业壁垒是县域律师数量少但收入并不低的最主要原因。在县域,社会资本匮乏的律师很难获得案源。通过后期的回访,笔者了解到前文所述由于经济压力想要往主城都会区流动的律师已经前往 C 市主城都会区执业。实际上,该名律师属于县域法律服务市场的新晋律师,在其他城市几次失败的工作经历让他决心破釜沉舟,辞职参加法律职业资格考试,2020 年考过法律职业资格考试后,其便选择回到自己的家乡 D 县实习、执业。在 D 县执业的这两年,由于在县域的社会资本匮乏,其业务量并不是很大,甚至可以用惨淡来形容,有时候没有案源的时候,甚至要靠做一些兼职来勉强维持生计。

## 四、讨论与结论

通过对 D 县法律服务市场的实证研究,本文对欠发达地区律师数量与收入之间的关系提供了一种新的解释,即欠发达地区律师数量少的原因并非仅仅是欠发达地区律师收入较低,恰好与此相悖,在欠发达地区,绝大多数律师群体收入并不低,甚至头部律师年度总创收已然过百万元,而律师群体在欠发达地区发展缓慢的最根本原因在于社会资本的长期积聚与集中以及法律服务市场被现有律师群体垄断。而欠发达地区法律服务市场长期被垄断的现象,不仅阻碍了该地区律师行业的良性发展,还削弱了该地区律师行业的竞争活力。该垄断行为一方面使大批律师,尤其是社会资本匮乏的青年律师对选择回到欠发达地区执业望而却步,加剧了我国律师地域分布不均衡问题;另一方面还对我国加快建设覆盖城乡、便捷高效、均等普惠的现代公共法律服务体系形成一定阻力。虽然本文的研究是基于 D 县的个案研究,具有一定局限性,但该研究至少为如何促进与 D 县经济发展水平相似、人口规模相当、法律服务市场生态相差不大的欠发达地区律师行业良性发展提供新的“解题思路”。此外,欠发达地区司法行政机关以及相关律师行业协会是否应该出台相应的措施规制律师行业垄断现象,即是否应用非市场化手段规制市场化行为。这是未来理论界与司法实务界仍需共同关注与探讨的问题。

# 程序违法发回重审实证研究

## ——基于《刑事诉讼法》第238条第3项的分析*

任秋雨　冯　露**

**内容摘要**:《刑事诉讼法》第238条规定了因程序违法发回重审的若干情形,该条第3项"剥夺或者限制了当事人的法定诉讼权利,可能影响公正审判的"通常在学界被称为相对撤销原判。从法理逻辑来看,应根据所涉程序违法行为属于一般侵权行为抑或严重侵权行为,二分适用该条款。对司法实践中援引《刑事诉讼法》第238条第3项发回重审的904个案件的实证考察发现,法官在运用该条款发回重审时存在错误适用与不当适用两方面问题,其中错误适用主要表现为混乱适用,基础事由与法律依据搭配不当;不当适用则体现为说理阙如与说理不充分,适用的基础事由超出条款内涵限度,功能异化和涉及附带民事诉讼时援引法律不当。为优化《刑事诉讼法》第238条第3项的适用,应结合程序性制裁理论和司法现实,灵活运用多种措施解决错误适用和说理问题,通过渐进式正式立法修正相对撤销原判事由,以当事人权利救济为导向区分

* 国家社会科学基金项目"刑事庭审中对质程序实证研究"(20BFX079)。四川省哲学社会科学规划重点研究基地资助项目:中国式现代化引领四川司法现代化建设研究(项目批准号:SC23E016)。

** 任秋雨,四川大学法学院硕士研究生;冯露,四川大学法学院教授,法学博士。

处理无被告人上诉型案件，以及软化处理附带民事诉讼中相对撤销原判的法律依据问题。

**关键词**：相对撤销原判　程序性制裁　公正审判　程序性违法　实证研究

## 一、研究缘起

我国《刑事诉讼法》第238条规定了因程序违法而撤销原判、发回重审的若干情形。[①] 陈瑞华以法官对撤销原判是否享有自由裁量权为标准，将该条规定的撤销原判分为“绝对撤销原判”与“相对撤销原判”。[②] “绝对撤销原判”对应《刑事诉讼法》第238条第1、2、4项，即一旦一审出现违反公开审判、回避制度以及审判组织组成不合法的情形时，二审法院必须作出撤销原判的裁定。“相对撤销原判”则对应《刑事诉讼法》第238条第3、5项，即当一审出现剥夺、限制当事人的法定诉讼权利或其他违反法定诉讼程序的行为时，二审法院对是否撤销原判享有自由裁量权，二审法院仅在认为程序违法可能影响公正审判时裁定撤销原判。这一分类得到了学界和实务界的普遍认可。

从既有研究来看，学者对《刑事诉讼法》第238条第1、2、4项的绝对撤销原判和第5项的相对撤销原判已有较多研究。[③] 也有部分学者在从规范层面讨论刑事诉讼具体问题时附带提及第238条第3项的适用。例如，龙宗智在讨论认罪认罚量刑程序时指出，法官改变量刑建议径行从重判决，构成突袭

---

① 参见《刑事诉讼法》第238条：第二审人民法院发现第一审人民法院的审理有下列违反法律规定的诉讼程序的情形之一的，应当裁定撤销原判，发回原审人民法院重新审判：（一）违反本法有关公开审判的规定的；（二）违反回避制度的；（三）剥夺或者限制了当事人的法定诉讼权利，可能影响公正审判的；（四）审判组织的组成不合法的；（五）其他违反法律规定的诉讼程序，可能影响公正审判的。

② 参见陈瑞华：《程序性制裁理论》，中国法制出版社2017年版，第229～234页。

③ 重庆市第五中级人民法院蔡雨薇法官以C市W中院适用2012年《刑事诉讼法》第227条第5项发回重审的案例为样本，对刑事二审因程序违法发回重审案件的运行现状及问题进行了体系性分析，参见蔡雨薇：《基于程序违法的刑事二审发回重审制度探究——以〈刑事诉讼法〉第227条第(5)项为视角》，载《法律适用》2016年第10期；程光博士以全国人民法院2761份刑事裁定书为样本，对程序违法发回重审兜底条款的适用进行了实证研究，参见程光：《程序违法发回重审兜底条款之合理适用——以全国人民法院2761份刑事裁定书为样本》，载《新疆大学学报（哲学·人文社会科学版）》2021年第2期。

性审判,应当以第 238 条第 3 项发回重审;①李滨在分析被告人对质权的实现时认为,宜将采纳应当出庭而未出庭证人证言为定案证据的行为视为违反该项规定,从而强化法院督促证人出庭的勤勉义务;②刘奕君在论述强制指定辩护的程序性后果时提出,法院若未履行强制指定辩护职责应参照适用第 238 条第 3 项。③

将视线转至实务层面,可以发现近年来实务界尤其是律师界对这一规定的青睐。随着刑事案件律师辩护全覆盖试点的纵深推进,程序性辩护作为一种"反守为攻"的辩护思路愈来愈受到刑事辩护律师的青睐。④ 作为程序性辩护的直接法律依据之一,《刑事诉讼法》第 238 条第 3 项在实务界的关注度不断增高,何种情形能够援引该项作为程序性辩护理由成为律师们的讨论热点。⑤ 有意思的是,实践中辩护律师真正通过援引《刑事诉讼法》第 238 条第 3 项进行程序性辩护时,又常会出现"曲高和寡"的尴尬境况。⑥

应该说,学界的既有研究对准确理解适用《刑事诉讼法》第 238 条第 3 项已贡献诸多智识,也在一定程度上回应了实务界的关切。然而需要注意的是,迄今少有学者将视线聚焦第 238 条第 3 项的相对撤销原判情形,更鲜有学者从实证角度对该项相对撤销原判进行专题分析。对《刑事诉讼法》第 238 条第 3 项相对撤销原判情形专门性研究的缺位,既不利于检验其实践生命力,也在一定程度上影响了相对撤销原判统一裁判尺度的形成。鉴于此,本文围绕《刑事诉讼法》第 238 条第 3 项,在对该条规定的立法原意进行探寻

---

① 参见龙宗智:《认罪认罚案件如何实现"以审判为中心"》,载《中国应用法学》2022 年第 4 期。

② 参见李滨:《"事实查明"逻辑下被告人对质权的实现》,载《西南政法大学学报》2021 年第 5 期。

③ 参见刘奕君:《强制辩护制度之法解释学分析与本土化改革》,载《中国刑事法杂志》2021 年第 3 期。

④ 参见陈瑞华:《论刑事辩护的理论分类》,载《法学》2016 年第 7 期。

⑤ 黄志鹏律师在解读刑事二审发回重审的程序原因时归纳梳理了适用《刑事诉讼法》第 238 条第 3 项发回重审的案例类型,参见黄志鹏:《刑事二审发回重审的程序性原因解读》,载微信公众号"大鹏小匠"2023 年 2 月 7 日,https://mp.weixin.qq.com/s/L0QFXsnFq9OkXAVcxWdExg;劳荣枝案二审辩护意见的第一部分即为程序性辩护,其中,辩护律师认为新增的故意杀人罪的罪名,未听取被告人劳荣枝的辩解意见,剥夺了劳荣枝自行辩护的法定诉讼权利,可能影响公正审判,参见吴丹红、赵德芳:《劳荣枝案二审辩护意见》,载微信公众号"法思法律实务"2022 年 8 月 26 日,https://mp.weixin.qq.com/s/7TEruMPxg-DH8mwTh2JkJg。

⑥ 参见陈瑞华:《程序性制裁理论》,中国法制出版社 2017 年版,第 295 页。

后，对其在司法实践中的适用开展实证考察，从中透视该条适用的现实困境并提出完善思路。

## 二、《刑事诉讼法》第238条第3项的立法原意探寻

明确法律文本的立法原意是正确理解适用《刑事诉讼法》第238条第3项的前置之举。从立法演变与法理逻辑两个维度进行分析是探寻立法愿意的可欲路径，立法演变的梳理有助于明晰法律文本背后的理论宗旨，法理逻辑的厘清则有助于明确法律规定的适用条件。

### （一）《刑事诉讼法》第238条的立法演变

自1979年我国《刑事诉讼法》制定以来，法律文本便对基于实体问题发回重审与基于程序问题发回重审进行了区分。法律文本中对基于程序违法撤销原判、发回重审的规定可追溯至1979年《刑事诉讼法》第138条的规定，即第二审人民法院发现第一审人民法院违反法律规定的诉讼程序，可能影响正确判决的时候，应当撤销原判，发回原审人民法院重新审判。与该条相比，现行《刑事诉讼法》第238条在立法意图、立法技术上均发生了明显变化。

在立法意图上，经历了从单纯关注实体公正，到程序公正与实体公正并重的转变。在1979年《刑事诉讼法》第138条的规定中，原审法院出现程序违法行为时是否需将案件发回重审的判断标准是该程序违法行为是否“可能影响正确判决”。案件正确判决本质上关注的是结果公正或实体公正，旨在发挥程序对实体的保障功能。

1996年《刑事诉讼法》第191条对1979年《刑事诉讼法》第138条基于程序违法发回重审的规定进行了修正，将原审法院存在程序违法行为的案件是否发回重审的判断标准变为是否“可能影响公正审判”。“公正审判”不仅意指案件实体判决结果的公正，更具有案件审判程序公正的意涵。现行法律文本的表达突出了对程序公正这一独立价值观的重视，[①]使撤销原判制度在既

① 参见袁锦凡：《我国刑事程序违法发回重审制度研究——反思与重建》，载《现代法学》2015年第3期。

往追求“结果公正”的基础上增添了对“程序公正”的关注。1996 年《刑事诉讼法》对撤销原判条款的修正即便在今天看来也具有鲜明的人权保障进步性:一方面,如德国学者魏根特所评述,此次修正“至少使对第一审法院遵守程序规则的情况实施深入的监督成为可能,让人们看到了程序法定性的升值”;①另一方面,此次修法根据第一审法院程序违法行为的严重程度,设计了差异化的制裁逻辑,彰显了“程序错误与程序性制裁相适应的比例原则”。②

2012 年与 2018 年《刑事诉讼法》修订时,对 1996 年《刑事诉讼法》对二审程序中基于程序违法发回重审的条款除条文序号外未作其他变动。但不应忽略的是,经过二十余年的发展,如今的《刑事诉讼法》在人权司法保障与程序独立价值理念的引领下,制度建设成就斐然。③ 刑事诉讼中致力于人权保障的制度调整也增强了《刑事诉讼法》第 238 条撤销原判制度适用的可行性。

在立法技术上,经历了从概括性立法到“具体列举 + 兜底条款”立法的转变。1979 年《刑事诉讼法》第 138 条仅概括表述“违反法律规定的诉讼程序”,并未对程序违法的具体情形以列举或其他方式进行阐明。现行《刑事诉讼法》第 238 条第 1 ~ 4 项则将因为程序违法撤销原判、发回重审的四种情形进行了明确列举,即违反本法有关公开审判的规定,违反回避制度,剥夺或者限制了当事人的法定诉讼权利、可能影响公正审判,以及审判组织的组成不合法;同时辅以第 5 项对未完全列举情形进行兜底,即其他违反法律规定的诉讼程序,可能影响公正审判的情形,也属于发回重审的法定事由。这一调整使得立法更为周延,也增强了其在实践层面的可操作性。

**(二)《刑事诉讼法》第 238 条第 3 项适用的法理逻辑**

尽管同为明确性列举,《刑事诉讼法》第 238 条第 3 项与第 1、2、4 项的表述相比,显然又不那么明确。为此,有必要对第 238 条第 3 项的内涵予以阐析,进而分析其适用逻辑。首先,“剥夺或限制当事人的法定诉讼权利”是适

---

① 参见[德]托马斯·魏根特:《对〈中华人民共和国刑事诉讼法〉的比较法评述》,樊文译,载《刑事法评论》2007 年第 1 期。

② 参见陈瑞华:《程序性制裁理论》,中国法制出版社 2017 年版,第 139 页。

③ 参见陈卫东:《中国刑事程序法治文明的新发展》,载《中国社会科学》2022 年第 12 期。

用《刑事诉讼法》第 238 条第 3 项的诱因条件。陈瑞华教授根据剥夺或限制当事人的法定诉讼权利行为的侵权情况与危害结果对整个刑事诉讼活动中的程序性违法行为进行分类。具体到审判程序中，以行为对法律秩序和基本法律准则的破坏程度、对当事人基本公民权利的侵害情况为标准，则可将审判活动中的侵权性违法行为分为“一般侵权行为”与“严重侵权行为”。[①] 其次，“可能影响公正审判”是适用《刑事诉讼法》第 238 条第 3 项的程度条件。根据前文对立法意图转变的分析，“可能影响公正审判”与“可能影响正确判决”相比，强调对程序正义的关注，凸显程序性制裁的价值取向。因此，在解析“可能影响公正审判”的侵权行为时，理应以程序公正为导向。接下来我们将运用前述分类，具体分析不同类型侵权行为适用《刑事诉讼法》第 238 条第 3 项发回重审的法理逻辑。

（1）因一般侵权行为发回重审的适用逻辑。《刑事诉讼法》第 238 条第 3 项规定的是相对撤销原判，其与绝对撤销原判的主要区别在于法官是否享有自由裁量权。一般情况下，相对撤销原判事由的程序违法程度应低于绝对撤销原判事由。故而可推知，当一审法院实施侵犯当事人权利的一般侵权行为时，可能触发《刑事诉讼法》第 238 条第 3 项的适用。需要注意的是，一般侵权行为的出现仅导致撤销原判、发回重审后果发生的可能性，但并不会绝对发生。因为一般侵权行为都会导致程序的不公正，如若直接将一般侵权行为的发生视为“可能影响公正审判”，《刑事诉讼法》第 238 条第 3 项的立法表述就应为“剥夺或者限制了当事人的法定诉讼权利的”，而无须加上“可能影响公正审判”的后缀作为限制。因此，在因一般侵权行为对是否需要发回重审进行判断时，应着重考量是否达到《刑事诉讼法》第 238 条第 3 项所规定的“可能影响公正审判”这一程度要求，亦即一般侵权行为是否导致案件裁判结果的不公。如果一般侵权行为导致实体裁判不公，二审法院应将案件撤销原判、发回重审，因为此时一般侵权行为既影响程序意义上的公正审判，也影响结果意义上的公正审判，二者相结合已然达到“可能影响公正审判”的程度要求；相反，如若一般侵权行为并未导致案件裁判结果不公，则不宜裁定撤销原判、发回重审。例如，一审存在应当排除而没有排除的非法证据，被告人据此上诉，若二审法院经审查认为排除此证据后仍能根据在案证据作出有罪判

① 参见陈瑞华：《程序性制裁理论》，中国法制出版社 2017 年版，第 185 页。

决,此种情况下二审法院则不必裁定撤销原判、发回重审。需要说明的是,这种适用逻辑并不是"唯结果论",相反是对相对撤销原判程序性制裁属性的理性认识。因为在此适用逻辑中,相对撤销原判的诱因条件是"一般侵权行为"(程序违法),催化条件亦是"一般侵权行为导致实体结果不公",对"程序违法"的关注贯穿了相对撤销原判适用的始终。

另外,从域外经验来看,在美国联邦最高法院确立的上诉审查标准中,上级法院对于初审法院除"自动撤销"之外的程序错误,仅在该错误会导致判决结果错误的情况下撤销原判。① 《德国刑事诉讼法》亦区分了"绝对的第三审上诉事由"与"相对的第三审上诉事由"。② 对于后者,第三审法院仅在该事由会影响案件判决结果正确性时裁决撤销原判。③ 可见,美国、德国等国家上诉制度中关于上诉事由和审查标准的规定,也为我国因一般侵权行为发回重审适用逻辑的合理性提供了佐证。

(2)因严重侵权行为发回重审的适用逻辑。与一般侵权行为相对的是严重侵权行为,根据《刑事诉讼法》第238条的立法思路,严重侵权行为应当归入绝对撤销原判事由当中,即当原审法院对当事人实施严重侵权行为时,二审法院应当一律裁定撤销原判、发回重审。我国《刑事诉讼法》第238条仅将公开审判、回避制度、审判组织不合法纳入了绝对撤销原判事由,而司法实践中出现了大量不属于这三项事由却又对当事人诉讼权利侵犯严重的情形。长期以来,绝对撤销原判事由列举狭窄的问题一直为广大理论界和实务界工作者所诟病。④ 为回应现实需要,将应被认定为绝对撤销原判事由的严重侵权行为纳入相对撤销原判是权宜之举。但需要注意的是,对于严重侵权行

---

① See Stephen A. Saltzburg & Daniel J. Capra, *American Criminal Procedure: Cases and Commentary*, West Publishing Co., 2000, p. 1501.

② 关于"相对的第三审上诉事由"与"绝对的第三审上诉事由"的法律规定,参见《德国刑事诉讼法》第337条和第338条。

③ 参见[德]托马斯·魏根特:《德国刑事诉讼程序》,岳礼玲、温小洁译,中国政法大学出版社2004年版,第224~225页。

④ 早在2008年,汪海燕就指出基于程序补救目的的程序倒流范围具有局限性,参见汪海燕:《论刑事程序倒流》,载《法学研究》2008年第5期;杨杰辉在反思我国基于程序违法发回重审存在的问题时,亦认为二审法院直接发回重审的程序违法事由规定不全,参见杨杰辉:《基于程序违法的发回重审研究》,载《中国刑事法杂志》2013年第7期;陈瑞华在论述撤销原判制度的未来时,明确指出应适当扩充绝对撤销原判事由,参见陈瑞华:《程序性制裁理论》,中国法制出版社2017年版,第240~243页。

为，二审法官无须再考虑原审法院的侵权行为是否影响案件的实体裁判，因为严重侵权行为对程序意义上公正审判的影响已经达到“可能影响公正审判”的程度要求。例如，实践中出现未通知被告人辩护人参加庭审即作出裁判的情形，对于此种严重侵犯被告人辩护权的行为，二审法院无须考虑原审法院的判决结果是否正确，应当径行裁定将案件撤销原判、发回重审。因为在该种情形下，被告人的基本诉讼权利（辩护权）无从实现，这种侵权行为已经严重影响程序意义上的公正审判。

综合来看，《刑事诉讼法》第 238 条第 3 项规定的相对撤销原判在实践中应遵循二分适用逻辑。对于原审法院的一般侵权行为，二审法院应当注意裁量该行为是否对案件实体裁判结果产生影响，当一般侵权行为同时对程序意义上和结果意义上的公正审判产生影响时，应当撤销原判、发回重审。对于原审法院的严重侵权行为，因为其对程序意义上的公正审判影响甚大，此时则不再考量该行为对裁判结果是否造成影响，应直接撤销原判、发回重审，该种适用逻辑既是对现实需要的回应，也是对“举轻以明重”当然解释方法的遵循，具有法理正当性。

## 三、《刑事诉讼法》第 238 条第 3 项适用现状的实证考察

尽管上文根据一般侵权行为和严重侵权行为，对《刑事诉讼法》第 238 条第 3 项的适用逻辑进行了探寻，但由于其表述的不确定性，一方面可能导致法官对该条款无所适从，另一方面也可能导致法官自由裁量权过大而滥用该项规定。为此，我们接下来对司法实践中法官对第 238 条第 3 项的具体适用进行考察，以准确勾勒出这种相对撤销原判情形的实践面貌。

### （一）样本选取

综合考虑研究问题及样本获取能力，我们以“北大法宝”及“中国裁判文书网”两大案例数据库作为样本选取的来源。在“北大法宝”数据库中检索出《刑事诉讼法》第 238 条第 3 项，从该条款“法宝联想”中获得了 880 个适用该条款的案例。① 在“中国裁判文书网”的“全文检索”项下分别键入“《中华人

---

① 在“北大法宝”数据库进行案例检索的最后日期为 2022 年 12 月 31 日。

民共和国刑事诉讼法》第二百三十八条第一款第(三)项”“《中华人民共和国刑事诉讼法》第二百三十八条第一款第三项”“《中华人民共和国刑事诉讼法》第二百三十八条第(三)项”“《中华人民共和国刑事诉讼法》第二百三十八条第三项”等类似检索条件,共检索出554个司法案例。① 对从以上两个数据库检索出的1434份刑事裁定书进行重复样本筛选及无效样本剔除等处理后,最终获得904份裁定书作为研究法官对第238条第3项的适用的案例样本。

904个案例样本在案由范围上,包括故意杀人罪、故意伤害罪、盗窃罪、抢劫罪、帮助信息网络犯罪活动罪以及危险驾驶罪等140余种刑事常见案由;在地域范围上,覆盖了全国30个省级行政区域;②在时间跨度上,为反映2018年《刑事诉讼法》修订后法官最新裁判习惯,所选取的案例均为2018年10月26日《刑事诉讼法》修订施行以后的案例。总体上看,所选取的案例样本能够较好地反映2018年《刑事诉讼法》修订后第238条第3项的全国的适用情况与全国各地法官的裁判习惯,样本选择符合实证分析需求。

**(二)法官对第238条第3项的具体适用**

从裁判文书的内容结构来看,裁判理由部分承载了法官进行法律推理、法律解释和法律论证的过程,集中反映了法官为何适用第238条第3项裁定撤销原判、发回重审。为此,我们对904份裁判文书中“本院认为”的具体内容进行了通读。初步观察发现,法官对《刑事诉讼法》第238条第3项的适用进行说理时可分为概括说理与具体说理两种类型。如图1所示,在904份裁定书中,有642份在适用《刑事诉讼法》第238条第3项时仅进行了概括说理,仅说明原审法院存在违反《刑事诉讼法》第238条第3项的行为,而没有具体指出原审法院究竟剥夺或限制了当事人的何种法定诉讼权利,此种类型的案例在全部样本中占比约71%。有262份在适用第238条第3项时进行了具体说理,对原审法院剥夺或限制了当事人的何种法定诉讼权利进行了明确阐释,占比约29%。

---

① 在“中国裁判文书网”进行案例检索的最后日期为2022年12月31日。

② 全国除港、澳、台地区外共有31个省级行政区划,研究样本未覆盖的地区是上海市,笔者在多个案例数据库中单独对上海市法院适用《刑事诉讼法》第238条第3项的案例进行检索均未获得相关裁判文书,但现有研究样本已覆盖了全国绝大部分区域,已有研究样本足以支撑研究结果。

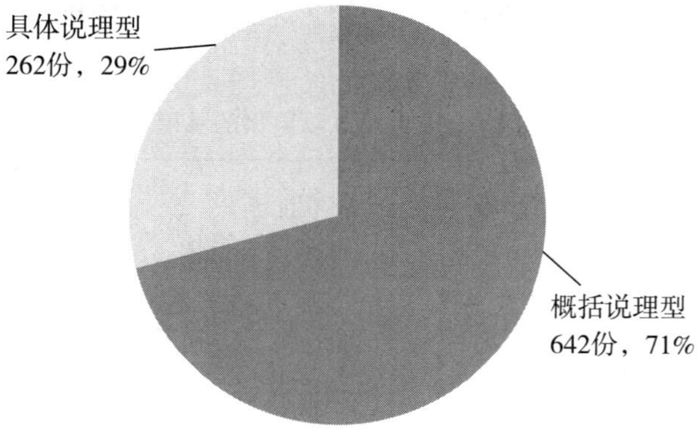


**图 1　概括说理型与具体说理型适用第 238 条第 3 项案例的分布**

(1)以概括说理型适用第 238 条第 3 项。进一步对适用第 238 条第 3 项的裁判文书观察后发现,两种说理类型均可以再类型化。在以概括说理型适用第 238 条第 3 项的 642 份裁定书中,既包括仅依据第 238 条第 3 项发回重审的情况,也包括联合其他条款如第 236 条和第 238 条第 5 项等发回重审的情形。

鉴于我国裁判文书内容结构的模式化,这类概括说理型裁定书都遵循着:裁定结果 = 基础事由 + 法律依据的公式。其中,基础事由包括"事实不清/证据不足""违反法定诉讼程序",法律依据包括"《刑事诉讼法》第 236 条""《刑事诉讼法》第 238 条第 3 项""《刑事诉讼法》第 238 条第 5 项"。[①] 为更简洁地呈现基础事由与法律依据的配对情况,我们设"事实不清/证据不足"为 A,"违反法定诉讼程序"为 B,"《刑事诉讼法》第 236 条"为 C,"《刑事诉讼法》第 238 条第 3 项"为 D,"《刑事诉讼法》第 238 条第 5 项"为 E,将以概括说理型适用第 238 条第 3 项的裁定书中"本院认为"部分进行简化,最终发现其在基础事由与法律依据的配对上又可以细分为 8 种适用类型(见表 1 和图 2)。其中,将"违反法定诉讼程序"与"《刑事诉讼法》第 238 条第 3 项"进行搭配适用(BD 型)的案例有 411 件,占比为 64%,这表明《刑事诉讼法》第 238 条第 3 项在司法适用中总体上能够做到基础事由与法律依据的合理匹配。但值得注意的

① 部分案例可能存在援引其他法律条款,如《刑事诉讼法》第 238 条第 1 项,2012 年最高人民法院《关于适用〈中华人民共和国刑事诉讼法〉的解释》第 406 条的情形,但由于数量较少且特征不具有显著性,统计分析意义弱,故本文未作专门分析。

是,仍有部分案件在适用时存在泛用基础事由与法律依据、错误搭配基础事由与法律依据的问题,留待后文讨论。

**表1　以概括说理型适用第238条第3项案例的基础事由与法律依据配对**

| 序号 | 案件示例 | 事实不清/证据不足 | 违反法定诉讼程序 | 《刑事诉讼法》第236条 | 《刑事诉讼法》第238条第3项 | 《刑事诉讼法》第238条第5项 | 类型 |
|---|---|---|---|---|---|---|---|
| 1 | (2021)鄂07刑终35号[1] | A | B | C | D | | ABCD |
| 2 | (2020)赣11刑终237号[2] | A | B | C | D | E | ABCDE |
| 3 | (2019)吉06刑终15号[3] | A | B | | D | | ABD |
| 4 | (2020)新32刑终27号[4] | A | | C | D | | ACD |
| 5 | (2021)黔26刑终83号[5] | A | | | D | | AD |
| 6 | (2020)黔02刑终50号[6] | | B | C | D | | BCD |
| 7 | (2021)鲁07刑终607号[7] | | B | | D | | BD |
| 8 | (2021)粤07刑终147号[8] | | B | | D | E | BDE |

注:受篇幅限制,该表仅对简化分析过程进行示例展示。

[1]参见湖北省鄂州市中级人民法院刑事裁定书,(2021)鄂07刑终35号:“本院认为,原审判决认定事实不清,证据不足,且违反法定的诉讼程序。依照《中华人民共和国刑事诉讼法》第二百三十六条第一款第三项、第二百三十八条第三项之规定,裁定如下……”

[2]参见江西省上饶地区(市)中级人民法院刑事裁定书,(2020)赣11刑终237号:“本院认为,原审判决认定事实不清,证据不足,且违反法定程序。依照《中华人民共和国刑事诉讼法》第二百三十六条第三项、第二百三十八条(三)、(五)项之规定,裁定如下……”

[3]参见吉林省白山市中级人民法院刑事裁定书,(2019)吉06刑终15号:“本院认为,原审判决认定事实不清,证据不足。原审判决违反法定程序。依照《中华人民共和国刑事诉讼法》第二百三十八条第三项之规定,裁定如下……”

[4]参见新疆维吾尔自治区和田地区(市)中级人民法院刑事裁定书,(2020)新32刑终27号:“本院认为,和田市人民法院审理的申某某犯合同诈骗罪部分事实认定不清或遗漏。依照《中华人民共和国刑事诉讼法》第二百三十六条第一款第三项、第二百三十八条第三项之规定,裁定如下……”

[5]参见贵州省黔东南苗族侗族自治州中级人民法院刑事裁定书,(2021)黔26刑终83号:“本院认为,原判部分事实不清,证据不足。依照《中华人民共和国刑事诉讼法》第二百三十八条第三项的规定,裁定如下……”

[6]参见贵州省六盘水市中级人民法院刑事裁定书,(2020)黔02刑终50号:“本院认为,原审

法院在审理过程中违反法律规定的诉讼程序,程序违法。依照《中华人民共和国刑事诉讼法》第二百三十六第三项、第二百三十八条第三项的规定,裁定如下……"

[7]参见山东省潍坊市中级人民法院刑事裁定书,(2021)鲁07刑终607号:"本院认为,原审判决程序违法。根据《中华人民共和国刑事诉讼法》第二百三十八条第一款第三项之规定,裁定如下……"

[8]参见广东省江门市中级人民法院刑事裁定书,(2021)粤07刑终147号:"本院认为,原审违反法律规定的诉讼程序,依照《中华人民共和国刑事诉讼法》第二百三十八条第(三)、(五)项规定,裁定如下……"

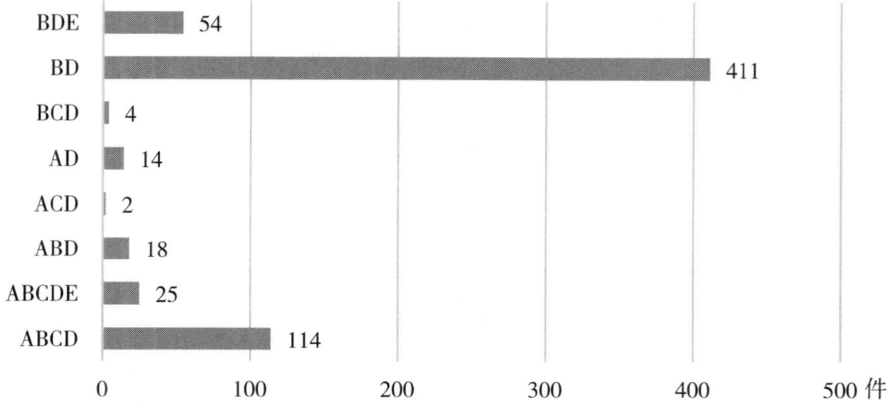


**图2　以概括说理型适用第238条第3项案例的具体类型分布**

(2)以具体说理型适用第238条第3项。依据当事人在原审中被剥夺或限制的法定诉讼权利的内容,我们对以具体说理型适用第238条第3项亦进行了再分类。如表2所示,二审法官选择适用《刑事诉讼法》第238条第3项撤销原判的具体理由类型多样,多达29种。其中,二审法官以原审法院剥夺、限制被告人辩护权为由撤销原判的案例多达130个,占比高达48%左右。这反映出剥夺、限制被告人辩护权日趋成为法官选择适用《刑事诉讼法》第238条第3项撤销原判、发回重审最常用的具体理由。在此之下,以剥夺、限制当事人的举证质证权与庭审参与权为由撤销原判、发回重审的案例样本数量分居二、三位,在以具体说理型适用第238条第3项的案例中占比分别为14%和12%。辩护权、举证质证权以及庭审参与权均是当事人参加诉讼活动的最基本权利,其中任何一项权利被剥夺或限制都将使整个诉讼程序沦为"走过场",二审法官在考虑适用第238条第3项作出发回重审的裁定中,对上述三项权利的突出保护与它们权利位阶的重要性相契合。

**表 2　以具体说理型适用第 238 条第 3 项的情形**

单位:件

| 剥夺或限制当事人的法定诉讼权利的具体情形 | 案例数量 |
|---|---|
| 辩护权 | 130 |
| 举证质证权 | 37 |
| 庭审参与权 | 32 |
| 错误适用《刑事诉讼法》第 238 条第 3 项 | 15 |
| 申请重新鉴定权 | 7 |
| 鉴定意见知情权 | 5 |
| 上诉权 | 5 |
| 最后陈述权 | 4 |
| 非法证据排除权 | 3 |
| 申请证人出庭权 | 3 |
| 民事赔偿请求权 | 3 |
| 申请鉴定权 | 3 |
| 适用简易、速裁程序异议权 | 2 |
| 开庭告知诉讼权利 | 2 |
| 告知提起附带民事诉讼权利 | 2 |
| 自诉人诉权 | 2 |
| 获得裁判文书权 | 2 |
| 对合议庭成员的知情权 | 1 |
| 要求法庭审查认罪认罚具结书的权利 | 1 |
| 对认罪认罚诉讼权利及法律规定的知情权 | 1 |
| 管辖异议权 | 1 |
| 合议庭更换后请求法庭重新审理全案的权利 | 1 |
| 获得翻译权 | 1 |
| 申请法院调查取证权 | 1 |
| 撤回量刑建议时被告人意见被听取的权利 | 1 |
| 要求依照法定程序对认罪认罚进行法庭调查的权利 | 1 |

续表

| 剥夺或限制当事人的法定诉讼权利的具体情形 | 案例数量 |
|---|---|
| 辩论权 | 1 |
| 请求开庭审理附带民事诉讼的权利 | 1 |
| 申请撤诉权 | 1 |

注:制表说明:部分案件的原审法院可能同时剥夺、限制当事人的多种法定诉讼权利,因此笔者在样本分析时将裁判文书陈述的多种理由分别在相应权利分类的案例计数中加"1"。例如,湖南省郴州市中级人民法院做出的(2020)湘10刑终496号刑事裁定书中同时将剥夺、限制被告人"辩护权"和"应当适用普通程序"作为撤销原判的理由,因此在"辩护权"和"应当适用普通程序"的案例计数中分别加1。

剥夺、限制被告人辩护权案例样本近五成的占比,足以凸显这一情形在《刑事诉讼法》第238条第3项适用中的重要性,因此有必要对以剥夺、限制被告人辩护权为由撤销原判、发回重审的案例进一步细化。从表3可知,被告人未依法获得指定辩护是原审法院剥夺、限制被告人辩护权最常见的表现形式。此外,"突袭性审判"与"辩护人未参与庭审"亦是原审法院侵犯被告人辩护权的常见形式。这亦得到了实务界人士对刑事二审案件裁判大数据分析结果的印证。①

**表3　剥夺、限制被告人辩护权的表现形式**

| 剥夺、限制被告人辩护权的表现形式 | 案例数量/件 | 案例占比/% |
|---|---|---|
| 未指定辩护 | 48 | 37 |
| 突袭性审判 | 44 | 34 |
| 辩护人未参与庭审 | 14 | 11 |
| 未给予充分辩护准备时间 | 9 | 7 |
| 其他剥夺或限制辩护权的情形 | 15 | 11 |

进一步地,笔者对以具体说理型适用第238条第3项样本的案件上诉启动方式进行了统计。如图3所示,在262个案例中,有244个案例是由被告人提起上诉开启二审程序。这表明被告人提起上诉是二审程序最主要的启动方

① 有律师通过对2018年至2022年44万余份刑事二审裁判分析发现,"辩护人未到庭参与庭审"和"起诉书指控的罪名与审理认定的罪名不一致,判决前未听取控辩双方的意见,也未重新开庭"等理由可成为将案件发回重审的理由,参见张文明、方诚:《刑事二审裁判大数据分析及辩护实务技术》,载微信公众号"明律师刑事特区"2023年1月13日,https://mp.weixin.qq.com/s/Lt4RcKx0-IKGTlSZNGxNuw。

式,与被告人为维护自己法定诉讼权利而提起上诉的目的相吻合。

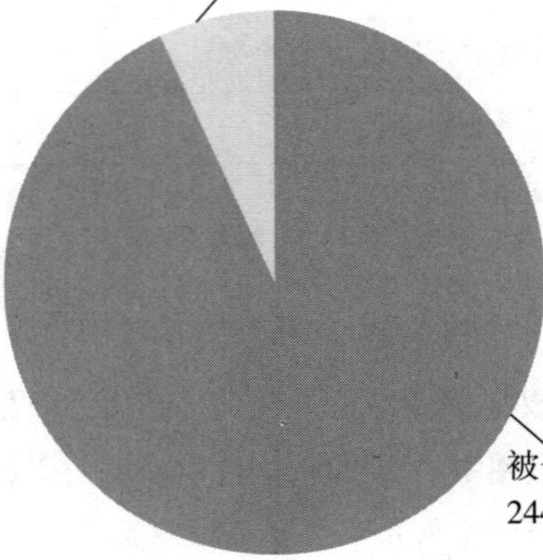


**图3　以具体说理型适用第 238 条第 3 项案例的上诉启动方式**

至此,我们完成了对《刑事诉讼法》第 238 条第 3 项适用现状的多维度考察:一方面,从形式上将法官适用第 238 条第 3 项发回重审的说理习惯分为概括型说理和具体型说理;另一方面,从内容层面对法官适用该项规定的具体理由进行了细化分析。综合来看,以二审法官作出裁定将案件撤销原判、发回重审时是否说理以及说理理由为何这一标准为主线进行整理分析,能较为全面地呈现《刑事诉讼法》第 238 条第 3 项在实践中的适用现状。

## 四、《刑事诉讼法》第 238 条第 3 项适用的问题检视

从实证考察来看,《刑事诉讼法》第 238 条第 3 项在司法实践中的适用总体上是符合立法期待的,基本能够满足对侵犯当事人权利的程序性违法行为的专项制裁需要。与此同时,也应注意到其适用并未达到理想状态,第 238 条第 3 项规定的相对撤销原判在正确适用与合旨适用两个方面仍存在不少问题值得重视。

### (一)对《刑事诉讼法》第 238 条第 3 项的错误适用

《刑事诉讼法》第 238 条第 3 项规定的相对撤销原判的适用范围限于剥夺、限制当事人诉讼权利的程序性违法行为。因此,对其他类型的程序性违法或非程序性违法行为适用第 238 条第 3 项都属于对该条款的错误适用,这在我

们的实证考察中均有所体现。

（1）概括说理型案件中的错误适用。如表1所示，以概括说理型适用第238条第3项案件裁定书中的基础事由与法律依据主要存在8种搭配类型。按照立法者对因实体问题和程序问题撤销原判的界分，“事实不清/证据不足”应当与《刑事诉讼法》第236条因实体问题撤销原判的规定搭配使用，“违反法定诉讼程序”应与《刑事诉讼法》第238条第3项或第5项因程序问题撤销原判的规定配套使用。但我们的实证考察发现，适用第238条第3项的ABD型、ACD型、AD型、BCD型四类案件裁定书的基础事由与法律依据均未能合理匹配，共计38例，占比约6%。具体来看，在ABD型裁定书中，二审法官错误地将“事实不清/证据不足”也归入了第238条因程序问题撤销原判的事由中；在ACD型裁定书中，法官同时适用了第238条因程序问题撤销原判的规定却并未给出相应的基础事由；在AD型裁定书中，既错误地将“事实不清/证据不足”归入因程序问题撤销原判的事由，同时也未明确因程序问题撤销原判的理由；在BCD型裁定书中，错误地将违反法定程序这一基础事由同时涵摄《刑事诉讼法》第236条和第238条这两条法律依据。上述情形直观呈现出实践中对基于实体问题发回重审与基于程序问题发回重审一定程度上的混乱适用，反映出部分法官对基于程序违法发回重审规定的认识和理解仍有待提高。

（2）具体说理型案件中的错误适用。从表2不难发现，以概括说理型适用第238条第3项案件裁定书中有15份涉嫌对该项的错误适用，主要表现为两种情形：第一，将绝对撤销原判事由与相对撤销原判事由混淆。例如，四川省遂宁市中级人民法院作出的（2020）川09刑终126号刑事裁定书指出原审法院存在审判组织组成不合法的情形，本应适用《刑事诉讼法》第238条第4项，却依据第238条第3项作出发回重审的裁定。第二，对判决宣告后发现被告人同种漏罪的情形，错误适用第238条第3项的相对撤销原判。如表4所示，对一审判决宣告后发现被告人同种漏罪的情形，二审法院撤销原判的法律依据主要有“《刑事诉讼法》第238条第3项”与“《刑事诉讼法》第236条第3项”两种。二者的裁定结果虽同为撤销原判、发回重审，但应当注意的是基于程序错误发回重审与基于事实错误发回重审具有不同的法律效果：前者并不限制发回重审的次数，而后者仅允许以此为由发回重审一次。在二审中发现原审被告人还存在同种漏罪没有判决，本质上属于对被告人犯罪事实未查清，理应选择基于事实错误将案件发回重审。此外，《最高人民法院关于判决宣告后又发现被判刑的犯罪分子的同种漏罪是否实行数罪并罚问题的批复》明确提出,此种情形应当依据 1979 年《刑事诉讼法》第 136 条第 3 项(现行《刑事诉讼法》第 236 条第 3 项)撤销原判。因此,对一审判决宣告后发现被告人同种漏罪的情形,二审法院适用《刑事诉讼法》第 238 条第 3 项之规定撤销原判、发回重审是明显的错误适用。

**表 4 判决宣告后发现被告人同种漏罪的二审撤销原判案件示例**

| 案号 | 裁判理由 |
|---|---|
| (2019)桂 12 刑终 228 号 | 本院认为,上诉人李某因本案被原审法院作出有罪判决后,因不服判决提出上诉,在审理期间发现上诉人李某及原审被告人黄某在另一起案件中被以同种罪名追诉其他涉案犯罪事实。根据《最高人民法院关于判决宣告后又发现被判刑的犯罪分子的同种漏罪是否实行数罪并罚问题的批复》的要求,原审判决宣告后,被告人提出上诉或检察机关提出抗诉,判决尚未发生法律效力的,二审法院在审理期间发现原审被告人在原审判决宣告前还有同种漏罪没有判决的,二审法院应当依法裁定撤销原判,发回原审法院重新审判。据此,依照《刑事诉讼法》第 238 条第 3 项之规定,裁定如下…… |
| (2021)辽 12 刑终 244 号 | 本院认为,该案在二审期间,发现上诉人刘某还有同种漏罪没有判决。根据《最高人民法院关于判决宣告后又发现被判刑的犯罪分子的同种漏罪是否实行数罪并罚问题的批复》的规定,第二审人民法院在审理期间,发现原审被告人在第一审判决宣告以前还有同种漏罪没有判决的,应当裁定撤销原判,发回原审人民法院重新审判。据此,依照《刑事诉讼法》第 236 条第 3 项之规定,裁定如下…… |

### (二)对《刑事诉讼法》第 238 条第 3 项的欠妥适用

在适用错误之外,还存在部分案件援引《刑事诉讼法》第 238 条第 3 项时适用欠妥。对法律条文的欠妥适用反映出法官在适用第 238 条第 3 项时相对简单机械,未能充分考虑到法律规定的价值宗旨与功能取向。这在一定程度上阻碍了《刑事诉讼法》第 238 条第 3 项发挥其理想效能。

(1)说理阙如与说理不充分。从图 1 可以看出,各地法官在适用《刑事诉讼法》第 238 条第 3 项时的说理状况并不理想。约七成的案件裁定书仅进行概括说理,反映出各地法官适用该条款撤销原判、发回重审时存在说理的简单化倾向。尽管其余 29% 的案件裁定书对原审法院剥夺、限制当事人的何种权利进行了说明,但其中仅有 53%(138 份)案件裁定书中明确提到了“可能影响公正审判”这一适用要旨。对“可能影响公正审判”的强调并非对裁判文书进行文字性的苛刻限制;相反地,考虑到第 238 条第 3 项立法用语的模糊性,法官对其适用逻辑的明示表达，是法官进行法律推理作出裁定这一过程的外在表现，是司法说理的应有之义。

就法官适用《刑事诉讼法》第238条第3项的现行说理习惯而言，至少会造成以下两个方面的问题：第一，当事人对撤销原判、发回重审这一关涉其重大利益的裁定形成过程无法得知，有损司法公正与司法透明。当事人是案件裁判结果的直接关联方，对裁判结果的作出过程享有一定程度的知情权，这是其行使申诉权等权利的重要依据。二审法院对关键事项说理阙如、说理不充分可能对当事人法定诉讼权利的行使造成实质性妨害。第二，相对撤销原判的统一裁判习惯难以形成。从前文对第238条第3项适用逻辑的讨论可以看出，该项规定的相对撤销原判事由显著特征是法官享有自由裁量权和较大的裁量适用空间，通过对大量的、稳定的先例的参考是形成统一裁判习惯的理想路径。然而各地法院在适用相对撤销原判时不说理或不充分说理极大地减损了这类案例给司法实践的参考价值，极易造成区域裁判习惯和标准的差异化。

(2)适用的事由超出条款内涵限度。从表2不难看出，当前司法实践中适用第238条第3项撤销原判、发回重审的事由多达29种，对当事人法定诉讼权利的保护范围较为广泛。但根据绝对撤销原判和相对撤销原判的界分，对一些严重侵犯当事人诉讼权利应属绝对撤销原判的情形适用第238条第3项之相对撤销原判规定仅是权宜之策。相对撤销原判适用的根本逻辑仍在于对“可能影响公正审判”的自由裁量，而当某些必然影响公正审判的情形出现时，不需要也并不应对是否撤销原判进行自由裁量。从表3来看，剥夺、限制当事人辩护权最常见的情形是侵犯当事人的指定辩护权，约占比37%，典型表现是一审法院未履行通知辩护职责。① 随着2017年以来刑事案件律师辩护全覆盖试点的开展，《最高人民法院、司法部关于开展刑事案件律师辩护全覆盖试点工作的办法》明确将原审法院未履行通知辩护职责，导致被告人在审判期间未获得律师辩护认定为2012年《刑事诉讼法》第227条第3项(现行《刑事诉讼法》第238条第3项)的适用情形之一。该规范性文件要求试点地区二审法院

---

① 参见辽宁省丹东市中级人民法院刑事裁定书，(2020)辽06刑终12号：“本院认为，原审人民法院违反辽宁省高级人民法院、辽宁省司法厅辽司〔2018〕264号关于印发《辽宁省开展刑事案件审判阶段律师辩护全覆盖试点工作实施办法》的相关规定，未履行通知辩护职责，导致被告人在审判期间未获得律师辩护，剥夺了被告人的法定诉讼权利，原审审判程序不合法，应当发回重审。依照《中华人民共和国刑事诉讼法》第二百三十八条第三项的规定，裁定如下……”

对未履行通知辩护职责的案件均应撤销原判、发回重审,排除了法官自由裁量的可能。由此可见,尽管"法院未履行通知辩护职责"仍属于第238条第3项的相对撤销原判事由,但其在实践中所遵循的已是绝对撤销原判的适用逻辑,超出了第238条第3项的适用限度。

(3)相对撤销原判功能异化。程序性制裁措施与实体性裁判结果不同,其所制裁的对象并非被告人,而是诉讼活动中行使国家公权力的公安机关、检察机关以及审判机关的程序性违法行为。① 因此,程序性制裁措施的功能取向中天然地带有对当事人的权利保护倾向,《刑事诉讼法》第238条第3项规定的相对撤销原判也应如此。然而,图3表明,在262个具体说理型案件中,有18个案件的被告人并没有提起上诉但二审法院仍然适用第238条第3项将案件发回重审。这18个案件样本大致可分为两类:一类是检察机关为保护被害人的权利而提起抗诉(或自诉人提起上诉)。在该类案件中,被害人的权利被剥夺或受到限制,但其不具有上诉、抗诉的权利,因此检察机关为保护被害人的权利提起抗诉,二审法院适用相对撤销原判。② 这是对相对撤销原判的恰当运用,没有背离相对撤销原判的功能取向。值得反思的是另一类案件,即被告人没有上诉,被害人的权利也未受到侵犯,检察机关因不服原判提起抗诉,二审法院以"原审判决部分证据未经举证、质证"等理由适用第238条第3项的规定撤销原判、发回重审。③ 尽管从表面上看,这些理由属于适用相对撤销原判的程序性问题,但细查不难发现,此时适用相对撤销原判并非为了保护当事人权利,而是弥补司法机关公权力行使的程序性纰漏,忽略了被告人的主体感受,难免陷入机械的逻辑法条主义适用困境之中,④也在一定程度上导致相对撤销原判制度功能的异化。

(4)涉及附带民事诉讼时援引法律不当。我们在对904个案件样本的"本院认为"部分分析时发现,有48个案件适用《刑事诉讼法》第238条第3项发回重审的理由是"附带民事部分程序违法",其中,36个案件仅援引了《刑事诉讼法》第238条第3项作为法律依据,⑤12个案件同时援引了《刑事诉讼法》第

① 参见陈瑞华:《刑事诉讼的前沿问题(上)》,中国人民大学出版社2016年版,第348~349页。

② 参见浙江省温州市中级人民法院刑事裁定书,(2020)浙03刑终896号。

③ 参见贵州省毕节地区中级人民法院刑事裁定书,(2019)黔05刑终176号。

④ 关于逻辑法条主义的论述,参见[美]米尔伊安·R.达玛什卡:《司法与国家权力的多重面孔:比较视野中的法律程序》,郑戈译,中国政法大学出版社2004年版,第31~35页。

⑤ 参见广东省茂名市中级人民法院刑事裁定书,(2019)粤09刑终567号。

238 条第 3 项和《中华人民共和国民事诉讼法》(以下简称《民事诉讼法》)的相关规定。①

由于我国《刑事诉讼法》并未对基于程序违法发回重审的次数进行限制,在附带民事诉讼中,若原审法院遗漏当事人,二审法院若仅依照《刑事诉讼法》第 238 条第 3 项的规定发回重审,发回重审的次数不受限制。同时需要关注的是,我国《民事诉讼法》第 177 条、《最高人民法院关于适用〈中华人民共和国民事诉讼法〉的解释》第 323 条对基于程序违法发回重审进行了专门规定,《民事诉讼法》第 177 条对基于程序违法发回重审的次数进行了限制:在民事诉讼中,原审法院若遗漏当事人,二审法院应依照《民事诉讼法》第 177 条第 4 项发回重审,发回重审的次数仅为一次。亦即同样的程序违法行为如遗漏当事人依照不同的法律规定会产生不同的法律效果,反映了两大诉讼法对程序违法行为规定的冲突。由此不难发现,仅以《刑事诉讼法》第 238 条第 3 项作为附带民事部分程序违法撤销原判的法律依据值得商榷。

进一步观察同时适用《刑事诉讼法》第 238 条和《民事诉讼法》第 177 条发回重审的做法,此时产生的法律效果是附带民事诉讼中仅能基于程序违法发回重审一次。此处需要说明的是,同时适用《刑事诉讼法》第 238 条、《民事诉讼法》第 177 条与司法实践中为规避发回重审次数限制而同时适用《刑事诉讼法》第 236 条和第 238 条的效果并不相同。原因在于,《刑事诉讼法》第 238 条和《民事诉讼法》第 177 条规定发回重审的基础事由均是程序性违法,当同时适用二者时,按照法律逻辑得出仅可基于程序违法发回重审一次的推论。而《刑事诉讼法》第 236 条和第 238 条规定的基础事由并不相同:前者为实体问题,后者为程序性违法。即使同时适用二者,当发回重审的刑事案件再次出现程序违法事由进入二审程序时,二审法院仍可以再次作出撤销原判、发回重审的裁定,即发回重审的次数不受限制。

## 五、《刑事诉讼法》第 238 条第 3 项适用的完善方案

就前述问题检视可见,法官对《刑事诉讼法》第 238 条第 3 项的错误适用

① 参见云南省文山壮族苗族自治州中级人民法院刑事裁定书,(2018)云 26 刑终 290 号。

主要表现为文本款项适用混乱、基础事由与法律依据搭配不当等技术性问题。该类技术性问题的出现与法官办案时的疏忽大意具有直接联系,事先提醒预防与事后监督惩戒的结合运用足以解决。而《刑事诉讼法》第238条第3项在说理规范、功能取向以及与《民事诉讼法》的协同等适用妥当性方面的问题,已然暴露出现行《刑事诉讼法》第238条第3项相对撤销原判规定的滞后性,无论是此前的历次修法还是司法解释或规范性文件,对相对撤销原判这一程序性制裁措施的操作机制与标准细化均关注有限。因此,当下亟须在"权利救济"的逻辑导向下优化《刑事诉讼法》第238条第3项的适用,尤其是更多地关注如何将对第238条第3项的欠妥适用转化为合旨适用。

**(一)灵活运用多种措施解决错误适用和说理问题**

从本质上讲,错误适用问题以及说理阙如的不当适用问题并非涉及抽象法理的疑难杂症,但却是相对撤销原判适用中的顽瘴痼疾,这主要是因为二者存在的情境具有多样性和复杂性。因此,采用单一的措施难免出现解决问题不全面、不彻底的困境。为保障前述问题得到全面有效的解决,灵活运用多种对策性措施,是解决错误适用和说理阙如问题的不二法门:

第一,尽快发布适用相对撤销原判的指导性案例。指导性案例虽不是法官裁判案件的直接依据,但却是法官裁判案件的重要参考。目前来看,案例指导制度的实施在我国取得了良好的效果,法官参照指导案例的实践局面已初步打开。[①] 实践表明,指导性案例对形成统一裁判习惯和标准具有突出性贡献。此外,有学者亦指出,指导性案例在弥补法律法规、法律解释等规范类型所存在的表意不明、覆盖情形不全面等方面的不足具有较好的效果。[②] 从最高人民法院的角度看,指导性案例参照效力"参照"的对象包括裁判要点或裁判理由。[③] 裁判要点及裁判理由中必然地蕴含了该案例选择相对撤销原判的适用逻辑及事理法理。因此,宜通过发布指导性案例来确立相对撤销原判适用的说理范式,规范指引各地法官在适用相对撤销原判时正确说理、充分说理。

第二,重视对刑事法官的理论培训。实证考察表明,部分法官难以准确理

① 参见孙海波:《指导性案例的参照难点及克服》,载《国家检察官学院学报》2022年第3期。

② 参见顾培东:《我国成文法体制下不同属性判例的功能定位》,载《中国法学》2021年第4期。

③ 参见贺海仁:《规范与理由:我国指导性案例的文本价值与功能重构》,载《北方法学》2022年第4期。

解基于实体错误发回重审和基于程序错误发回重审两项制度的功能及适用条件,对于何种基础事由能够适用《刑事诉讼法》第238条第3项理解上存在偏差。为此,可通过加强对法官的理论培训来促进各地法官对相对撤销原判制度的正确理解。与此同时,还可在培训过程中讲授适用相对撤销原判应如何说理,强化法官说理意识。

第三,强化法官考核及内部惩戒。早在2010年《最高人民法院关于规范上下级人民法院审判业务关系的若干意见》第6条中,就特别强调了二审法官作出发回重审的裁定应当在裁定书中详细阐释理由及法律依据。此外,2018年《最高人民法院关于加强和规范裁判文书释法说理的指导意见》再次强调了二审发回重审的案件应当强化说理。据此,可将二审法官裁定撤销原判的说理情况纳入考核法官撰写裁判文书的细化指标中,促进其在适用该条款时从概括型说理转向具体型说理。此外,对于法官不说理、说理不足及明显错误适用相对撤销原判的问题还可探索进行内部惩戒,倒逼法官重视说理,审慎适用《刑事诉讼法》第238条第3项。

第四,检察机关对相对撤销原判的适用进行监督。人民检察院是宪法赋权的法律监督机关,对人民法院审判活动中的违法行为进行监督是检察权的必要权能。《人民检察院刑事诉讼规则》第570条第7项明确将人民法院违反法律规定裁定发回重审的行为纳入审判监督职权之中。因此,实践中检察机关应依法综合运用纠正违法通知、抗诉等多种手段对法院错误适用《刑事诉讼法》第238条第3项的行为进行监督。

**(二)通过渐进式正式立法修正相对撤销原判事由**

从认罪认罚从宽制度、刑事案件律师辩护全覆盖到刑事合规不起诉的立法进程可以看出,现阶段我国刑事诉讼立法呈现出了试点型立法的路径依赖。试点型立法有助于刑事立法方式的转变和立法技术的更新,能够提高立法的实效性和可操作性。① 如前所述,试点型立法在相对撤销原判中亦有所体现,律师辩护全覆盖试点中将法院未履行通知辩护职责的行为归入了《刑事诉讼法》第238条第3项相对撤销原判的情形中,但同时规定应当发回重审,即遵循的又是绝对撤销原判的适用逻辑。随着对试点经验的探索总结这一抵牾可望

① 参见高欧、郭松:《刑事诉讼地方性试点改革对刑事诉讼立法的影响分析》,载《西南民族大学学报(人文社科版)》2017年第11期。

在未来消除,比如正式立法明文规定将“未履行通知辩护职责”这一程序性违法事由作为绝对撤销原判事由。具体来说,为解决部分事由不宜长期作为相对撤销原判事由的问题,可扩大或继续推进相关试点型立法,减少权宜性适用相对撤销原判,扩充绝对撤销原判事由,并在未来修订《刑事诉讼法》及司法解释时将诸如严重侵犯辩护权、庭审参与权、举证质证权等列为绝对撤销原判事由。

**(三)以当事人权利救济为导向区分处理无被告人上诉型案件**

相对撤销原判的制度原意在于制裁程序性违法、保障当事人的合法诉讼权利。但必须承认的是,该制度存在让无过错被告人承担法院违法责任,造成被告人双重危险等弊端。① 因此,适用相对撤销原判理应更加关注被告人的主体感受,对无被告人上诉型案件应注意分类处理。一方面,对于检察机关为维护被害人诉讼权利而抗诉的案件,可以沿袭现有适用相对撤销原判的处理方法,因为被害人亦是《刑事诉讼法》第238条第3项的保护对象之一。另一方面,对于检察机关因不服一审判决提起抗诉,但被告人服判没有上诉的案件,则应审慎适用相对撤销原判。二审法院对于是否以《刑事诉讼法》第238条第3项为由发回重审应注意充分听取被告人的意见,甚至如有学者所建议,可探索赋予被告人对程序的选择权。② 同时,为严格避免对《刑事诉讼法》第238条第3项的滥用,在无被告人上诉型案件中,若二审法院要适用相对撤销原判、发回重审,须在裁定书中充分论证具体理由,不应以“原审部分证据未举证、质证”等泛化理由撤销原判。

**(四)软化处理附带民事诉讼中相对撤销原判的法律依据问题**

《民事诉讼法》与《刑事诉讼法》对基于程序违法发回重审的规定客观上存在差异,解决二者适用冲突的直接办法是通过修法来消除差异,如可在后续修订《刑事诉讼法》的过程中限定二审基于程序违法发回重审的次数。2012年修订《刑事诉讼法》前后,关于限制刑事二审发回重审次数的讨论盛行一时,但立法者最终仅对基于事实不清、证据不足发回重审的次数进行了限制,这也在一定程度上导致当下刑事附带民事诉讼中基于程序违法发回重审时援引法律条款的混乱。为解决当下刑事附带民事诉讼中撤销原判的法律依据问题,在基

---

① 参见陈瑞华:《对违法审判行为的程序性制裁》,载《兰州大学学报(社会科学版)》2017年第1期。

② 参见杨杰辉:《基于程序违法的发回重审研究》,载《中国刑事法杂志》2013年第7期。

于程序违法发回重审的附带民事诉讼案件中，同时援引《刑事诉讼法》第 238 条第 3 项和《民事诉讼法》第 177 条是较好的软化处理方法。附带民事诉讼是当事人为寻求损害赔偿所提起的诉讼，本质上仍属于民事诉讼，在附带民事诉讼中适用《民事诉讼法》的有关规定并无不妥；而同时适用《刑事诉讼法》与《民事诉讼法》的法律效果是附带民事诉讼中仅能基于程序违法发回重审一次。这一方面技术性地回避了《刑事诉讼法》与《民事诉讼法》规定的差异问题，另一方面也使附带民事诉讼中的程序违法行为与单纯民事诉讼中的程序违法行为保持同质性。

## 六、结语

相对撤销原判肇端于对审判活动中程序性违法的制裁，在我国刑事诉讼中已有 20 余年的实践。《刑事诉讼法》第 238 条第 3 项作为相对撤销原判的代表性条款之一，对当事人诉讼权利的保护与救济具有关键意义。在当下对相对撤销原判的适用情况展开实证研究，是顺应以审判为中心刑事诉讼制度改革的必要之举。本文持抛砖引玉之态，遵循“实证”与“理论”相结合，并最终指向“实践运用”的研究思路，提出了完善《刑事诉讼法》第 238 条第 3 项适用的些许想法。接下来的研究可进一步加强研究的广度，对《刑事诉讼法》第 238 条第 3 项和第 5 项的实践运用状况开展更为精细的定量研究，在比较的实证分析中进一步厘清相对撤销原判的适用理路，不断具化相对撤销原判适用标准，助力程序正义实现。

# 前沿动态

# 中国法律实证研究前沿动态

## ——第八届中国法律实证研究年会暨第三届比较视野中的法律、法院与法官学术研讨会会议综述*

2023 年 7 月 5 ~ 6 日，第八届“中国法律实证研究年会”暨第三届“比较视野中的法律、法院与法官”学术研讨会在北京成功举办。本次会议由清华大学社会科学学院、四川大学法律实证研究所、《山东大学学报（哲学社会科学版）》编辑部主办，北京法意科技有限公司协办。会议以新文科建设为背景，立足于交叉学科的交流融合，从法学、政治学、经济学等社会科学视角出发，探索法治中国建设的基本逻辑、制度发展和理论建构。来自清华大学、北京大学、中国人民大学、浙江大学、上海交通大学、中山大学、四川大学、山东大学、香港大学、香港中文大学、耶鲁大学、哥伦比亚大学等海内外高校和科研院所的专家学者齐聚一堂，围绕诸多学术议题展开了深入探讨，另有数百位来自学界和业界人士在线参与。

### 第一单元

第一单元的主题是“比较视角下的数据与司法”，由

* 本文根据会议现场录音整理完成，并由微信公众号“法政实证研究”首次公开发布。

清华大学社会科学学院政治学系长聘副教授于晓虹主持。

清华大学社科学院政治学系张小劲教授在致辞中指出,边界模糊的、交叉的、开放的法学拥有深远的统治力,而穿透、渗透、浸透将会是法学发展的三个关键词。张小劲教授指出,工具的使用为法律从业者研究者带来便利,并期待可以通过更好的普法宣传提高公民的法治意识。张小劲教授还认为,法学研究需要重视供给问题和渗透问题,适当地对需求侧给予关注,同时把司法应用置于当前经济社会背景之中。

四川大学法学院教授左卫民在致辞中指出,比较和实证的结合会发挥奇妙的化学反应。他认为,社科法学的研究并非止于对数据本身的研究,而是让法律面对科技,通过实证研究帮助法律研究适应前沿科技。因此,法学的比较和实证研究应该面向应用,用数据说话。左卫民教授希望,在这个数据的时代中,法律实证研究会持续成为研究的先驱。

哥伦比亚法学院教授 Benjamin Liebman 以“从司法数据中学习:实践和理论上的启示”为题作了主旨发言。他认为研究中国司法数据需要回应两个基本问题:一是数据本身的问题,我们需要关注哪些文书公开、披露率的差异及其影响;二是如何通过司法数据研究理解法律日常实践。这有助于我们更好地理解法律体系的运作方式,并挑战诸多先入为主的观念。Liebman 教授谈到了他最近的研究,探讨司法公开随着时间推移而发生的变化,较之于最初发布的案件,近年来公开的刑事案件内容数量有所减少。

Liebman 教授进而对此进行了解释。他指出,在比较政治制度中,信息集中是典型的政府管理手段。而法院作为国家行为者也是信息管理者之一,这一点以往没有得到充分讨论。从全球趋势来看,各国法院日益成为信息管理者,我们需要反思哪些信息应该被公开、公开多长时间以及信息供谁使用。Liebman 教授对比了欧洲与美国的法院信息公开现状,认为法院有必要尝试多种信息管理方式。具体到中国案例,诸多因素影响司法公开的程度,如机构声誉与相互关系、特殊社会现象、国际局势以及专事专办等。

Liebman 教授呼吁我们思考关于法院公开透明度的全球对话,特别是如何平衡互相竞争的利益,需要考虑哪些其他价值。此外,司法透明度如何塑造法院角色也是重要的议题,有必要将透明度作为法院合法性的核心来叙述,应在研究中考虑到国家行为者、诉讼当事人、国际、公众在内的多个受众。他还从方法论上提出自己的见解,认为混合研究方法必不可少,既需进行定性研究又需定量研究。其中,从不完整的数据集中学习可以获得重要的见解,仔细阅读案例是一种重要的实证研究形式。但是也会存在耗费时间、难以真正随机取样的问题。此外,裁判文书网搜索功能有限,学者往往无法根据研究需求个性化定制数据。即使获取了大量数据,研究人员也很难有效地管理大量数据,这些都需要学者加以关注与反思。

北京法意科技有限公司常务副总经理陈浩以“人工智能和大数据赋能法治创新”为题作了主旨报告。他认为,通过数据、算法模型和算力加持,人工智能和大数据为法律行业带来重大的行业赋能和影响。法律技术提升了从业者对法律文本的解构能力、助力法律知识构造、规律挖掘和法律问题分析。陈总希望企业能够成为学术研究和法律实践之间的桥梁,协助学界发现问题、提供可行的解决方法,并为实践检验作出贡献。

## 第二单元

第二单元的主题是“法律规范与国家治理”,由《中国法律评论》易明群执行主编主持。

山东大学法学院助理教授周文章展示了他与浙江大学冯洋老师的合作论文。文章通过对260宗冥婚案件的类型分析和个案研究,探讨了中国法院在宗教民间实践中对无神论思想的司法能动性。结果表明,中国法院以多元的态度处理了冥婚等宗教民间习俗。这反映了法院对主流意识形态的灵活服从。法院对冥婚的多元态度意味着法院基于国家治理模式,对民间宗教习俗的适度宽容。

西北大学硕士生戴欣基于陕西省紫阳县农村地区的田野调查研究了殡葬改革中国家法与民间法的冲突与磨合,分析了殡葬改革中国家法与民间法冲突的怪象及其形成原因,并对殡葬改革中国家法与民间法的磨合状态与动态博弈进行探究。她指出,磨合状态的出现表明某些地区的殡葬改革并不存在绝对的成功与失败,国家进行移风易俗不应操之过急,应当在国家法与民间法的互动过程中找准问题并及时动态调整。

清华大学法学院硕士生薛宗岳同学汇报了他与同济大学法学院蒋济泽老师和上海财经大学李经博士的合作研究。研究使用了2012~2018年全国

5285 件刑事案件数据,讨论受害者的性别是否会影响法官的死刑判决,进而探索了中国背景下被害人身份与刑事司法实践的关系。结果表明,涉及女性受害者的案件中,被告人更可能被判处死刑。同时,在儒家文化更浓厚的地区,受害者性别对死刑判罚的影响程度会更深。此外,该研究还强调了被害人性别作用背后的儒家文化机制,与西方文献中的骑士精神假说存在的显著区别。

清华大学社会科学学院博士候选人孙兆阳同学汇报了一项与于晓虹老师的合作研究。他们通过分析 2014 年至 2020 年作出判决的 41,252 起刑事案件,实证检验了儒家文化与司法审判中性别效应的关系。研究证明了性别效应的存在,并发现在儒家文化影响较强的地区,某些案件中的性别效应更为明显。研究还表明,性别规范对司法决策的影响一定程度为经验中和。研究为社会规范对司法决策的影响,以及规范变化带来的长期效应提供了实证证据。

香港大学法律学院教授刘思达从整体上对这一部分文章表示肯定。刘思达老师认为,前两篇文章都是关于法律多元的问题,周文章老师关于冥婚的这篇文章想法非常有意思,但是这篇文章的基本出发点从法律实证研究的角度来看存在些问题,在无神论国家的法律下冥婚不应该存在这一假设不成立。国家法并不能完全改变民间习俗和行为规范。应该更多地考虑在冥婚习俗存续的前提下,国家法与民间习俗的互动,以及更重要的是法官如何应对处理,发挥纠纷解决功能。对于第二篇文章,刘老师认为文章非常规范,数据收集很好。但是理论上还可以更深入,不仅要关注问题直接相关的法律,还有其他法律如土地、农业、城市化进程对民间习俗的影响。这能够加深对法律多元的理解。刘思达老师指出,后两篇文章都关注了儒家文化和性别在司法领域的影响,这是非常重要的视角。第三篇文章分析结果干净显著,文章探讨了中国的儒家文化和欧美国家的骑士主义之间的差别,但是刘老师认为更加根本的因变量可能是父权主义。对于第四篇文章,刘老师认为文章非常好,理论、方法、分析都非常规范,但是结果并不是非常显著。对此刘老师提出了两个建议。一是基于计划生育政策对性别观念有较大影响的现实,文章可以考虑区分法官的年龄,以“80 后”为界,结果可能会更加显著。二是可以对城市法院和农村法院进行区分,地域间的差异可能会更大。

上海交通大学国际与公共事务学院副教授曾瑜认为,四篇文章的议题相互关联,文章都非常有意思。前两篇文章选点非常好,都是政治学探讨国家社会关系的重要议题。对于第一篇文章,曾瑜老师提出了三个问题:一是冥婚存在的地区有何特征,以及这些特征是否会影响法官;二是游击队模式是不是最好的解释框架;三是为什么冥婚相关案件的二审率特别高。对于第二篇文章,曾瑜老师认为,殡葬是非常好的切入点,但是存在以下两个问题:一是文章案例有何特殊之处,以及这个案例能够延伸到什么程度,二是为什么研究当前时间段的案例,以及为何这个地方改革多年没有成功,都需要在文章中进一步探讨。曾老师认为,后两篇文章都是非常有意思的研究,研究的发现也非常重要。对于第三篇文章,曾老师提出了四个问题:一是通过关键词索引的方式得到案件可能使文章面临选择性偏差;二是本身案件存在差异,需要控制更多案由和情节的一些变量;三是研究结果发现老人的系数是显著为负的,这与对于尊老的重视可能比对女性保护的重视更多的传统儒家文化假设存在一定矛盾;四是研究发现背后的机制,究竟是骑士精神还是把女性当财产,还有待商榷。对于第四篇文章,曾老师认为,研究工作做得非常好,是非常完备的实证文章。曾老师提出了建议:一是可以继续阐释为什么女性法官对女性越轨行为更严厉;二是对革命老区也许存在与儒家文化有联系的其他解释;三是可以进一步阐释三个案由下性别及其交互作用的不同类型。

## 第三单元

第三单元的主题是“人大监督与诉讼制度”,由山东大学金融研究院教授魏建主持。

中山大学法学院副教授孙莹着眼于作为文本载体的议事规则,研究了人大制度的内部运行机制。孙老师认为,从“结构—功能”的视角来看,人大的不同机构组织发挥着相应的作用。基于我国人大议事规则的独特性,孙老师又进一步提出可以从三个维度考察,即其总则部分的各项原则是否在具体规则中得到落实、现有机制是否有利于人大及其常委会发挥职权、各个主体的定位是否符合其法定角色。

华东政法大学政府管理学院副教授陈川慜探讨了人大代表的个人背景、

选区需求和其提出的政策议题的关系。研究基于第十二届全国人大的相关数据和访谈资料,发现除个人背景外,选区需求对代表提出的议题确有影响,研究揭示了中国语境下,人大代表向党和政府传递民众偏好的途径。

上海交通大学凯原法学院助理研究员石磊汇报了一项与程金华教授的合作研究。他们基于1997~2020年的省级年鉴数据,研究了中国民事诉讼率变迁的区域差异和潜在机制,发现中国的民事诉讼呈现出“沿海—内陆”的二元分化空间格局:沿海地区民事诉讼率较高,增速放缓;内陆地区则相反。在机制方面,研究发现,在经济发展之外,民事诉讼率还受到多元结构性因素的影响,且影响机制存在空间异质性。研究以此验证了基于结构性条件的曲线理论的解释力,并为区域配置司法资源提供了政策启示。

中国社会科学院法学所副研究员胡昌明报告了一项关于中国诉讼增长的研究。研究利用司法统计数据,从案件增长率的年度变化、不同案由的案件增长情况和贡献率等角度,对我国改革开放以来的诉讼增长态势作了全描式的分析。基于此,研究尝试在机制方面提供新的解释,认为经济增长、社会变迁只是诉讼增长的大背景,双方不具有线性关系;法律政策变化是其直接原因之一;替代性纠纷解决方式也是一个具有中国特色的原因。

清华大学社会科学学院副教授胡悦、清华大学法学院副教授陈杭平共同担任本单元评议人。胡老师认为,孙莹老师的文章以系统理论剖析人大制度的内部划分,对人大立法机制形成更深入理解,同时建议文章更加全面运用“结构—功能主义”的理论工具,深入挖掘该经典理论的具体内容,借以“打开黑箱”、揭示人大系统的实际运行情况,进而回答“议事规程在多大程度上贯彻了各项原则”等研究问题,还可以就实证的衡量方式进一步探索。对于陈川慜老师的研究,胡老师认为还可以优化选区部分的变量设计,这可能有助于在交互效应上做出更显著的结果。

陈杭平老师结合自己的专业领域,针对两篇关于诉讼增长的研究给予了点评和建议。他指出,二者都关注长时间维度的诉讼率变化,对官方的概括性数据都从不同角度进行了细分,也都采取了复合而非单一的解释框架。石磊老师的分析完整、精致且连贯,胡昌明老师的研究偏重对诉讼增长现象的综合描述和解释。但是在宏观视野之外,老师建议两篇文章兼顾内部视角,关注官方数据统计口径的变化、法院对立案数量的人为控制和自我调整等,这些内部因素都可能对诉讼率、诉讼增长率的统计产生重要影响。

## 第四单元

第四单元的主题是“警察执法与社会规制”，由东南大学法学院副教授冯煜清主持。

上海交通大学国际与公共事务学院副教授曾瑜与香港中文大学硕士生丁志远合作，从卖淫嫖娼这一日常违法行为入手，探索基层警察的执法逻辑。利用沿海Z省的行政处罚公开数据，研究发现，发生在娱乐场所、与派出所距离更近的卖淫嫖娼行为，整体上受到相对更轻的处罚；而在运动式治理时期，相应处罚结果则恰恰相反。这表明了基层警察在不同压力下对威慑力度的调整。

四川大学法学院副教授张潋瀚报告了一项关于袭警行为规制的研究。研究着眼于一个典型的偶发袭警案例，基于吉登斯的结构化理论分析了其中警民互动的结构二重性特征，以意义、制裁、权力三要素的运转，展现出袭警罪的适用难题及其背后治罪惩处思路的局限。对于袭警行为，应着力促进警民互信、为双方建构对互动后果的稳定预期、落实执法权威，以促进三要素的协调配合，从而构建惩治并重的规制体系。

浙江大学光华法学院副教授冯洋、助理研究员王志坚和经济学院博士生李珂以虚构事实扰乱公共秩序行政处罚决定书为样本，采用定量研究方法，探究紧急状态下行政处罚权的运用。研究刻画了公安机关依据《中华人民共和国治安管理处罚法》处罚涉疫谣言的基本样貌，研讨了我国紧急状态下行政处罚权运用的特点及其与应然规范的关系。

香港大学博士候选人宋玥婵探讨了近十年的“再中心化”行政体制改革对地方法律执行的影响。研究着眼于药品管理制度，从国家和具体行政层级两个方面回顾了1949年以来我国药品管理体制的演变。基于此，研究聚焦零售药业的监管情况，发现权力的再集中趋势不仅没能满足行政改革的期待，反而带来了新的问题——被稀释的专业执法团队、延迟的立法统一、受阻的跨部门联合执行和不断扩大的权力赤字。

耶鲁大学法学院教授张泰苏、上海交通大学中国法与社会研究院助理研究员谭俊共同担任本单元评议人。张老师表示从四篇文章中获益良多，认为曾老师的研究在一定程度上印证了人们对警察的常规印象,对结果变量的测算提出了建议。对于张潋瀚老师的研究,张老师建议关注个案中的袭警原因,在提出解决方案时避免作统一的应然分析;同时民众对警察的信任之内涵也因其自我定位而不同,建议在情景分析时将其纳入考虑范围。对冯老师的研究,张老师指出,现有数据尚不足以支持"执法权扩张"的结论,疫情期间谣言增多,相应执法力度的增长可能只是政府的被动反应。对于宋同学的研究,老师建议在出示田野访谈证据时更多地呈现访谈背景,以提升定性分析的感染力和说服力;同时建议在文章的结论部分增加因果关系的衔接和论证。

谭俊老师认为本单元的研究都精彩地反映了中国基层执法的现实,同时分别提出了几点疑惑。谭老师认为曾老师提出的共谋机制非常有趣,建议对此更详细地说理;罚款和拘留可能存在替代作用,建议将前者也纳入结果变量中考虑。根据张老师的研究,吉登斯理论中的三要素只是事实的分析框架,将其作为应然目标可能存在事实和规范之间的跳跃。对冯老师的研究,谭老师同样建议审慎对待疫情背景,关注执法权的扩张是否只是正常、自然的结果。宋博士的研究清晰地介绍了药品管理的历史沿革和现存问题,谭老师建议就"权力赤字"的内涵进一步展开说明;由于基层执法力量不足是一种普遍现象,建议增强改革前后的对比,以凸显"再中心化"这一因素的作用;此外,造成权力赤字的其他原因如财政预算、领导决策等也值得考虑。

## 第五单元

第五单元的主题是"刑事司法与社会治理",由上海交通大学凯原法学院教授程金华主持。

北京大学国际法学院助理教授吴雨豪基于2019年至2021年基层法院审理的四类刑事案件70余万份一审裁判文书对认罪认罚从宽制度中律师参与的实际作用展开实证研究,以此作为认罪认罚从宽制度中律师参与制度完善的经验参考。他指出,在部分罪名中,有律师辩护的被告人认罪认罚从宽的幅度都会显著地大于没有律师的被告人。无论是在实体法上的量刑结果,还是在程序法上强制措施的适用,委托辩护的律师在认罪认罚案件中的实际效果都显著优于指定辩护的律师。

四川大学法学院博士生卓裕春通过对欠发达地区律师群体的实证研究，发现该地区律师发展缓慢的原因并非其收入少，而是有限的法律服务市场长期被社会资本丰厚的律师群体垄断。这种不愿意分享社会资本的职业垄断，给欠发达地区律师带来了较高的收入，亦使该地区法律服务市场常年维持着非常有限的律师供应。该解释不仅为促进欠发达地区律师行业良性发展提供了新的解题思路，还能启发我们在构建覆盖城乡的公共法律服务体系时不应忽视既存的职业垄断现象。

吉林大学法学院副教授贾志强以醉酒型危险驾驶案件为切入点，基于3000份相关一审判决书，围绕繁简程度不同的诉讼程序类型对量刑结果的影响展开定量研究。研究发现，案件程序类型对拘役刑期和罚金数额均不存在统计学意义上的影响，普通程序—简易程序—速裁程序对缓刑的适用呈递增性影响，程序简化对于缓刑适用的从宽是一种源于适用条件重合的定性影响机制，但可能无法影响拘役刑期和罚金数额减让的定量计算过程。贾老师认为，程序简化和量刑从宽可能只是法律对认罪认罚行为分别在程序面和实体面两种平行的评价效果。

四川大学法学院硕士生任秋雨汇报了他与四川大学法学院冯露老师的合作研究，论文对司法实践中援引《中华人民共和国刑事诉讼法》（以下简称《刑事诉讼法》）第238条第3项发回重审的904个案件进行了实证考察。研究发现，法官在运用该条款发回重审时存在错误适用与不当适用两方面问题。文章指出为优化《刑事诉讼法》第238条第3项的适用，应结合程序性制裁理论和司法现实，灵活运用多种措施解决错误适用和说理问题，通过渐进式正式立法修正相对撤销原判事由，以当事人权利救济为导向区分处理无被告人上诉型案件，以及软化处理附带民事诉讼中相对撤销原判的法律依据问题。

东南大学法学院副教授冯煜清认为，吴雨豪老师的文章是一篇标准的、可以作为学习样板的大样本裁判文书统计分析研究，从问题的提出，到文章的假设，再到方法、数据的呈现，以及最后的结论及分析，均体现了作者的深思熟虑。数据扎实，模型较为成熟。就文章的进一步完善，冯老师提出三点建议：从统计模型看，考虑到刑事案件在不同区域量刑存在差异，在不同时期也存在差异化的政策导向，应控制区域因素和时间因素。从分析结论看，文章在我们普遍认知的基础上提出了精细化的观点,但总体结论仍然是偏常识的。建议细化分析的颗粒度,加强对比,通过DID模型等方式,在律师背景差异、地域差异、时间差异等方面上做更多的探索,挖掘更多新意。从研究对象看,四类犯罪的认定和量刑逻辑并不完全一样,特别是交通肇事罪与其他三类有显著区别,需要区分。冯老师认为,贾志强老师在文章中提出的研究问题非常出色,兼具理论和实证价值,结论值得探讨。从案件的选取来看,醉酒型危险驾驶罪有明显的优势,即能够较为精准地控制犯罪情节对量刑的影响;但同时也带来挑战,因为该罪名近年来政策导向性很强,存在影响量刑的诸多法外因素,尤其一些地方性政策考量,如保护营商环境、压降犯罪等,不出现在文书里,但需要在统计分析中予以考虑。此文的因果逻辑链条较为严密,但还可以更加具有说服力。具体来说,文章的实证素材只能支撑"程序简化和量刑之间没有因果关系"这一假设,不能完全支撑作者提出的认罪认罚的"平行效果理论"。建议将没有认罪认罚的案件加入模型,补充其与认罪认罚案件的对比。此外,文章需要补充一些稳健性检验,如把缓刑算作零刑期可能对量刑存在影响,还需要考虑当事人身份、律师的影响等。

清华大学社会科学学院博士候选人孙兆阳认为,第二篇文章的关注视角与切入点十分有趣,在理论建构中可以更多地与结构功能、市场控制、资本转换等理论相对接。在案例选择上,可以更细致考虑临近地区法律服务发展间存在的交互作用。此外,本文的结论或许并不局限于欠发达地区,可以对更为广泛的样本进行比较研究。对于第四篇文章,他认为,文章关注到了刑事诉讼程序中的关键问题,并做出了扎实的实证研究。文章指出了法条错误适用的技术性问题,但对如何解释问题的出现则着墨不多。未来还可以考虑对案件的类型、时间、空间等层面进行异质性分析,并考虑拓展分析范围,综合考虑法官援引和解释的其他类型法条。

## 第六单元

会议进行到2023年7月6日,第六单元的主题是"法律实践与实证研究",由清华大学法学院副教授陈杭平主持,三位与会嘉宾发表了主旨演讲。

北京大学法学院教授白建军作了题为"作为实践理性的法律"的主旨演

讲。他指出法律是人在能动实践中追求利益最大化的过程。法律适用的过程中往往无法完全复原真相,诉讼主体的认知、价值、局限性影响其对案件的认知。不同的参与者依据自己的利益主动选择陈述或不陈述案件事实,并将主观性植入并重塑案件事实,最终影响法律适用结果。法律是实践理性,所以我们不能忽视法律实效的问题,同时法学研究的视野也不能仅局限于法律条文的解释,需要追求大量经验背后的一般性。法教义学对一些问题保持沉默,而解决这些问题正是法实证研究所背负的使命。

四川大学法学院教授左卫民以“刑事法官如何使用证据:实证研究与理论反思”为题作了主旨演讲。左教授通过判决书研究证据,分析中国刑事法官认定事实的实践过程,发现在中国法官的事实认定模式多元化。已有研究多为现象式和个案式探讨,法官证据使用模式的普遍特点有待实证经验考究。研究发现,现实中法官对证据的分析并不足够,拼图模式为主流模式;具争议或重大案件中会使用拼图模式与印证模式结合的综合性证据使用方式。左卫民教授指出,综合性证据使用方式是对司法实践中证据使用进行观察后得到的初步结论,仍有待更为深入的理论研究。

山东大学经济研究中心经济学教授魏建作了以“破坏金融秩序犯罪与企业融资约束”为题的主旨演讲。他提出,法律决定地区金融市场发展的基础,但当破坏金融秩序犯罪频发时,企业外部融资会受到什么影响仍不清楚;金融犯罪的影响备受关注,却缺少足够的实证证据证明影响机制和范围。魏教授利用中国裁判文书网的破坏金融管理秩序刑事一审判决书,测度地级市层面的破坏金融秩序犯罪率,以识别破坏金融秩序犯罪对企业融资约束的影响。研究发现,破坏金融秩序犯罪率越高的城市,当地企业的融资约束越严重。当地区破坏金融秩序犯罪率升高时,企业的关系型抵押品对企业融资约束的缓解作用明显减弱,但正规抵押品不会受到类似影响。

## 第七单元

第七单元的主题是“社会正义与司法判决”,由中国人民大学法学院副教授彭小龙主持。

清华大学社会科学学院博士候选人黄京磊汇报了他与清华大学的谢丹

夏老师以及徐欣祯和李若菲两位同学的合作研究。他们分析了拐卖妇女、儿童案件量刑中的地域保护和地域歧视问题。利用中国裁判文书网2008年至2022年作出判决的拐卖案件,研究发现,无论从刑期还是获得缓刑的概率角度来看,法院均会对特定地域的被告人施以情节以外更高的刑罚,且东部地区法院对西部地区被告人的司法歧视尤为显著。该结果排除了本地保护等竞争性解释的可能。

云南大学法学院教授张剑源报告了他与北京师范大学博士生武佳同学的合作研究。论文从案由为婚约财产纠纷的案件入手,在对案例整体把握的基础上,分析了虽然存在定性差异但最终结果却较为类似的"殊途同归"现象,以及司法实践中定性差异产生的原因和对司法辐射效应生成的影响。他指出,要做到准确定性,需要对事实的本体面向有密切关注,同时也需要对定性过程中所会形成的影响和所会传递出的信息有全面把握。定性在连通事实与规范上起着关键性作用,决定了法律调整的边界,同时也影响了规范的准确适用和规范目标的实现。

东南大学法学院副教授冯煜清报告了他与上海交通大学曾瑜老师的合作研究。论文首先建构了感知正义的内涵,然后基于中国社会状况综合调查(Chinese Social Survey,CSS)2006年至2019年6次调查共55,075个样本数据,研究了诉讼经验(司法案件)如何影响公众的司法公平正义感知。实证结果表明,2006~2019年,中国民众对司法和执法公正总体持正面评价;民众对司法公平正义的感知呈"U"形趋势,诉讼经验对感知司法正义产生负向效应;诉讼经验对感知正义的影响及其变化趋势可以从国家法律观、场景法律观、个人诉讼体验三个角度解释。

山东大学法学院博士后丁瑶汇报了她与特拉华大学孙懿贤老师、韦恩州立大学吴瑜宁老师、贝勒大学赵芊蔚老师的合作论文。研究基于中国法官的调查数据,评估了法院组织公平在司法运行中的有益效果,分析了法院组织公平与法官和当事人紧张关系之间的直接关联性,以及二者通过法官对当事人的信任感和外部程序正义之间的间接关系。结构方程模型的结果表明,法院组织公平有助于培养法官的外部信任感、增进司法程序正义,直接或间接通过司法程序正义缓解法官与当事人之间的紧张关系;同时,法官的行为相对于法官的态度更有助于缓解其与当事人的紧张关系。经验丰富的法官和女法官相对于经验不足的法官、男法官更倾向于以公正的程序对待诉讼当事人。

北京大学国家发展研究院博士后李怡爽在点评时指出，裁判文书等大数据的公开为司法相关的研究提供了很多便利，但是关于司法相关研究更应从社会背景中来并且理解判决对社会价值观和人民福利等更深远的影响。第一篇文章对话了司法判决中的各类偏见，强调了与美国等西方文献不同的中国的司法地域差异。首先用大数据印证了直观的、与常识相符的现象，主要的实证发现是什么因素导致拐卖妇女儿童罪的量刑，其中最主要的变量是户籍地，东部地区的司法歧视更为严重。对此，李老师提出如下建议，可以作为延展的方向。一是从样本本身出发，是否存在选择性偏差，是否存在未立案导致样本缺失，从而对现有的结论造成影响；二是从实证分析出发，可以加入被拐卖的时间，或者说是从被拐出到案件立案以及破获之间的时间这样的控制变量，一方面体现了公安破案的难度，另一方面也是对被拐人及其家庭精神压力的增加，可能是影响量刑的因素；三是从对总体福利的影响出发，是否可能因为东部地区对潜在罪犯量刑的加重，从而增加犯罪成本，进一步减少将该地区作为拐入地的犯罪案件量。对于第二篇文章而言，李老师认为最触动的一点是天价彩礼案件的判决看起来是殊途同归，但是正是诉讼过程中如何给案件定性，为什么很大程度都认定为附条件赠与，这传递出不应当被忽略的信息。文章随机选取的 4 个省份，可能有较大的经济以及风俗习惯的差异，在文章中可以给读者更多的背景资料。在研究设计上，回归表格是对法院月份的面板数据，可以以每一份裁判文书为观测单位，研究界面数据或者作稳定性检验，从而加入更多控制变量，如案件是一审还是二审，以及法官的相关信息、从立案到判决的时长等基本特征。对研究发现而言，上级法院对下级法院以及同级兄弟法院之间有辐射影响，文章可以增加对该机制的解读。

北京大学国际法学院助理教授吴雨豪在点评时指出，冯老师的文章“感知正义”的研究帮助我们重新理解“法律效果与社会效果的统一”；为理解舆论和民意之间的关系提供了一种更加理性的分析路径；从场域视角理解和分析感知正义，为特定政策的制定提供了一种可行的政策视角。对这篇文章，吴老师提出了如下疑问和建议：一是 CSS 的数据需要更加详细的介绍；二是“知情祛魅”的发现是否可能有其他解释；三是回归方程中需要对不同层级的自变量进行处理；四是在没有平行性检验的情况下，2013 年之后的差距缩小，能否认为是制度的作用，还是仅仅是一种均值回归。对第四篇文章，吴老师认为论文具有国内和国外的双重理论贡献，国内角度是从司法行政的视角理解法官的决策，国际角度是从另一个视角丰富 courtroom workgroup theory。文章还运用路径分析的方式寻找变量之间的路径联系。对这篇文章，吴老师提出了如下疑问和建议：一是当因变量为 perceived tension 时，self-development theory 和 general strain theory 的解释力能否令人信服；二是在路径分析时，是否有必要加入 trust in litigants 这样一个中间变量；三是回归方程中需要加入 court-fixed effect；四是问卷的质量需要在文章中说明。

## 第八单元

第八单元的主题是“法律规范与金融治理”，由上海交通大学凯原法学院教授李学尧主持。

山东管理学院经贸学院副教授田燕梅汇报了她与山东大学魏建老师的合作研究。论文通过分析2015～2021年审理的著作权侵权案件，对不同类型诉讼者的版权保护绩效进行比较。研究发现，经过权利保护训练的集体代理保护者和平台商业保护者，在金额效率、倾向效率、时间效率三个方面的表现均高于自我保护者，具有较高的维权效率和版权保护水平。新闻事件的冲击没有改变上述基本格局。多次重复诉讼及充分利用数字技术专业手段，大幅度地提高了权利保护的技能水平，实现了较高的版权保护效率。研究指出，在数字时代进行权利保护训练更加重要。

北京大学法学院助理教授边仁君的研究指出，无论是在相关公共政策的制定还是立法和司法活动中，损害赔偿常常被用作威慑知识产权侵权的主要制度工具。同时，利用损害赔偿进行威慑又常常被简化为利用损害赔偿数额高低进行威慑，也即，将“高赔偿”与“强威慑”紧密相连。然而，“高赔偿”一定会带来“强威慑”吗？边老师经过实证检验发现，提高损害赔偿数额无法发挥减少侵权的预期效果。因此，应当重新思考单纯追求高赔偿的若干法律规则的存废问题。例如，取消法定赔偿上下限、慎用惩罚性赔偿，用“疏而不漏”代替“小惩大诫”，以期达到最优的威慑侵权效果。

同济大学上海国际知识产权学院博士生马艺闻汇报了她与同济大学姜南老师的合作研究。论文采用多时点双重差分模型，考察了2011～2019年中国知识产权示范城市政策对区域数字经济的影响,探讨了知识产权示范城市政策作用于数字经济发展的路径机制和政策启示。研究发现,知识产权示范城市政策对数字经济的发展存在显著的促进作用。这种效应随时间发展呈现先上升后下滑的趋势。相关政策通过促进知识产权保护、吸引科技人才集聚以及振奋当地企业家精神等方式刺激数字经济发展,其中,企业家精神发挥着较为关键的作用。此外,研究还表明,政策对数字经济发展的作用受到城市规模和城市财政的影响,具有一定的区域差异性。

香港中文大学助理教授曾思对中国披露的关联交易的公司法案例进行了实证研究,重新审视了"普通法法院可以适用灵活的信义义务标准,因此在保护小股东方面比民法司法管辖区的法院更好"的观点。研究发现,中国法院目前在股东保护方面既适用规则,也适用标准。然而,法院采用的主要是实质性标准,与程序性标准相比,存在信息劣势,制度能力也令人担忧。数据分析表明,在保护少数股东方面,我国法院目前的策略存在不足。

香港理工大学助理教授韩斯睿报告了她与香港理工大学陆海天老师、秩鼎技术公司刘相峰、香港理工大学研究助理吴昊的合作研究。论文以中国 A 股市场为例,深入探讨了碳披露、股票收益与投资者意识之间的关系。研究使用了 A 股上市公司公开披露的碳排放数据,以及专业碳数据解决方案供应商估算的碳排放数据,分析了碳风险展示是否影响中国国内上市公司的股票收益。研究结果显示,在控制公司治理特征、财务表现和市场定价因素等公司特征后,主板上市公司碳排放量越高,其股票收益也越高。在中国实施碳中和政策之后,投资者意识的提高降低了观察到的与碳排放相关的碳风险溢价。这些发现验证了研究假设:投资者在碳排放密集型公司的股票投资中寻求更高收益,以弥补这些公司所承担的较高碳风险。此外,研究发现,当 A 股上市公司在减少碳排放方面取得进展时,通常会更积极地披露其环境、社会和公司治理(Environmental, Social and Governance,ESG)信息。本文通过研究 A 股市场的交易数据,从碳风险溢价的角度强调了碳披露的重要性。

清华大学黄京磊博士对边仁君、马艺闻和韩斯睿三位学者报告的文章进行了评议。针对边仁君老师的报告,黄博士从变量构建、实证分析两个方面提出建议。他认为,有效专利数据的获取和计量方式可以进一步细化;我国专利侵权状况变差的结论有待商榷;本文的实证分析可能存在内生性风险;样本年数偏少,可能不符合大数定律,可以选择 fsQCA 等方法。针对马艺闻同学的报告,黄博士认为,文中的分析似乎缺少数字经济的很多核心特征;建议将 Stackered DID 作为主要回归;多作一些稳健性检验。针对韩斯睿老师的研究,黄博士也提出了一些问题,包括文章的第一个结论"高碳排放和高回报之间正相关"中,中大企业与小企业是否具有可比性;文章使用了 PSM-DID 方法,实验组选取了上四分位数以上的高碳排放企业,选取原则是什么;该原则本身是否存在选择偏误;PSM-DID 方法中,算倾向得分的变量也都是企业的特征,这些变量本身也是内生的,文章是如何解决的。

中国政法大学徐文鸣教授对另外两篇文章进行了评议。徐老师认为,田燕梅老师和魏建老师的论文理论推导较有说服力、实证分析完善、成熟度高;文章的一些概念具有创新性,如"权利保护训练"的权利实现视角,以及维权主体资源禀赋等。此外,文章还建立了维权效果的指标构建。徐老师同时提出了一些可能的改进建议,包括进一步说明抽样样本与总体之间的关系,更严谨地选择解释与被解释变量,以及对年份和地区哑变量的控制等。针对曾思老师的文章,徐老师认为,文章的规范分析非常扎实,并且引入了对判决的实证分析加以佐证。此外,文章还从规则/原则和实体法/程序法两个维度对裁判策略进行了类型化分析,并进行了典型判例的比较分析。徐教授也指出了该文章存在的问题,即缺乏从理论层面对美国投资者保护标准效率进行分析。

## 第九单元

第九单元的主题是"检察监督与行政审判",由清华大学法学院教授何海波主持。

清华大学公共管理学院副教授陈天昊带来了他与清华大学于晓虹老师和盛誉、徐玮同学的合作研究。他首先以"积极的司法审查能带来更好的行政绩效吗"进行设问,并指出,大多数学者认为,积极的司法审查导致行政程序的僵化;但另一些人主张行政部门和司法部门之间建立合作伙伴关系的研究现状。陈老师认为,这种合作的实际影响和机制尚不清楚。通过对中国行政公益诉讼进行因果分析,陈老师与合作者提出了"司法审查阴影下的讨价还价"理论。司法审查迫使行政部门与检察官积极谈判;实现检察撤销指控,行政部门提高绩效的效果。此外,在环境法治水平较高、公众对环境问题关注程度较高的地区,公益诉讼对行政行为的冲击效应更强。与此同时,上级的更多关注削弱了其影响。这项研究为长期以来关于管理主义与法律主义的争论提供了新的视角。

四川大学法学院博士生林健星的报告提出,检察机关集中管辖改革是我国管辖制度的重要变化。他通过分析A区检察院2016年至2021年的办案数据发现,检察机关集中管辖的举措,能在一定程度上提高知识产权刑事案件办理质量,但“审判管辖中心+绝对集中”的模式也给现有刑事管辖制度带来挑战,并且存在专业化优势无法有效带动侦查、整体运行效率较低等问题。研究表明,未来改革需要进一步调整思路,应认识到检察机关集中管辖不具有普适性,仍应以法定管辖为原则,以专业化需求为正当性基础,同时在立法上对集中管辖作独立规定以区别于指定管辖。对满足集中管辖条件的地区,应因地制宜地实行贯穿侦查、起诉、审判等环节全流程的相对集中管辖。

清华大学法学院博士候选人何洪全的研究,分析了2015~2019年审理的58万份行政一审裁判文书。研究发现,在基层一级,铁路法院的表现强于外地法院;而在中级法院,效果则相反。研究还发现,案件在铁路法院更有可能以撤诉收场。这些发现表明,尽管外地法院和铁路法院都摆脱了被告的直接影响,但都未能脱离逐级嵌套、相互交织的条块体制。被告和法院在组织体制中相对位置的亲疏远近,决定了被告影响审判中立性的能力的强弱。这种在组织体制中的远近距离,反映了两种不同方案背后的共同原理,也为不同层级间的审判效果差异提供了解释。

中国社会科学院大学党内法规与国家监察研究中心博士生陈若凡的研究,运用了断点回归对搜集到的999份裁判文书进行实证分析,评估了规范性文件附带审查的落实状况并剖析原因。研究表明,规范性文件附带审查制度有效落地,人民权益受到了维护。但是,相关制度在落实过程中仍存在一些问题,存在基于法院层级、文件层级的审查偏向,也尚未建立完善的审查标准体系。文章建议,应继续推进附带审查,搭建良性法院互动体系、削弱审查的文件偏好、构建学理性与实践性并重的审查标准。

山东大学法学院的助理教授周文章和中山大学法学院的教授谢进杰共同担任本单元评议人。谢老师认为,林健星同学所关注的检察集中管辖是一个新问题,但还很难说是一种新现象,因为这并不是普遍做法。关于这一命题的探讨,必须着重回答“缘何集中,如何管辖”,以及“为什么谈检察而非审判的集中管辖”。集中管辖是为了解决优化司法资源配置、集成模式化办案经验、形成规模化办案力度、促进统一法律适用等问题,但检察集中管辖与审判集中管辖有着极大的不同。审判集中管辖是面对案件的裁判,仅仅聚焦于法庭,打造司法辖区的概念;而检察集中管辖不仅是面对案件的起诉,而且面对批捕乃至侦查等多种场景下的不同工作,其运作较难突破行政辖区的体制框架与对应关系。这决定了检察集中管辖的空间远比审判要小得多。此外,还要注意检察集中管辖究竟是基于有目的的集中调配还是主要缘于案件数量规模上的自然分布,以及集中以后将会有什么不同、集中是否带来了专门化,集中管辖究竟追求的是什么。对于陈若凡同学的研究,评议人认为这是一个有意思的问题,不过注意到研究发现规范性文件附带审查实践中审级低的法院比审级高的法院表现出更为积极的立场与行动,对此,有必要区分究竟是因为低审级法院处理相关案件本身基数大,还是其真的表现出了更为积极的审查态度,如果是,原因何在。周老师认为,对这些问题的回答,可能需要做更充分的访谈调研,而非仅仅基于特定样本的数据观察。

对何洪全同学的论文,周老师首先表达了赞赏,同时也针对内容的严谨性提出了一些问题:首先是关键概念的定义不精准,如何定义行政审判体制改革的有效性值得商榷。其次是变量的描述性统计存在问题。文中应当在描述性统计中交代这一问题及其处理方式。此外,数据清洗不彻底。文中值得称道的一个数据处理方法是“样本库剔除了知识产权行政案件”。因为“该类案件一般由专门法院管辖,被告多是国家知识产权局或商标局,案件专业化门槛高,背后主要是民事纠纷。尽管被告为政府,但是政府干预较少,如果不把知识产权行政案件剔除,评估结果反而不贴合实际”。周老师同时指出,既然研究意识到了这类问题,为何不多排除一些类似的案件?如海事法院的行政案件,很多也具有类似的特点。此外,文章中的部分回归没有作多重共线性检验。对于陈天昊老师与于晓虹老师等合作的论文,周文章老师表示很欣赏这篇论文的理论建构及其最终指向,认为论文指出的“司法审查提高了行政绩效”这一现象乍看起来不符合某些理想主义的规范理论,但确实是非常符合现实的理论与实践脉络。这篇论文的理论基础虽在很多海内外的中国司法研究中已有脉络,但无疑在理论层面提出了新东西。但是相对理论来说,实证研究方面略显粗糙,文章缺少对一些干扰变量的考虑;使用的一些数据颗粒度过大。此外,部分假设也难以被当前的数据证实。

## 第十单元

第十单元的主题是“政法系统与法院制度”，由清华大学公共管理学院副教授陈天昊主持。

深圳社会科学院助理研究员刘绚兮的研究结合“行政发包制”和“控制权”理论的框架梳理了法院组织特点，尝试以此进一步解释法院组织内普遍的“行政化”现象，尤其是审判监督和审判管理的行政化问题。研究阐述了发包制下“权利剩余”与司法组织“程序正义”之间难解的张力。

中山大学政治与公共事务管理学院博士生戴少斌研究发现，西方国家一般只关注党对法院强化领导，经常忽略党为保障依法独立行使审判权作出的努力。他的文章基于政治学的党政体制理论，提出了一个党领导法院工作的“一体两面论”解释框架。在这一框架中，党作为一核统领的核心，从政治、思想、组织三方面强化领导法院；同时也禁止国家机关、党政官员、社会力量三主体干预司法。这种双管齐上的方式，使强化司法领导之本和保障依法独立行使审判权之末得以共存一体。

宁波大学法学院副教授金晓伟观察了浙江“大综合一体化”行政执法改革的试点过程，论述了“基层一支队伍管执法”的制度逻辑及其需要破解的“形”“权”“人”“能”四大改革问题。文章指出，鉴于行政执法权部分而非全面下移的客观现实、乡镇（街道）体制设计的历史考量和执法权优化配置的动态规律，现阶段借助行为法解释而展开的经验主义进路，更有助于适应改革探索过程中的因地制宜和实践试验。可以借助《中华人民共和国行政处罚法》第24条的实施、释义和动态评估，逐一厘定乡镇（街道）执法权配置的基本条件、决定主体（程序）和事项标准。

来自上海交通大学凯原法学院的李学尧教授和华东政法大学国际金融法律学院副研究员张翔宇老师共同评议本单元的四篇论文。李学尧老师认为，第一篇文章给人很多启示，建议是：其一，进一步厘定理论命题。西方的司法现代化和法律职业化也有类似的革命经历与特征，可以更多地细化概括我国的特别之处。其二，在论据上，加强学术性表述，适当减少政治性、信仰性文字。其三，对实证材料的运用，剪裁标准一定要讲清楚。对于第二篇文章,李老师认为它非常好地运用了国内社会科学界关于中国制度自主创新的相关理论,如行政发包制,但是需要更加本质地区分审判管理与“审判行政事务”,可以参考高等教育领域的行政权与学术权区分的研究。对第三篇文章,李老师对文章中执政党如何保障基层法院的依法独立行使审判权的观点以及清晰的思路表示高度赞同。西方学界或者媒体确实普遍错误理解了执政党维护依法独立行使审判权的决心。但是在论据中,应当避免运用政策文件或者意识形态式表述。此外,还应当防止过度解读,应该在技术上更多地讨论相关的限度以及有效的技术性解决途径。对于第四篇文章,李老师对其中的观点非常赞同,同时提出了以下几条建议:在制度逻辑归结中,不要忽略行政法学者的想法,应对其做深入的访谈;在实践运转中,不要忽略城市化扩张对执法下沉的需求。总而言之,对四篇论文的建议是,研究题目可以小一些,分析和阐述的颗粒度再小一些,在做交叉研究时应尊重传统法学的理论及其传统,研究方法上注重学术研究的“中立性”和“客观性”,防止过度解读。

张翔宇老师首先表达了对四篇文章的肯定,认为这些研究给人很多启发。第一篇文章观点明确,但是读文章时很难找到主线,宪法的制定和司法是不能完全等同的,反革命的司法审判和人民司法理念也是完全不同的。人民司法的理念不仅体现在“镇压反革命”这一政治运动中,也体现在立法、司法等多个相关阶段。如何把三个完全不一样的概念放在同一篇文章中需要进一步思考。文章尝试与康德等欧洲学者对话,还研究了政权变更之后司法起到的作用,将文章拆分来看不同的问题有不同的学者和领域与之对应,可以专注于某个理论的主线脉络,增加文章的理论深度。对第三篇文章,张老师提出如下建议。一是关于如何理解依法独立行使审判权,需要明确定义;二是“一体两面”的概念需要深挖,还需要进一步阐述与平衡说和竞合说的区别;三是需要明确区分一项政策具体是党还是司法机关想做的事情。张老师认为第二篇文章运用了周黎安老师的理论,很有说服力。同时,提出了如下疑问和建议。一是行政化这一概念是否真的能和官僚化区分,“高度挂钩”“过于依赖数字管理”等相关概念要明确;二是如何理解过度行政化;三是对发包的内容需要作分类,对发包带来的行政化在不同领域的影响需要作区分。他还指出,第四篇文章结构很完整,但是可以再增加一个小段落或章节,进一步阐释为什么对法律的规范路径的解释能反映在行政权四个问题的解决上。此外,还可以具象化改革中的问题,使读者更容易理解基层执法面临的挑战。

## 会议总结

最后，中山大学法学院教授谢进杰和清华大学社科学院长聘副教授于晓虹进行了会议总结。

谢进杰老师指出，“中国法律实证研究年会”自首届以来已日渐成熟，学科交叉特征越来越突出，从单一地聚焦某部门法领域到呈现法律与政治、经济、管理、社会等多学科的交叉融合，已经可以说是成为一个成熟且富有特色的品牌，期待中国法律实证研究继续尝试更加开放、宽广和深入的实证与学科交融，如深化理论与实践的对话和拓展法律与历史、哲学、人工智能技术、医学等更多社会科学与自然科学相关学科交叉融合；同时，实证研究不能仅有数据，更重要是要讲好数据背后的故事，这就需要交叉学科和实践经验的支撑。最后，谢进杰老师表达了对本届会议成果的高度认可，认为这样主题聚焦而又自由轻松的研讨氛围带来了舒适的参会体验，也促成了深入而富有成效的学术讨论。借此，谢进杰老师预告了来年在广州中山大学承办第九届中国法律实证研究年会的消息，并向大家发出了诚挚邀请，期待会议的美好氛围未来在广州延续。

于晓虹老师首先汇报了办会思路与参会体会，本次第八届“法律实证研究年会”和第三届“比较视野下的法律、法院与法官”学术研讨会合办，鲜明地呈现了“比较”和“实证”的特色。本次会议采用了社会科学会议的“长摘要+完整论文”的文章筛选机制，并由国内外相关领域的专家组成审稿委员会最终把关。在评议人匹配方面，既结合各位评议老师的研究领域、也注重“敢于拍砖”的精神；在单元设计上，刻意淡化了二次比较会议的分学科设置方式，真正着眼于法治现代化过程中凸显出的核心议题。整体而言，今年的会议呈现出更广泛的学科交叉，更开放的研究态度和更用心的学术共同体建构。未来中国的法律实证研究必将更为创新富于想象，基于各学科的丰厚底蕴互补，共同构建我们对新时代和大变局的探问。最后，于老师再次感谢所有与会老师的大力支持和会务人员的辛苦付出，为期两天的会议至此落下帷幕。